QUEM TEM *confiança* TEM TUDO

How Trust Works
Copyright © 2023 by Peter H. Kim. All rights reserved.

© 2025 by Universo dos Livros
Todos os direitos reservados e protegidos pela Lei 9.610 de 19/02/1998.
Nenhuma parte deste livro, sem autorização prévia por escrito da editora, poderá ser reproduzida ou transmitida sejam quais forem os meios empregados: eletrônicos, mecânicos, fotográficos, gravação ou quaisquer outros.

Diretor editorial	**Preparação**
Luis Matos	Bia Bernardi
Gerente editorial	**Revisão**
Marcia Batista	Ricardo Franzin
Produção editorial	Nathalia Ferrarezi
Letícia Nakamura	**Arte e capa**
Raquel F. Abranches	Renato Klisman
Tradução	**Projeto gráfico e diagramação**
Amanda Moura	Francine C. Silva

Dados Internacionais de Catalogação na Publicação (CIP)
Angélica Ilacqua CRB-8/7057

K62q Kim, Peter
     Quem tem confiança tem tudo / Peter Kim ; tradução de Amanda Moura. — São Paulo : Universo dos Livros, 2025.
     272 p.

     ISBN 978-65-5609-750-3
     Título original: *How trust works*

     1. Desenvolvimento pessoal 2. Liderança
     I. Título II. Moura, Amanda

24-5379   CDD 158.1

Universo dos Livros Editora Ltda.
Avenida Ordem e Progresso, 157 — 8º andar — Conj. 803
CEP 01141-030 — Barra Funda — São Paulo/SP
Telefone: (11) 3392-3336
www.universodoslivros.com.br
e-mail: editor@universodoslivros.com.br

DR. PETER H. KIM

QUEM TEM *confiança* TEM TUDO

A ciência sobre como os relacionamentos
são construídos, destruídos e consertados

São Paulo
2025

Grupo Editorial
UNIVERSO DOS LIVROS

A Augustine, Julia e Beth —
vocês são a minha motivação e inspiração

SUMÁRIO

Nota do autor 9
Introdução 13

1. Você não é tão cínico assim 21
2. Quando a confiança é rompida 39
3. O problema com os pedidos de desculpas 59
4. Provocando nossas próprias frustrações 79
5. A sedução de histórias simplistas 101
6. Fechando as contas no negativo 123
7. A maldição do soberano 141
8. Cuidado com a mentalidade do bando 155
9. Jogando com as regras erradas 175
10. Além das devastações históricas 191
11. Como nós prosseguimos 211

Conclusão 229
Agradecimentos 233
Notas 235

NOTA DO AUTOR

Meu pai era um sonhador. Tinha que ser. De outra forma, como alguém perto da meia-idade e com uma fluência modesta no inglês decidiria levar a esposa e dois filhos numa viagem de dois anos, saindo da Coreia do Sul e passando pela América do Sul até chegar aos Estados Unidos, onde sua formação não teria nenhuma importância e onde ele teria poucas perspectivas de encontrar trabalho? Como inúmeros outros imigrantes, ele acreditava que os Estados Unidos ofereciam muitas possibilidades e que valia a pena correr o risco.

Mas o caminho seguido pela minha família na tentativa de encontrar uma vida melhor não foi simples. Meu pai, que não bebia, tornou-se bartender; minha mãe, garçonete. Conseguiram economizar o suficiente para abrir seu próprio negócio. Mas foram assaltados e roubados várias vezes por membros da própria comunidade à qual serviam. Minha família se mudava de tempos em tempos à procura de melhores vizinhanças e melhores escolas, e conseguiu finalmente comprar uma casa modesta. Meus pais, porém, perderam a casa alguns anos depois por falta de pagamento, quando o pequeno negócio que tinham faliu e eles foram forçados a voltar para o tipo de vida do qual tanto lutaram para escapar. Minha mãe conseguiu manter a família ao obter uma licença para trabalhar como corretora de imóveis e começar a vender casas que ela própria nunca conseguiria comprar, enquanto meu pai conseguiu um trabalho temporário como motorista. Um dia, ele estava trabalhando e teve que levantar um objeto extremamente pesado. Lesionou seriamente a coluna e, a partir desse momento, sentia dores terríveis quando caminhava.

Mesmo assim, ele sempre conseguia recuperar a sua confiança no sonho americano, apesar de todas as ocasiões em que essa confiança foi abalada ou destruída. Mesmo quando não conseguia mais trabalhar e seu corpo o obrigava a ficar na cama, sem recuperação. E mesmo quando só conseguia viver aquele sonho por meu intermédio.

Mas essa não é só a história do meu pai. Independentemente de quem somos ou de onde nascemos, todos sabemos o que é perder a confiança. Assim como ele, talvez você tenha acreditado que conseguiria ter uma vida melhor se trabalhasse bastante, mas pode ser que esteja com dificuldades de pagar as suas contas em razão de circunstâncias alheias ao seu controle. Talvez você tenha testemunhado a brutalidade de um policial, o abuso de um gerente ou a desonestidade de um agente público. Talvez tenha descoberto, tarde demais, que ter um plano de saúde, no fim das contas, não significa nada por causa das letras miúdas que existem no contrato ou porque os seus pedidos de reembolso são rejeitados. Ou talvez tenha sido traído por um amigo próximo, um colega, um parceiro que você achou que estava do seu lado.

Talvez você tenha sentido também a dor aguda de ter a sua própria credibilidade questionada — de ver como seus relacionamentos, sua reputação e as perspectivas de um futuro melhor podem ser impactados por aquilo que você fez, não conseguiu fazer ou foi acusado falsamente de ter feito. Também faz parte da nossa jornada sentir culpa e ter dificuldade de encontrar redenção. Independentemente do papel que desempenhamos nessas histórias, todos necessitamos lidar com a perda e a traição, bem como encontrar uma maneira de seguir adiante, de alguma forma. Porque a verdade é que somos todos vulneráveis e podemos passar por essas experiências. É isso que significa confiar.

É difícil exagerar a importância da confiança na sociedade. Ela desempenha um papel central em como transitamos por quase todos os aspectos do nosso mundo social. Apesar da importância desse assunto, ficou claro para mim, como pessoa e como pesquisador, que normalmente avaliamos muito mal a confiabilidade das pessoas. Tive alguns vislumbres desses erros bem cedo, ainda criança, conforme nos mudávamos de bairro em bairro, buscando uma vida melhor. Isso fez com que a necessidade de confiar em estranhos — e conquistar sua confiança — fosse um desafio constante. Também me fez perceber como detalhes aparentemente insignificantes, como o local onde eu morava, o emprego que meus pais tinham ou o que achavam que eu representava, faziam uma diferença significativa na confiança que os outros depositavam em mim — quem era meu amigo, se me ofereciam um emprego de meio período, se me recebiam em casa.

Por ser estrangeiro, enfrentando dificuldades para navegar mares desconhecidos, sem contar com uma rede de segurança social e econômica, essas experiências se transformaram em lições bastante duras. E acabaram despertando perguntas recorrentes na minha vida. Como confiamos em alguém? Ou desconfiamos de alguém? Por que as crenças que embasam essas decisões estão frequentemente erradas? Como essas crenças impactam o modo como nos relacionamos e lidamos com o mundo? E, se essas crenças estão erradas, o que podemos fazer para corrigi-las, se é que isso é possível?

Essas questões despertaram meu interesse pelas ciências sociais e meu fascínio pelos relatos fictícios e reais dessas jornadas, desde a história de Caleb no livro *A leste de Éden*, de John Steinbeck, que tinha dificuldades em acreditar que poderia se tornar uma boa pessoa, até a jornada tumultuada de Rodrigo Mendoza, traficante de pessoas escravizadas que se tornou padre no filme *A missão*, passando pela dualidade enigmática de Alfred Nobel, o pacifista que criou o Prêmio Nobel, mas fez sua fortuna inventando e fabricando explosivos usados para matar tanta gente durante a guerra. Sempre fui atraído por histórias de culpa e redenção, independentemente da forma como elas se apresentam.

Quando comecei minha carreira como sociólogo, fui surpreendido pelo pouco que sabíamos sobre esse tema. A literatura científica a respeito da confiança, sua ruptura e sua recuperação dava os seus primeiros passos quando comecei. Ainda hoje o discurso público nessa área é dominado por relatos e conjecturas. Foi por essa razão que dediquei mais de duas décadas da minha vida a essas questões. Embora ainda não tenhamos uma visão completa (para isso, seria necessário ter mais uma vida de estudos), as quebras de confiança aparentemente sem fim que nos afligem, a nós e ao mundo, só aumentam a necessidade de relatar as minhas descobertas até o momento.

Para quem passou por dificuldades com a confiança ou a desconfiança e sentiu como as crenças que afetam esses sentimentos podem ser enviesadas ou inteiramente equivocadas; para quem viveu experiências de quebra de confiança, seja como responsável, seja como vítima, e procura entender como é possível recuperar esses relacionamentos; para quem busca entender como estabelecer e fortalecer a confiança com novas pessoas ou grupos; para quem busca alguma forma de reconciliar nossas divisões sociopolíticas cada vez mais polarizadas e compreender como todos podemos gerenciar a confiança na sociedade, espero que este livro faça diferença.

INTRODUÇÃO

Se eu lhe perguntasse qual é a importância que a confiança exerce em sua vida, não tenho dúvidas de que você diria que ela é essencial. Sabemos intuitivamente que a confiança é a base fundamental que nos permite fazer novas amizades, encontrar um parceiro ou um emprego, comprar uma casa, abrir e tocar um negócio e nos envolver em qualquer tipo de transação, sobretudo na economia da internet. Embora, porém, sejamos conscientes da importância da confiança, as evidências mostram que frequentemente erramos ao julgar a confiabilidade do outro — e, o que é pior, não sabemos defender a nossa própria confiabilidade quando ela está sob ataque. A má notícia é que esse problema parece estar piorando cada vez mais.

Um relatório publicado em 2019 pelo Pew Research Center nos Estados Unidos mostrou que 64% dos entrevistados sentiam que a confiança nos outros tinha diminuído e 75% sentiam que a confiança no governo federal havia diminuído. A maioria afirmou também que essa confiança diminuída dificulta a resolução da maioria dos problemas do país e que é muito importante que a nação consiga elevar novamente esses níveis.[1] Um relatório do Departamento de Assuntos Econômicos e Sociais das Nações Unidas de 2021 também concluiu que, embora a confiança das pessoas nas instituições varie significativamente de acordo com cada país, houve um declínio geral da confiança no mundo a partir do ano 2000.[2] O percentual da população que afirmou confiar no governo ou no parlamento caiu de 46% em 2006 — seu nível mais alto — para apenas 36% em 2019 em três regiões do globo, identificadas pelos autores como africana, europeia e latina. Além disso, a confiança nas instituições financeiras nesses países caiu de 55% para 46% no mesmo período.

Pode, portanto, ser surpreendente descobrir que o problema fundamental da confiança na sociedade não está em estabelecer a confiança inicialmente. Na verdade, tendemos a demonstrar níveis bastante altos de confiança em indivíduos que não conhecemos, o que é algo positivo. Essa confiança inicial elevada faz com que seja mais fácil fazer amigos, mudar de emprego e nos aventurar a sair de casa sem usar um colete à prova de balas. Os problemas surgem, porém, porque esse nível de confiança inicial alto também é extremamente frágil. Um único incidente duvidoso, uma alegação sem provas ou um rumor espalhado em voz baixa é o suficiente para prejudicá-lo. E, apesar de a confiança poder ser abalada com facilidade e muita frequência, surpreendentemente, não sabemos como reagir quando isso ocorre. E, o que é ainda pior, nossas reações naturais a esses incidentes podem ser inúteis e até fazer com que a recuperação da confiança seja menos provável, como se pedir desculpas ou nos defender de uma acusação reforçasse a ideia de que a desconfiança é justificada.

Quando iniciei minha carreira como sociólogo, surpreendi-me com o fato de que havia poucas pesquisas nessa área. Até aquele momento, as pesquisas sobre confiança se limitavam a jogos rudimentares de economia, nos quais os participantes tinham que escolher entre cooperar ou não com um desconhecido, com base nos incentivos que lhes eram oferecidos. Esses jogos ofereceram um pontapé inicial útil para o entendimento do comportamento das pessoas em situações interpessoais, mas falhavam ao não capturar o escopo mais amplo dos aspectos sociais, psicológicos, institucionais e culturais subjacentes à riqueza e à complexidade dinâmica da confiança no mundo real.[3]

As discussões sobre a confiança, sua quebra e sua recuperação, empreendidas tanto por sociólogos como por outros profissionais, dependiam fortemente de estudos de caso e outros relatos. É certo que essas histórias ofereciam exemplos vívidos e convincentes dessas experiências, mas falhavam em investigá-las mais profundamente e em considerar mecanismos psicológicos que pudessem explicar por que tentativas idênticas de recuperação da confiança fossem bem-sucedidas em alguns casos e em outros não. Dediquei a maior parte da minha carreira a tratar dessas perguntas sem resposta — sendo que a maioria delas nem costumava ser levantada. Este livro é o resultado de mais de vinte anos de esforços científicos, com insights numerosos, surpreendentes e, às vezes, perturbadores.

Desde que comecei a partilhar algumas das minhas descobertas iniciais com outros pesquisadores, alunos, executivos, jornalistas, família e amigos, sou lembrado constantemente de como essas questões afetam as pessoas de forma extraordinária. Independentemente da audiência, este trabalho desperta discussões animadas, perguntas sinceras e, não raro, leva-as a compartilharem histórias profundamente pessoais sobre suas dificuldades com a construção e a manutenção da confiança. Está claro para mim, portanto, que as pessoas anseiam por esse tipo de conhecimento.

Neste livro, explicarei os detalhes da minha pesquisa pela ótica de dois poderosos fatores determinantes da confiança. O primeiro é a *competência*, ou seja, a crença de que um indivíduo possui as habilidades técnicas e interpessoais exigidas para uma tarefa. E o segundo é a *integridade*, ou a crença de que um indivíduo adere a um conjunto de princípios que julgamos ser aceitáveis. Ambos são importantes, mas as evidências deixam claro que esses fatores são interpretados de maneiras diferentes quando criamos nossas percepções sobre os outros.

A competência tem um viés positivo. Tendemos a considerar um único desempenho bem-sucedido como um sinal de competência, com base na crença de que indivíduos incompetentes não são capazes de ter um bom desempenho em nenhuma circunstância. Mas estamos dispostos a desconsiderar um único desempenho ruim como sinal de incompetência, com base na ideia de que até mesmo as pessoas altamente competentes podem, às vezes, desempenhar abaixo do seu nível normal. Assim, se uma quebra de confiança for percebida como uma questão de competência, ela pode ser, com frequência, superada.

A integridade, porém, tem um viés negativo. Acreditamos intuitivamente que quem é altamente íntegro vai evitar um comportamento desonesto em toda e qualquer circunstância, enquanto os indivíduos com baixa integridade podem agir honestamente ou não, dependendo do incentivo que receberem. Por essa razão, não consideramos um comportamento honesto único como sinal de alta integridade, por acreditarmos que geralmente todos podem se comportar de maneira honesta de vez em quando. Achamos, entretanto, que um único comportamento desonesto é um sinal confiável de baixa integridade, com base na ideia de que só indivíduos com baixa integridade agem de maneira desonesta. Dessa forma, se a quebra de confiança for percebida como uma questão de integridade, é muito mais difícil superá-la.

Talvez não haja melhor exemplo dessas tendências do que a percepção do público em relação a Donald Trump, um homem que frequentemente tem atitudes sem sentido, como admitir que a Rússia o ajudou a chegar à presidência e, vinte minutos mais tarde, negar o que disse.[4] Seus seguidores parecem dispostos a filtrar esses acontecimentos com a lente da competência. Ele não teria as habilidades (baixa competência) porque "ele não é político", o que é visto pelos seus apoiadores como algo positivo quando comparado aos políticos de carreira que têm experiência em mentir (integridade baixa) para viver. Em contrapartida, para seus críticos, as atitudes de Trump são percebidas como resultado de um profundo egoísmo, de sua busca pelo poder e de seu total descaso pelo que é certo ou errado — uma violação imperdoável da integridade.

Observem que um fator importante é como o comportamento é percebido, não ele em si. Neste livro, demonstrarei quais são as implicações das minhas pesquisas, descrevendo os resultados inesperados e por vezes desastrosos de tais percepções, assim como nossas ideias frequentemente incorretas sobre como a confiança é estabelecida e como as quebras de confiança devem ser tratadas. Abordaremos os escândalos sexuais de várias figuras públicas bem conhecidas (explorando, por exemplo, por que a opinião pública pode ter perdoado Arnold Schwarzenegger, mas não Bill Clinton, quando esses casos vieram a público). Analisaremos a recusa de Linda Fairstein, principal promotora do caso dos Cinco do Central Park, a pedir desculpas por dar seguimento às condenações, mesmo quando as acusações foram retiradas mais tarde (e por que seu pedido de desculpas não foi bem recebido). Examinaremos a dificuldade que a grife de moda italiana Dolce & Gabbana enfrentou para superar uma controvérsia envolvendo racismo na China, bem como os esforços da família Sackler para evitar ser responsabilizada pelo papel que teve na crise dos opioides. Também veremos as experiências de infidelidade e de violência doméstica que normalmente não se tornam públicas.

Este livro parte desses insights para confrontar os desafios da desconfiança na sociedade. Você vai conhecer o Padre Greg, que fundou a Homeboy Industries na área mais perigosa de Los Angeles para reabilitar membros de gangues, e vamos usar seu estrondoso sucesso para discutir como lidamos mal com questões de justiça e redenção, no geral. Revisitaremos os confrontos violentos que ocorreram em Charlottesville, na Virgínia, em 2017, durante a manifestação Unite the Right, as reações divergentes às mortes de Breonna Taylor e George Floyd nas mãos de policiais, e, ainda, o legado sangrento da Partição da Índia, para analisar como as nossas reações podem ser moldadas pelos grupos aos quais pertencemos. Também analisaremos como culturas diferentes, no mesmo país ou não, podem suscitar visões totalmente distintas sobre o que constitui uma transgressão imperdoável. Vamos comparar as tentativas dos julgamentos de Nuremberg na Alemanha Ocidental, da Comissão da Verdade e Reconciliação (CVR) da África do Sul e das cortes de Gacaca em Ruanda para lidar com graves abusos dos direitos humanos e reerguer essas nações divididas.

À medida que reflito sobre o estado das coisas, enquanto escrevo, os exemplos de como a confiança está sendo ameaçada ao redor do mundo parecem não ter fim. Um relatório de 2021 produzido por uma comissão do Senado brasileiro acusou o presidente Jair Bolsonaro de cometer crimes contra a humanidade por deixar o vírus da COVID-19 se espalhar pelo país, matando centenas de milhares de pessoas numa tentativa malsucedida de atingir a imunidade de rebanho.[5] O governo do Reino Unido enfrentou uma série de escândalos, incluindo a divulgação, em 2009, de roubo generalizado praticado por membros do Parlamento com a apresentação de comprovantes de despesas falsos,[6] a renúncia do parlamentar Neil Parish, pego assistindo a vídeos pornográficos no seu celular, duas vezes, na Câmara dos Comuns,[7] e a renúncia forçada do primeiro-ministro Boris Johnson em

7 de julho de 2022, depois de uma revolta histórica em seu governo em razão de uma série de escândalos envolvendo questões de ética.[8] Uma pesquisa feita nas Filipinas pelo Social Weather Stations (SWS) revelou que 51% dos adultos do país têm dificuldade de identificar notícias falsas na televisão, no rádio ou nas mídias sociais.[9] Além disso, grande parte das maiores economias mundiais têm testemunhado níveis crescentes de desigualdade de renda nas últimas três décadas,[10] uma situação que está correlacionada negativamente à confiança.[11] Mas o declínio da confiança parece ser mais agudo nos Estados Unidos. Uma pesquisa realizada em 2021 pelo projeto Impact Genome e pelo Centro Associated Press-NORC para Pesquisas de Assuntos Públicos revelou que 18% dos adultos estadunidenses, quase 46 milhões de pessoas, afirmam que têm apenas uma pessoa ou nenhuma pessoa de confiança para ajudá-los em sua vida pessoal.[12] Ainda, 20%, ou 49 milhões de pessoas, afirmam ter apenas uma pessoa ou não ter ninguém para ajudá-los a preparar um currículo, colocá-los em contato com um empregador ou lidar com os desafios profissionais. Além disso, 36% das pessoas abaixo da linha federal de pobreza afirmam não ter ninguém a quem recorrer por ajuda.

Os Estados Unidos têm tido dificuldades para lidar com uma série de problemas, como a desinformação desenfreada e a resistência persistente à vacina durante a pandemia do COVID-19. Há confrontos sobre o ensino da teoria crítica da raça e o papel das ações afirmativas nas escolas. Temos assistido a inúmeros casos de abuso sexual no ambiente de trabalho e presenciado os estragos causados por dependência de drogas, falta de moradia e assassinatos em massa nos locais onde vivemos. E muitos acham que é cada vez mais difícil discutir as diferenças sobre questões sociais, ambientais e políticas com amigos ou com a família na hora do jantar.

Alguns sugerem que o ataque ao Capitólio de 6 de janeiro de 2021 foi o momento em que o país atingiu o fundo do poço. Embora o realista que vive em mim se preocupe com o fato de que as coisas ainda possam piorar, parece claro que a confiança nunca tinha sido atingida dessa maneira anteriormente nesse país. O lado positivo de chegar ao que parece ser o fundo do poço, porém, é o fato de que esse evento horrível estimulou o reconhecimento crescente da parte de alguns líderes políticos e do público em geral da necessidade de mudar o rumo das coisas; da necessidade de irmos além do partidarismo cínico, das teorias da conspiração e dos ataques à verdade em benefício próprio; da necessidade de restabelecer nossa fé e nossa *confiança* nos princípios democráticos do país, nas instituições, nos fatos e nos outros — vizinhos, colegas de trabalho, conhecidos, amigos e familiares com quem seja possível estabelecer a confiança, quebrá-la e recuperá-la, diariamente. Nunca houve tanta necessidade de uma conversa séria sobre como recuperar a confiança, uma conversa baseada em pesquisa científica rigorosa sobre esse tópico em vez de meras conjecturas, uma conversa que nos ajude a dar um sentido a esses tempos obscuros e traçar um caminho para seguirmos adiante.

Meu objetivo com este livro é oferecer um melhor entendimento sobre como a confiança pode surgir, como ela é abalada e o que significa recuperar a confiança, assim como oferecer insights práticos sobre como reconstruir nossas conexões sociais diante de confusões, desapontamentos, traições e tragédias que sofremos com tanta frequência. Este livro, no entanto, *não* pretende ser um manual passo a passo superficial para quem se interessa apenas por remendos rápidos e grosseiros. Evito deliberadamente abordar o assunto dessa forma, não apenas porque muitas descobertas dessa pesquisa podem estar sujeitas a abusos, mas também porque os esforços de usar as descobertas deste livro sem dedicar um tempo para entender primeiramente as suas nuances podem ter o efeito contrário. As lições práticas, porém, certamente estão aí para quem quiser se dedicar a compreendê-las. E minha esperança é de que, no final, você tenha adquirido as ferramentas que irão ajudá-lo a fazer uma avaliação melhor de como estabelecer, manter e recuperar a confiança, não só nos seus relacionamentos pessoais, mas também com a sociedade.

No geral, este livro representa o ápice dos meus esforços para abordar uma lacuna clara no nosso entendimento sobre a maneira de lidar com algumas das experiências mais importantes da vida. Dediquei mais de duas décadas para desenvolver um corpo de conhecimento científico rigoroso, onde antes não havia quase nada. Os insights compartilhados aqui atravessam um abismo frequente entre o conhecimento fundamental e sua relevância para o mundo real. Minha esperança é de que este trabalho proporcione aos leitores uma base mais ampla, profunda e substancial para que possam enfrentar melhor os desafios que envolvam a confiança, sua quebra e sua recuperação, tão centrais na nossa vida. Nesses tempos extraordinariamente turbulentos, fica claro que precisamos dessa ajuda, mais do que nunca.

1
VOCÊ NÃO É TÃO CÍNICO ASSIM

A primeira pergunta que Dale faz ao conhecer Sam é se ele tem alguma conexão com o governo ou com o seu antigo trabalho. Dale não se convence quando Sam responde que não. Por que Sam falaria com ele de graça? Deve ser parte de algum esquema complicado para "subjugá-lo" e "mantê-lo sob controle".

"Mas por que querem fazer isso com você?", pergunta Sam. Dale explica que é porque ele sabe demais sobre as fraudes, as mentiras e as trapaças nos mais altos níveis. Sam pergunta como ele fica sabendo dessas coisas, trabalhando na prefeitura como um funcionário da limpeza. Ele se ofende com a pergunta, alega que "Existem mais segredos no lixo do que na CIA!" e afirma que seu telefone está grampeado, sua correspondência foi interceptada e houve até um incêndio misterioso em seu apartamento depois que ele deu queixa de um policial.

Quando Sam pergunta há quanto tempo Dale não sai com os amigos, ele pensa bastante antes de responder "quatro anos". Por que faz tanto tempo? Ele é uma pessoa reclusa por natureza? "De jeito nenhum", responde Dale, dizendo-se bastante gregário. Mas nunca se sabe quando vão usar algo que você disse em público contra você, e, além disso, os amigos andavam fazendo perguntas demais nos últimos tempos.

Então, Sam pergunta o que ele fica fazendo sozinho em casa, Dale ri com amargor e exclama: "Eles adorariam ficar sabendo dos meus próximos passos!". No final da conversa, Dale insiste em verificar o telefone de Sam e se há alguma escuta sob a mesa. "Todo cuidado é pouco", afirma.

Dale não é uma pessoa comum. Ele foi diagnosticado com transtorno de personalidade paranoica, como descreve detalhadamente Sam Vaknin, escritor e professor de psicologia, em seu livro sobre Dale e centenas de outras pessoas diagnosticadas com transtorno de personalidade narcisista e antissocial.[13] Suspeito que, só de ler esse trecho, você já deduziu que Dale precisa de ajuda.

A visão de mundo de Dale retratada aqui não está muito distante da maneira como a maioria das pessoas acha que a confiança funciona. Geralmente, acreditamos que ela começa do zero e cresce gradualmente com o tempo, conforme vamos conhecendo melhor o outro. Achamos que é prudente e racional que seja assim. Por que deveríamos confiar em alguém que não conhecemos, especialmente se isso pode ser arriscado?

Essa precaução faz sentido do ponto de vista intuitivo e é ressaltada também pelo pensamento científico tradicional. Pesquisas sobre a questão da confiança baseiam-se na ideia de que as pessoas são egoístas e exploradoras, o que levou os sociólogos a enfatizarem a necessidade de *não confiarmos* nos outros, a menos que existam fundamentos sólidos para tal.

Esse pensamento é articulado de forma mais contundente nos trabalhos de Oliver E. Williamson, um dos ganhadores do Prêmio Nobel de Economia do ano de 2009. Os economistas se preocupam com a questão da confiança porque ela se relaciona de modo íntimo com a atividade econômica. A falta de confiança geralmente leva a salários mais baixos, lucros menores e menos empregos. Enquanto os trabalhos de outros economistas focam nas decisões independentes de indivíduos racionais que atuam em um mercado livre, os trabalhos de Williamson analisam como esses indivíduos poderiam concordar em colaborar uns com os outros em relacionamentos mais duradouros. Williamson estudou também os desafios que as pessoas enfrentam nesse tipo de relacionamento, e seu trabalho parte do princípio central de que as pessoas são oportunistas por natureza.

Esse princípio vai além da premissa de que as pessoas são interesseiras,[14] como afirmam todos os estudos na área da economia. Ser interesseiro significa que cada um tentará satisfazer suas próprias preferências e agirá de modo a obter o maior benefício possível para si mesmo (por exemplo, aumentando o próprio salário). Mas, conforme observou Williamson, essa premissa também considera que as pessoas fornecem informações ingenuamente, se solicitadas, e honram seus acordos. Em contrapartida, ser oportunista significa não só tentar satisfazer as próprias preferências, mas também fazer isso com certa malícia e esperteza maldosa.

Williamson usa esse lado mais obscuro da natureza humana para destacar a ideia de que as pessoas não falam necessariamente a verdade, não se comportam de modo responsável e não cumprem suas promessas quando tais atitudes interferem de alguma forma naquilo que elas querem atingir. Essa ideia, associada ao pressuposto de que nossa capacidade de prever e lidar com tais atitudes é limitada, foi usada por Williamson para mostrar os riscos que corremos quando estamos vulneráveis às ações dos outros.

O campo de pesquisa de Williamson é conhecido como a teoria do "custo de transação", assim chamada porque se concentra na maneira como as transações podem ser organizadas com o objetivo de minimizar perdas financeiras.* Seu foco principal é o modo como os indivíduos podem mitigar os riscos envolvidos em uma transação, investigando como as pessoas podem reduzir as vulnerabilidades e os riscos diante da natureza fundamentalmente oportunista dos outros. Por isso, a atitude dos economistas em geral diante da questão da confiança é de que devemos *evitar* demonstrar confiança, sempre que possível.

Os sociólogos definem confiança como "um estado psicológico que inclui a intenção de aceitar a vulnerabilidade com base em expectativas positivas quanto às intenções ou aos comportamentos do outro".[15] Essa definição pode parecer difícil de compreender, porém, basta analisar os três elementos principais que a compõem para desvendar o que significa realmente confiança: 1) um estado psicológico; 2) a disposição de estar em

---

* Embora essa teoria se refira à maneira como os atores econômicos podem se valer dos contratos como um instrumento legal formal para atingir seus objetivos no contexto das relações comerciais, é importante observar que os contratos têm também um significado mais amplo, podendo abranger qualquer forma de acordo, escrito ou verbal. Um contrato pode ser explícito em seus termos, mas pode incluir também expectativas implícitas. Esse tipo de acordo não é limitado a relações comerciais formais e pode envolver duas ou mais partes, incluindo membros de uma família, amigos, vizinhos e até completos estranhos.

uma situação de vulnerabilidade; e 3) uma função das expectativas positivas que temos do outro.

Vamos começar com o último elemento dessa definição, o pressuposto de que a confiança se baseia em expectativas positivas quanto às intenções ou ao comportamento de outra pessoa. Na perspectiva da teoria de custo de transação, esse é um problema bastante claro, pois ela parte do princípio de que as pessoas buscarão satisfazer seus próprios interesses de maneira dissimulada, astuta e enganosa. Se isso é verdadeiro, em que podemos nos basear para termos expectativas positivas em relação aos outros, já que todos são, por natureza, intrinsecamente oportunistas? Se as pessoas estão fadadas a tirar vantagem de outras para satisfazer seus próprios interesses, como sugerido por esses economistas, como é possível confiar em alguém?

Segundo essa teoria, a resposta seria encontrar maneiras de *desencorajar* as pessoas a agirem conforme suas tendências oportunistas. Essa recomendação tem implicações diretas na segunda condição mencionada, que é a intenção de *aceitar a vulnerabilidade*. Por exemplo, se Susan e Mark estão pensando em abrir um negócio juntos e Susan está preocupada com a possibilidade de Mark não cumprir a sua parte no acordo, ela pode tentar incluir cláusulas no contrato que deixem claro quais serão as consequências caso Mark fruste suas expectativas. Ao fazer isso, pode ser menos interessante para Mark enganá-la, o que, por sua vez, reduzirá a vulnerabilidade de Susan.

Está claro que esse tipo de medida preventiva não elimina todos os riscos. Ninguém consegue prever todas as maneiras possíveis de se violar um contrato, e em geral não sabemos realmente quais tipos de cláusula podem ser incluídas para nos proteger de maneira adequada. Mark pode cumprir o que foi estabelecido no contrato com Susan, mas, ainda assim, violar o espírito do contrato de inúmeras maneiras, por exemplo, comprometendo a qualidade das suas entregas de modos sutis e não mensuráveis, de forma que isso somente seja percebido quando for tarde demais. Assim, Susan ainda precisaria aceitar certo nível de risco, apesar dos seus esforços para reduzi-los. A mensagem principal da teoria do "custo de transação" com relação ao segundo elemento componente da confiança — a aceitação da vulnerabilidade — continua a ser de que não devemos aceitá-la, na medida em que for possível evitá-la. Tal pressuposto sugere que devemos sempre confiar o menos possível e apenas em último caso.

Por último, o primeiro elemento que compõe a definição da confiança citada, ou seja, que a confiança é um estado psicológico, procura abordar a ideia de que algumas vezes podemos *aparentar* confiar em alguém, quando, na realidade, não o fazemos. Talvez não tenhamos expectativas positivas sobre um indivíduo nem desejemos estar vulneráveis às suas ações. Ainda assim, podemos agir *como se* confiássemos nele, se existirem razões suficientes para isso. No caso de Susan e Mark, por exemplo, Susan pode não ter uma expectativa positiva em relação a Mark nem querer fazer negócios com ele, mas ela pode decidir ir em frente mesmo assim, se os potenciais benefícios forem suficientemente interessantes, se ela não tiver outras opções ou, ainda, se acreditar que é possível evitar que Mark a prejudique seriamente.

Do ponto de vista dos economistas, a decisão final de Susan em relação a abrir ou não um negócio com Mark é o que importa de verdade. Ela agiu *como se* confiasse nele, o que permitirá que eles colham os benefícios da sua empreitada conjunta (além da situação geral da economia). Do ponto de vista interpessoal, no entanto, penso que poucas pessoas acreditariam que Susan realmente confia em Mark.

Existe uma grande diferença entre as pessoas se colocarem em uma posição vulnerável apesar dos riscos envolvidos e o fazerem após os riscos e a vulnerabilidade serem extraídos da situação. Segundo a teoria de custos de transação, os esforços para conseguir a cooperação das partes por meio da redução dos riscos envolvem, no fim das contas, a adoção de medidas para eliminar a necessidade de confiar no outro. Permitir que a sua filha adolescente saia com o namorado se você for junto não significa que você confia no pretenso Romeu. A verdadeira confiança requer a disposição de se colocar em uma posição vulnerável com base na crença de que os outros não vão decepcioná-lo, embora possam fazê-lo. Do ponto de vista do pensamento tradicional sobre a confiança, isso não faz muito sentido. Por que alguém deixaria de se proteger desse tipo de perigo?

Vamos manter isso em mente ao analisarmos a situação a seguir. Não faz muito tempo, liguei para um restaurante novo e fiz um pedido de entrega de comida para um jantar com minha família e alguns amigos. Tive que dar o número do meu cartão de crédito e o código de segurança para um estranho, o que disparou uma sequência de eventos nos quais vários outros estranhos, com histórico e motivação desconhecidos, usaram e prepararam ingredientes comprados de vários agricultores, distribuidores e revendedores desconhecidos. As refeições foram retiradas por outro estranho sem qualquer vínculo com o restaurante para serem transportadas até minha casa por meio de um serviço de entrega. Todos jantamos, sem ter que escolher no palitinho quem iria provar a comida antes dos demais para ver se não estava envenenada.

Tenho certeza de que gente como Dale, retratado no início deste capítulo, acharia isso um erro. Ele poderia facilmente mencionar o caso da cozinheira Mary Mallon, ou "Maria Tifoide", como ficou conhecida por ter infectado 53 pessoas, três das quais faleceram de tifo. Dale também diria que mais da metade dos 73 mil casos de infecção intestinal por *E. coli* potencialmente fatais que ocorrem nos Estados Unidos a cada ano são transmitidos pela comida.[16] Eu seria obrigado a reconhecer a verdade dessas declarações e a admitir que, ao passar as informações do meu cartão de crédito para um completo estranho, poderia ter me tornado facilmente uma vítima de fraude. Também teria de reconhecer que, quando interajo com gente desconhecida em outras esferas da vida, minha expectativa é de que elas não me farão mal algum, cumprirão suas promessas e serão, ao final, merecedoras da confiança que deposito nelas.

Pode ser que isso me faça parecer ingênuo e idealista. Mas talvez você se pareça comigo. Na realidade, um número crescente de evidências científicas revela que as pessoas podem demonstrar níveis altos de confiança em pessoas desconhecidas. Isso pode ser ilustrado por um dos primeiros experimentos que conduzi com os pesquisadores Donald Ferrin, Cecily Cooper e Kurt Dirks,[17] no qual pedimos aos participantes que assistissem à gravação de uma entrevista de emprego para uma vaga no departamento fiscal de uma empresa de contabilidade chamada McNeale and Associates e que avaliassem a candidata. Vamos descrever a situação para que você possa formar sua própria opinião.

No vídeo, o entrevistador observa: "Você conseguiu o Certificado de Contadora Pública, o CPA, há alguns anos". A candidata responde "Sim, é verdade. Tenho bastante experiência na área. Acredito que esteja de acordo com a vaga que vocês anunciaram".

O entrevistador pergunta por que a candidata gostaria de trabalhar na empresa, ao que ela responde: "Bem, por várias razões. Em primeiro lugar, a McNeale é conhecida pelos seus programas de treinamento e desenvolvimento. Eu gostaria de ter a oportunidade de participar desses treinamentos. Além disso, a empresa tem a reputação de ser um bom lugar para se trabalhar e é muito admirada na área de contadoria pública. [Pausa.] Tenho alguns conhecidos que trabalham aqui, em departamentos diferentes, e parece que eles gostam e falam muito bem da empresa. Tenho a impressão de que eu me encaixaria bem".

Por último, quando o entrevistador pergunta à candidata quais são as habilidades que ela pode oferecer à empresa, ela responde: "Bom, vejamos. Além de conhecer tudo sobre tributação de pessoa jurídica e pessoa física, eu me esforcei bastante para me especializar em planejamento fiscal, fiz alguns cursos adicionais de desenvolvimento profissional. No meu último emprego, fui designada a trabalhar com o planejamento tributário de vários clientes. Além disso, sou uma pessoa de relacionamento fácil, e dizem que trabalho bem em equipe. E, por último, aprendi a ser muito organizada, o que eu acho muito importante, sobretudo quando chega a época de fazer as declarações de imposto e precisamos atender a vários clientes e respeitar todos os prazos".

Qual seria sua opinião sobre essa candidata? Você confiaria nela? Até que ponto? Estaria disposto a contratá-la? Contratar alguém para qualquer tipo de trabalho pode ser um risco para o empregador, especialmente quando envolve maiores responsabilidades, como é o caso do tipo de trabalho que um contador especializado na área tributária executa. A confiança tem, portanto, um papel fundamental nessas decisões. Sabemos, também, que é relativamente fácil para qualquer candidato falsificar as informações no currículo. Embora os dados sobre esse fenômeno variem bastante, alguns relatórios recentes sugerem que entre 30% e 78% dos candidatos admitem mentir no currículo, e a maioria nunca é descoberta.[18] Além disso, o entrevistador não checou a veracidade das falas da candidata durante a entrevista. E elas poderiam ser falsas. Só temos a palavra dela e a necessidade de decidir se confiamos ou não.

A resposta lógica, da perspectiva do pensamento científico tradicional, é bem simples. A candidata é uma estranha que poderia facilmente ter inventado tudo o que declarou na entrevista para ser contratada. Nenhuma das afirmações feitas por ela foi verificada; só podemos nos basear em sua palavra. Além disso, a contratação da pessoa errada poderia expor a empresa a riscos significativos, tanto legais como financeiros. Do ponto de vista tradicional, portanto, o resultado esperado seria não confiar na candidata de maneira alguma até que suas declarações pudessem ser verificadas de forma independente.

Não foi isso o que nosso estudo revelou, porém. Para avaliar a candidata, atribuímos uma nota a uma série de questões que já haviam sido validadas em uma pesquisa anterior sobre confiança, na qual foi solicitado aos participantes que respondessem a afirmações do tipo "eu daria para o candidato uma tarefa ou um problema crítico na minha opinião, mesmo que não pudesse monitorar suas ações" (usando uma escala de 1 a 7, onde 1 significa "concordo fortemente" e 7 significa "discordo fortemente"). Os resultados revelaram que a confiança não ficou nunca no nível mais baixo, como era de se esperar de acordo com os estudos tradicionais. Ao contrário, os níveis iniciais de confiança ficaram em patamares significativamente altos nesse e em outros experimentos que fizemos, permanecendo na média ou acima.

Como devemos reagir a essa constatação? Se você for parecido comigo, alguém que admite ser um pouco idealista e ingênuo, provavelmente vai achar que esse é um resultado óbvio. Era, realmente, bastante óbvio para toda a minha equipe, tanto que, a princípio, nem fizemos esse experimento. Já esperávamos que as pessoas demonstrassem algum nível de confiança inicial na candidata com base na entrevista, o que nos levou a focar em outras questões que consideramos mais interessantes, por exemplo, como as pessoas deixam de confiar no outro e como é possível recuperar a confiança perdida. Os revisores do nosso trabalho, no entanto, não estavam de acordo com isso. Eles compartilhavam do pensamento tradicional de que a confiança começa do zero e cresce com o passar do tempo. Foi por esse motivo que decidimos realizar esse experimento adicional, a fim de contestar essa premissa mediante evidências claras.

Mesmo assim, seria possível questionar se as nossas descobertas representavam a confiança *real*, isto é, o tipo de confiança em que em geral pensamos quando se trata de nossos amigos e familiares mais próximos. É verdade que, nesse tipo de relacionamento, a confiança é diferente daquela que demonstramos inicialmente com estranhos. Nas relações mais próximas, a confiança se baseia em diferentes considerações e motivações em razão das pessoas envolvidas, conforme descreverei adiante neste capítulo. Ainda assim, seria difícil afirmar que os resultados da pesquisa não são representativos, uma vez que se baseiam em medidas de confiança amplamente aceitas, usadas em estudos anteriores sobre o tema.

Por último, uma terceira preocupação poderia ser levantada: embora as pessoas demonstrem altos níveis iniciais de confiança em estranhos, conforme demonstrado, essa confiança não é tão importante quanto aquela envolvida nos relacionamentos próximos, o que parece ser bastante intuitivo. As questões de confiança nos nossos relacionamentos íntimos (com cônjuge, pais, irmãos e amigos de toda a vida) são mais importantes e são o tipo de confiança que mais desejamos alimentar. Ainda assim, a questão da confiança em relacionamentos não íntimos pode ser tão importante quanto em relacionamentos próximos, e não há dúvida de que é mais comum.

Podemos nos colocar em uma posição de vulnerabilidade, por exemplo, quando aceitamos uma oferta de emprego em uma nova empresa e nos mudamos para outra parte do país ou quando resolvemos morar com um namorado ou uma namorada de longa data. A confiança desempenha papel importante em ambos os casos. Além disso, enquanto o censo estadunidense relata que as famílias eram constituídas em média por apenas 3,15 pessoas em 2020 e o Survey Center on American Life (Centro de Pesquisas da Vida Americana) afirma que, em 2021, 87% da população tinha dez amigos próximos ou menos,[19,20] não há dúvidas de que nosso círculo de relacionamentos *não* próximos é comparativamente muito maior. Essa diferença numérica também é a razão pela qual é mais provável conseguir um emprego por meio dos relacionamentos mais distantes do que dos mais próximos, como aponta o sociólogo Mark Granovetter em seu trabalho seminal sobre o tema.[21]

Ademais, o estudo de relacionamentos não tão íntimos oferece vantagens importantes para o nosso entendimento sobre o assunto. Afinal, é essencial compreender como a confiança funciona num espectro mais amplo da sociedade, por exemplo, quando confiamos em líderes, figuras públicas, organizações e instituições governamentais. Além disso, nos relacionamentos mais recentes, a confiança tende a ser mais frágil do que nos relacionamentos em que investimos mais tempo e pode estar sujeita a influências mais reveladoras que, de outra forma, ficariam obscurecidas. É como o canário na mina de carvão,* um sinal de alerta que serve de base para insights mais profundos — compreender como, quando, em quem e por que confiamos —, os quais seriam menos visíveis se focássemos nas formas mais robustas de confiança.

Seria um erro achar que as evidências relativas aos altos níveis de confiança inicial que depositamos em desconhecidos sejam inválidas ou pouco importantes. Ao contrário, esse é um ponto que os pesquisadores da área passaram a reconhecer e adotar, e as pesquisas que ajudaram a construir essa nova forma de pensar foram premiadas e são usadas em um número cada vez maior de estudos na área. Existem duas maneiras de reagir a essas descobertas. Em primeiro lugar, devemos dedicar mais atenção a como a confiança inicial é gerada e, em segundo, procurar entender em que medida um alto nível de confiança inicial difere da confiança presente nos relacionamentos mais próximos.

—

Os pesquisadores começaram a investigar essa primeira questão e identificaram três categorias que podem afetar o nível inicial de confiança em estranhos. Primeiro, em um nível mais amplo, reconheceram que o nível

---

* Expressão que significa aviso de perigo iminente, sinal de alerta. Sua origem deve-se à prática antiga de levar canários para minas de carvão, pois eles seriam os primeiros a morrer caso houvesse a presença de gases tóxicos. (N. T.)

inicial de confiança depende de fatores que têm mais a ver com o contexto do que propriamente com as pessoas envolvidas. Isso fica claro nos primeiros estudos mencionados brevemente na introdução, que se concentraram na maneira como as pessoas se comportam quanto têm motivações conflitantes (isto é, quando podem atingir resultados melhores se cooperarem entre si e têm, ao mesmo tempo, incentivos individuais para *não* o fazerem). Esse tipo de situação é bastante comum, como podemos observar nos debates da sociedade sobre assuntos como a conservação do meio ambiente, a corrida armamentista e a cobrança de impostos de pessoas físicas e jurídicas. Várias pesquisas demonstram bem claramente como as mudanças nos incentivos oferecidos a um indivíduo para que ele aja de forma mais colaborativa ou mais individualista afetam os níveis de confiança.

Esses incentivos dependem de uma série de circunstâncias, incluindo, por exemplo, ganhos financeiros imediatos, impactos na reputação de um indivíduo, exposição à possibilidade de sofrer um processo legal ou ainda a possibilidade de enfrentar a desaprovação da sociedade e o ostracismo. Cada uma dessas circunstâncias pode afetar de maneira significativa nossa disposição de confiar no outro. Por exemplo, a maioria de nós provavelmente se preocupará menos com a possibilidade de alguém nos prejudicar se esse alguém puder ser demitido, processado ou preso. Da mesma maneira, no caso da entrevista de emprego descrita anteriormente, os participantes podem ter se mostrado mais inclinados a confiar nas respostas da candidata por saberem que as informações poderiam ser facilmente verificadas e as mentiras, descobertas. A confiança, portanto, não se baseia no fato de o entrevistador conhecer o candidato, mas na crença básica de que ele não iria se colocar numa posição desfavorável por vontade própria. Nesse caso, portanto, a confiança se baseia na crença de que as leis, as normas da sociedade e as instituições vão cumprir seu papel de fiscalização dos indivíduos, mesmo quando sabemos pouco sobre eles ou não os conhecemos. Na verdade, embora se trate de *reduzir riscos* mais do que propriamente aumentar a confiança, essas observações, ainda assim, podem ser relevantes para os sociólogos que se interessam pelos comportamentos que envolvem confiança: quando a pessoa age como se confiasse em alguém ou com base na forma como a confiança pode ser impactada por incentivos sem reduzir inteiramente os riscos.

O segundo fator capaz de afetar o nível inicial de confiança em estranhos pode ser encontrado em nós mesmos. Alguns estudos descobriram que muitos apresentam uma predisposição a confiar nos outros em virtude de características da própria personalidade.[22] Essa predisposição pode parecer tola para alguns, mas evidências científicas sugerem que esse comportamento não é, de forma alguma, ingênuo. O psicólogo Julian Rotter descobriu, por exemplo, que as pessoas que são predispostas a confiar mais facilmente nos outros têm menos probabilidade de se sentirem infelizes, desajustadas ou em conflito.[23] Mais do que isso, tais estudos sugerem que ser crédulo não significa ser ingênuo ou tolo e que as pessoas que confiam mais nas outras não são mais tolas do que as que confiam menos, com base na maneira como elas são tratadas posteriormente.

Essas descobertas também foram consistentes com outras pesquisas sobre como a aparência das pessoas pode afetar seu bem-estar. A ideia central é de que geralmente nos saímos melhor quando temos uma percepção muito positiva de nós mesmos, do mundo e do futuro do que quando nossas percepções são mais realistas. Em uma série clássica de experimentos, por exemplo, as pesquisadoras Lauren Alloy e Lyn Abramson fizeram testes para identificar a ocorrência de depressão em alguns pacientes usando um instrumento chamado Inventário de Depressão de Beck e, em seguida, pediram aos participantes que apertassem um botão que, por sua vez, dispararia uma luz verde. Os participantes precisavam dizer se era sua própria decisão de apertar o botão que fazia a luz verde piscar.[24] Os resultados revelaram que as estimativas dos participantes deprimidos eram surpreendentemente precisas, muito mais do que as estimativas dos não deprimidos. Em resumo, ter uma visão mais precisa do mundo não tem relação com ser feliz, isto é, existe uma *correlação negativa* entre a felicidade e a precisão. Uma conclusão semelhante enfatizou o outro lado dessa mesma moeda, conforme apontado pelos psicólogos Shelley Taylor e Jonathan Brown, que constataram que as pessoas geralmente tendem a ter uma opinião positiva irrealista de si mesmas e a achar que têm controle sobre os acontecimentos e sobre o futuro, e que essas ilusões positivas costumam contribuir para o seu bem-estar.[25] Tais resultados sugerem que até visões demasiadamente otimistas sobre eventos futuros podem ser boas para nossa saúde mental e nossa vida, mesmo quando erramos por confiar em alguém.

É claro que as ilusões positivas também podem ter um efeito negativo quando se tornam excessivamente irrealistas. Não adianta acreditar que é possível controlar o movimento de rotação da Terra com o poder da mente, por exemplo. Ilusões positivas podem fazer com que as pessoas não tomem todas as precauções razoáveis para evitar riscos à própria saúde.[26] Evidências apontam, no entanto, que nossa tendência é errar para o lado positivo por uma série de razões. As ilusões nos fazem mais felizes e nos ajudam a nos dedicar a trabalhos produtivos e criativos, pois reforçam atitudes saudáveis, como investir em si próprio ou candidatar-se a um emprego melhor. Da mesma forma, resultados semelhantes podem ocorrer quando as pessoas têm crenças positivas sobre a confiabilidade dos outros. A pesquisa de Rotter constatou, por exemplo, que aqueles com altos níveis de confiança nos outros eram menos propensos a se sentirem infelizes, perdidos ou desajustados, e que era mais provável que fossem procurados como amigos, tanto por pessoas com baixo nível de confiança como por aquelas com altos níveis de confiança. Outra evidência sugere que confiar no outro pode, inclusive, reforçar o nível de confiança da outra pessoa, fazendo com que as expectativas positivas sejam recíprocas, assunto que será discutido adiante neste capítulo.

Por último, a terceira razão pela qual as pessoas podem demonstrar um nível inicial alto de confiança se aproxima da maneira como a maioria de nós acha que a confiança se forma. Isso pode ser encontrado em uma série de características que avaliamos quando temos de decidir se é seguro confiar em determinada pessoa. Alguns estudos constataram que analisamos até dez características ao avaliar se devemos confiar ou não em alguém.[27] Essas características são: disponibilidade (a pessoa está presente quando precisamos dela?), competência (ela tem o conhecimento e as habilidades para determinada tarefa?), consistência (ela é confiável e previsível?), discrição (ela guarda segredos?), justiça (ela trata os outros de forma justa e imparcial?), integridade (ela tem caráter e é honesta?), lealdade (ela está ao seu lado?), abertura (ela compartilha ideias e informações livremente?), comprometimento (ela mantém a sua palavra?) e receptividade (aceita nossas ideias?).

A importância relativa de cada uma dessas características pode variar dependendo do tipo de relacionamento que temos com a pessoa. Por exemplo, no caso de uma esposa ou marido, podemos nos importar mais com a lealdade que com a competência; no caso de um serviço de entrega domiciliar, mais com o comprometimento que com a abertura. Além disso, podemos dar mais prioridade à competência que à receptividade quando temos de escolher um cirurgião cardíaco. Tanto o tipo como a proximidade do relacionamento afetam quais características consideramos importantes ao avaliarmos se o outro é digno de confiança ou não. O ponto principal é simplesmente reconhecer como essa lista serve de base para a ideia de que as características de uma pessoa afetam nossa confiança nela. Quanto mais informações temos sobre a pessoa, como pode ser o caso nos relacionamentos mais íntimos e duradouros, mais correta será a avaliação.

O que complica essa premissa básica, no entanto, é que geralmente fazemos esses julgamentos *antes* de termos informações. Pesquisadores observaram que tendemos a fazer julgamentos de imediato, baseando-nos em uma série de indicadores cognitivos que costumam ser insuficientes para determinarmos se o outro é ou não digno de confiança.[28] Conforme observaremos adiante, fazemos inferências sobre os outros rapidamente, com base nos grupos aos quais pertencem, sua afiliação política, sua atividade profissional, o local onde moram e as instituições de ensino que frequentaram. Confiamos muito no que ouvimos dizer ou nos esforços que o indivíduo faz deliberadamente para construir sua imagem pública e, com frequência, fazemos uma série de inferências com base nas características demográficas e físicas, como idade, gênero, etnia, peso e beleza.

Todos esses indicadores são reconhecidos nos primeiros minutos após entrarmos em contato com um estranho (ou até antes) e provavelmente são indicadores ruins para determinar se uma pessoa é ou não confiável. Pode parecer mais prudente evitar confiar em alguém até que tenhamos informações mais robustas sobre a pessoa, mas não é assim que funciona. Os participantes da entrevista de emprego mencionada anteriormente estavam dispostos a mostrar um nível de confiança elevado na candidata que eles não conheciam, baseando-se apenas nas suas primeiras impressões e nas informações que ela forneceu, que poderiam ser falsas. Essa descoberta é consistente com os resultados de inúmeros outros estudos que mostram que entrevistas curtas e pouco estruturadas são basicamente inúteis como ferramenta de avaliação, porque são influenciadas pelos julgamentos subjetivos e enviesados dos entrevistadores.[29]

Essa forma de avaliar se os outros são dignos de confiança sem dúvida pode criar problemas em determinadas situações. Nosso interesse particular é a probabilidade de as pessoas fazerem avaliações injustas baseando-se em características irrelevantes, como raça, gênero, peso ou outras características físicas, e, com isso, excluir indivíduos que são dignos de merecer nossa confiança. Mas o grande aprendizado que podemos extrair das três bases da confiança inicial (incentivos, predisposição e indicadores cognitivos rápidos) é que a tendência a avaliar se os outros são ou não dignos de confiança é, no fim de contas, uma faca de dois gumes. A desvantagem clara é o potencial de distorcer julgamentos com base em fatores que têm pouco ou nada a ver com o fato de o outro ser digno de confiança ou não. E isso faz com que não depositemos confiança em indivíduos merecedores dela e que nos coloquemos em situação de vulnerabilidade com relação a outros que não merecem nossa confiança.

A tendência de fazer esse tipo de julgamento tão rapidamente também pode trazer vantagens importantes. O fato de que a confiança em outras pessoas pode ser influenciada por incentivos, por nossa predisposição e por nossas impressões rápidas serve como incentivo para termos mais confiança do que teríamos se não fosse assim. Muitas leis, regras e normas sociais costumam ser feitas para promover princípios éticos e facilitar níveis mais altos de confiança inicial. Além disso, o fato de algumas pessoas possuírem traços de personalidade que as predispõem a confiar mais nos outros significa que o nível médio de confiança inicial na sociedade fica acima de zero. E, mesmo que usemos os indicadores cognitivos rápidos (com base no pertencimento a grupos, reputação e estereótipos) que podem provocar inferências errôneas e injustas, ainda assim isso é melhor que uma situação de confiança inicial zero entre os indivíduos.

Em resumo, o efeito prático dessas três categorias é encorajar as pessoas a terem mais fé nos desconhecidos, e as evidências sugerem que normalmente isso é vantajoso para nós. Se não existe confiança, é praticamente impossível haver colaboração. Passaríamos todo o tempo monitorando os outros e tentando nos proteger a todo custo. Por essa razão, mesmo que a predisposição para confiar em alguém esteja incorreta e às vezes seja tendenciosa, penso que é melhor nos concentrarmos em lidar com esse problema e aumentarmos a confiança inicial naqueles que são mais merecedores, dando oportunidade para mais pessoas do que permanecer em uma situação de confiança zero o tempo todo.

As vantagens de confiar mais nos outros também são sustentadas por vários outros estudos. Vamos analisar os resultados de um experimento que conduzi com as psicólogas organizacionais Tina Diekmann e Ann Tenbrunsel, por exemplo, sobre os efeitos do feedback nas negociações.[30] As negociações despertam muitas preocupações com relação à confiança, pois envolvem motivações conflitantes por natureza. Os negociadores podem se beneficiar no âmbito coletivo se agirem de maneira colaborativa, compartilhando informações e buscando soluções que sejam mutuamente vantajosas. As partes envolvidas, porém, têm incentivos individuais para esconder ou falsear informações, enganar a outra parte e buscar seus próprios interesses. Meus colaboradores e eu estávamos interessados, portanto, em entender como reage um indivíduo que está se preparando para uma negociação quando recebe um feedback sobre a percepção da outra parte sobre ele, com base em uma negociação anterior.

Pedimos aos participantes que fizessem duas negociações distintas, com uma sessão de feedback entre elas. Os papéis de dar e receber feedbacks foram distribuídos de maneira aleatória entre as partes, mas eles não sabiam que o feedback havia sido preparado previamente. Os participantes foram separados por um período e colocados em salas diferentes, e os aqueles que dariam o feedback foram instruídos a copiar de forma legível um texto que já havia sido preparado previamente (para que o processo parecesse mais realista) e se esforçassem para que parecesse ser realmente de autoria deles. Os participantes que receberam o feedback ignoravam essa situação, de modo que foi possível testar a sua reação diante de percepções muito específicas, que eles acreditavam ser verdadeiras.

Tente se colocar no lugar da pessoa que recebe o feedback logo após a primeira negociação e imagine que o outro negociador escreveu o seguinte: "Eu me sinto meio estranho de dizer esse tipo de coisa. Tive só uma reação na primeira negociação. Você me parece ser um negociador ético, não me deu a impressão de estar mentindo e tentando levar vantagem".

Como esse feedback afetaria a sua próxima negociação com essa mesma pessoa? Ela acredita que você é digno de confiança. De acordo com o pensamento tradicional, tal fato representa uma oportunidade para que você seja "oportunista e aja com esperteza maldosa", explorando a confiança da pessoa. Embora isso de fato aconteça em certos casos, não foi assim que os participantes reagiram. Pelo contrário, eles tentaram ser mais cooperativos na negociação seguinte para que a outra parte continuasse sentindo que eram merecedores de confiança. Para a maioria, se alguém confia em nós, queremos provar que essa pessoa está certa.

Agora, vamos considerar a prática aparentemente questionável de avaliar a confiabilidade dos outros com base em seus rostos. As evidências sugerem que até mesmo essa forma arbitrária de decidir confiar no outro pode ter valor preditivo. Os psicólogos organizacionais Michael Slepian e Daniel Ames, por exemplo, demonstraram isso apontando juízes independentes para avaliar a confiabilidade de alguém com base no rosto dos participantes do estudo e, em seguida, solicitando-lhes que participassem de um jogo simples no qual teriam de decidir se diriam a verdade ou não. Eles descobriram que as pessoas tendem a saber se seu rosto parece confiável ou não, mas, em vez de explorar esse fato para obter ganhos financeiros no jogo, havia maior probabilidade de as pessoas com rostos que inspiram mais confiança agirem de forma honesta porque queriam estar à altura das expectativas.[31] Além disso, em um estudo longitudinal feito na China, os psicólogos do desenvolvimento Qinggong Li, Gail Heyman, Jing Mei e Kang Lee revelaram que, quanto mais digna de confiança uma criança parece, em um grupo de crianças de oito a doze anos de idade, mais elas eram aceitas por seus pares, mais se esperava que fossem bondosas e mais bem tratadas eram. Isso serviu para prever a sua confiabilidade no mundo real, tanto no início, quando as fotografias foram tiradas, quanto um ano mais tarde.[32]

Essas descobertas sugerem que, até quando a confiança inicial nos outros parece ser arbitrária e não ter garantias, essa confiança pode, afinal, criar condições nas quais esse comportamento pode se justificar. Aquele que recebe a confiança do outro tem a tendência de ver tal confiança não como uma oportunidade de exploração, mas, sim, como um recurso precioso a ser preservado para o futuro. De fato, aquilo que parece ser uma demonstração aparentemente irracional de confiança inicial elevada pode ser, afinal de contas, racional, já que as crenças iniciais excessivamente positivas sobre a confiabilidade dos outros leva as pessoas a se comportarem de modo a criar uma profecia autorrealizável.

O ponto principal é que há uma grande diferença entre como achamos que a confiança funciona e como realmente ela acontece na vida real. Nossa disposição de confiar com base em pouquíssimas informações é a regra, não a exceção. E isso é positivo, porque esse tipo de confiança inicial é essencial para todas as iniciativas coletivas na sociedade, desde grupos temporários até organizações formais, e para a realização de praticamente todas as transações econômicas. A confiança inicial elevada torna mais fácil fazer amigos, mudar de emprego, começar um negócio e visitar lugares sem usar um colete à prova de balas. Esses benefícios afetam, em última instância, o sucesso das nações, e foram encontradas correlações positivas significativas entre o nível de confiança de um país e seu nível de prosperidade.[33]

O problema, no entanto, é que a confiança inicial elevada pode ser difícil de manter. Embora existam muitos casos nos quais a suposição de confiabilidade esteja correta, há um risco real de quebra de confiança a qualquer momento ao longo do caminho, mesmo após a construção de vínculos fortes. Por isso, é necessário entender o que significam as quebras de confiança, as formas como elas ocorrem e o que acarretam nos níveis gerais de confiança da sociedade, antes de começarmos a explorar como lidar com elas.

2
QUANDO A CONFIANÇA É ROMPIDA

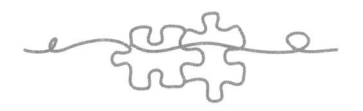

Ava casou-se com o homem dos seus sonhos aos 27 anos. Até então, vivia muito bem a solteirice. Gerenciava uma loja de presentes, tinha carro e vida social ativa. O suposto príncipe encantado, que conheceu em uma cidade vizinha, destruiu por completo essa harmonia. Ele era inteligente, cortês e afetuoso, e constantemente a surpreendia com presentes. Também era comum fazer visitas inesperadas no meio do expediente para levá-la para almoçar. Quando ele a pediu em casamento, poucos meses após o início do namoro, a resposta que recebeu foi um entusiasmado sim. Ava ignorou todos os sinais que mostravam que o noivo tinha um lado sombrio.

Com o passar do tempo, no entanto, ficou mais difícil ignorar a crueldade do marido, que passou a menosprezá-la, a chamá-la por nomes pejorativos e a insultá-la. Depois de seis anos, o nível de agressão atingiu a violência física, quando o companheiro a jogou no chão e tentou sufocá-la. O filho de cinco anos do casal telefonou para a emergência, gritando: "Meu pai está matando minha mãe. Por favor, me ajude!". A operadora rastreou a chamada e enviou a polícia até o local. Embora o ataque tenha deixado hematomas e marcas visíveis no corpo de Ava, o policial foi embora sem registrar o ocorrido.

Três meses depois, o marido voltou a ficar violento. Durante uma discussão, ele a empurrou contra uma parede e começou a asfixiá-la. Ela conseguiu escapar e tentou ligar para a emergência, mas o esposo arrancou o telefone de sua mão, esmagou-o com um dos pés e a espancou tão brutalmente que, depois da surra, ela teve de ser hospitalizada.

"Meus filhos ficaram assistindo enquanto o médico suturava os meus cortes", disse ela. "Naquele momento, refleti sobre o legado que deixaria para eles se continuasse naquela situação. No dia seguinte ao episódio de violência, Ava saiu com os filhos à procura de um abrigo, mas todos estavam lotados. Ao longo dos anos, afastara-se de amigos e familiares. Não tinha mais a quem recorrer. Sem opções, voltou para casa — e, consequentemente, para o marido. Naquela semana, após outro ataque matinal do esposo, Ava encontrou sua filhinha de três anos escondida debaixo de cobertores, tremendo e chorando porque estava com muito medo do pai. Desesperada, procurou outras soluções. Foi quando encontrou o número de uma linha direta de apoio a vítimas de abuso doméstico. Em lágrimas, disse ao atendente que estava constrangida e humilhada por não ter sido capaz de proteger a si mesma e aos filhos. Ava nunca permitiu que as crianças vissem como o marido a tratava a portas fechadas. O protetor pediu que reunisse os pertences que coubessem no carro e que fosse com os filhos até a cidade mais próxima. Lá, receberiam ajuda para reconstruir suas vidas. Teriam apoio para encontrar moradia, creche, aconselhamento e assessoria jurídica.

Quase oito anos após a sua partida, Ava comenta que ainda não lida bem com o passado. Há dias em que não consegue parar de pedir desculpas, que chora sem motivo aparente e que se sente completamente inútil.

"Até hoje, não gosto de cachecóis... Na verdade, não gosto de nada que seja usado no pescoço. E me preocupo com o fato de que, não importa quantas vezes eu diga que sou uma *sobrevivente* de violência doméstica, terei pesadelos pelo resto da vida."

O caso narrado aqui é uma compilação de experiências enfrentadas pelas sobreviventes que entraram em contato com a National Domestic Violence Hotline.[34] Os nomes e os detalhes foram alterados para proteger as identidades das vítimas. O assunto central de todas as histórias, entretanto, é sempre o mesmo, já que essas situações seguem um padrão de agravamento crescente.

No cerne de qualquer história, há um agressor e uma vítima; nesse caso, um marido abusivo e uma esposa abusada. É muito frequente que ramificações desse abuso afetem outras pessoas que se relacionem de alguma forma a esses dois pivôs, criando uma espécie de rede cujos danos e responsabilidades se entrelaçam. Nessa trama incluem-se testemunhas diretas, como os filhos de Ava, que podem ficar psicologicamente marcados por esses eventos, mesmo quando não são alvos diretos da violência. Terceiros também fazem parte da teia, como o policial que atendeu ao chamado da emergência ou os serviços de assistência social que Ava contatou após ter saído do hospital. Todos podiam ter ajudado, mas não o fizeram. Eles podem, portanto, carregar parte da culpa decorrente de o caso não ter sido resolvido antes. Outros fatores que devem ser considerados são o senso de responsabilidade e a vergonha de Ava por não ter sido capaz de proteger a si mesma e aos filhos. Por mais improváveis que fossem os resultados dessas ações, ela deveria ter apresentado queixa contra o marido ou procurado ajuda mais cedo. Outro grupo dessa cadeia é formado por pessoas que não contribuíram diretamente com os fatos, mas que, de algum modo, têm características semelhantes às do agressor. Assim como Ava não consegue mais usar cachecóis, novos relacionamentos podem ser assustadores para ela. Considerando ainda essa perspectiva, seus filhos podem desenvolver conceitos equivocados sobre assuntos relacionados a casamento e paternidade.[35] E, por fim, esses eventos podem repercutir em cada um de nós à medida que damos sentido a eles e aprendemos indiretamente com o que aconteceu.

O que, a princípio, parecia ser específico e direcionado a um grupo exclusivo de pessoas se amplifica e passa a afetar segmentos mais amplos da sociedade. Essa expansão pode contradizer as expectativas positivas que as pessoas eventualmente tenham em relação ao mundo ao seu redor, às comunidades em que estão inseridas e às instituições que as atendem. Mesmo que não tenham sido diretamente prejudicadas pelos incidentes, a perturbação das expectativas representa, em última análise, uma quebra na confiança.

A facilidade com que esse dano ocorre pode ser confirmada em pesquisas a respeito do tema. Retomemos o estudo sobre entrevistas de emprego que mencionei no capítulo 1. Após perceberem que os participantes demonstraram níveis elevados de confiança em determinada candidata, os pesquisadores exibiram um vídeo curto no qual o recrutador apresenta uma alegação infundada sobre ela, feita por pessoas desconhecidas. Ele alega que a moça se envolveu em transgressões contábeis em seu último emprego. Feito isso, os participantes são convidados a reavaliar se a candidata é mesmo confiável. Ao comparar os níveis de confiança antes e depois da alegação, foi possível observar que o relato reduziu drasticamente o grau de credibilidade dessa candidata.

A consistência de tais descobertas não deve ser uma surpresa para a maioria de nós. Afinal, se não tivéssemos essa propensão a confiar nas pessoas, nossos relacionamentos sociais poderiam tornar-se incrivelmente restritos, e nossos esforços para ampliá-los seriam severamente prejudicados. A falta de sensibilidade aos sinais de que não se deve confiar em alguém também pode, no entanto, expor-nos a riscos desnecessários. Na verdade, a suscetibilidade é tão alta que a alegação apresentada em nosso estudo reduziu drasticamente a confiança na candidata (em cerca de 1,5 a quase 3 pontos na escala de 7 pontos), apesar de os participantes não terem sido pessoalmente prejudicados pelo suposto incidente, que permaneceu vago e sem fundamento, e os acusadores não foram identificados. Além disso, essa descoberta é compatível com evidências de outros estudos, que também constataram que as pessoas tendem a acreditar em alegações não comprovadas, apesar das dificuldades de se confirmar se são verdadeiras.*,[36]

Esses resultados ressaltam a noção de que, embora a confiança seja geralmente benéfica para a sociedade, ela também é bastante frágil. E uma das razões para isso é não usarmos os mesmos critérios para medir possíveis ganhos e perdas. Um conjunto substancial de evidências científicas, apresentado pela primeira vez pelos psicólogos Amos Tversky e Daniel Kahneman (ganhador do Prêmio Nobel de Economia de 2002, após a morte de Tversky por um trabalho desenvolvido por ambos),** deixa claro que as pessoas tendem a considerar as perdas muito mais importantes que

---

*   Por exemplo, pesquisas sobre depoimentos de testemunhas oculares revelaram que relatos mais detalhados podem afetar os veredictos, mesmo quando o detalhe não está relacionado ao culpado.

**   O Prêmio Nobel não é concedido postumamente.

os ganhos.[37] Não é relevante, por exemplo, que a maioria dos homens que Ava conhece não seja violenta ou que seu marido não a tenha machucado na maior parte do tempo que conviveu com ele. O que importa são as ocasiões em que o marido cometeu esses abusos, cujas consequências ofuscaram todo o resto e perduraram por muito tempo depois da sua decisão de deixá-lo. As experiências com violações de confiança podem deixar marcas duradouras que nos impedirão de estabelecer novos relacionamentos no futuro. Mesmo quando for improvável que essas violações se repitam, a falta de confiança nos fará recuar por um longo tempo. No caso de Ava, a desconfiança pode ser uma reação sensata que manterá a sua segurança e a de sua família. Essa postura, no entanto, pode ter um preço alto se impedi-la de assumir o risco de se relacionar novamente e encontrar um parceiro que seja amoroso e compreensivo.

Não faço essas observações de forma leviana. Sei muito bem como podemos nos sentir vulneráveis quando nossa confiança é quebrada. Também sei que os vulneráveis são, via de regra, os mais visados. Os predadores, em geral, perseguem aqueles a quem consideram fracos, que não podem revidar, cuja condição de vítima provavelmente passará despercebida. É possível encontrar monstros reais no mundo. Muitas vezes, contudo, lutamos contra fantasmas que nós mesmos criamos. Os dramas surgem quando não conseguimos distinguir entre os dois.

Podem ser citadas como exemplo as consequências do notório experimento de Tuskegee, que teve início em 1932.[38] O objetivo desse estudo foi investigar a progressão da sífilis em adultos. Os pesquisadores recrutaram seiscentos homens afro-americanos do condado de Macon, Alabama — 399 com sífilis latente e um grupo-controle com 201 que não tinham a infecção sexualmente transmissível —, prometendo-lhes atendimento médico gratuito. Os participantes, no entanto, não receberam o tratamento que lhes fora prometido, mesmo quando, em 1943, a penicilina se tornou a medicação mais indicada para tratar a doença, não obstante os graves problemas de saúde que os afetados tiveram posteriormente, incluindo cegueira e deficiência mental, e o número crescente de mortes decorrentes da enfermidade. Em 1972, a Associated Press publicou um artigo sobre o experimento que causou indignação pública. Diante da situação, um conselho consultivo foi nomeado para avaliar a pesquisa. Esse comitê considerou o estudo "eticamente injustificado", e o secretário-assistente de saúde e assuntos científicos finalmente anunciou a decisão de interrompê-lo.

O experimento de Tuskegee é citado até hoje como um dos motivos da contínua desconfiança que a comunidade afro-americana tem pelas instituições médicas. Essa desconfiança é compreensível, já que o experimento durou quase quatro décadas e, por ser relativamente recente, muitas pessoas se recordam de que ele só foi interrompido depois que o artigo da Associated Press revelou os problemas. Aliás, como bem observou a jornalista Kristen Brown em um artigo de 2021 para a Bloomberg, o experimento de Tuskegee tornou-se uma espécie de símbolo na comunidade afro-americana sobre um problema muito mais amplo de viés racial, que levanta dúvidas sobre a confiabilidade do sistema de saúde e de outras instituições governamentais.[39]

Essa desconfiança ganhou bastante relevância em 2020, quando a crise da COVID-19 surgiu. Alguns membros dessa comunidade se recusaram a tomar as vacinas recém-desenvolvidas contra o coronavírus, apesar dos enormes impactos sofridos pelos negros. De acordo com uma pesquisa realizada pelo website da FiveThirtyEight, pouco antes de a Food and Drug Administration (FDA) emitir uma autorização de uso emergencial para a vacina da Pfizer, 61% dos adultos brancos entrevistados nos Estados Unidos declararam que definitivamente ou provavelmente tomariam a vacina, enquanto apenas 42% dos adultos negros expressaram essa intenção.[40] Na mesma época, outra pesquisa conduzida pela National Association for the Advancement of Colored People (NAACP), em conjunto com duas outras organizações, constatou que apenas 14% dos afro-americanos pesquisados indicaram que "confiavam completamente ou parcialmente" na segurança da vacina.[41]

De acordo com dados dos Centers for Disease Control and Prevention (CDC),[42] os negros americanos resistiram à vacina contra a COVID-19, embora o índice de mortalidade entre eles tenha sido duas vezes maior do que entre brancos americanos. A oposição permaneceu firme, apesar de dados substanciais comprovarem a eficácia da vacina[43] e dos muitos esforços para persuadi-los. A Kaiser Family Foundation, por exemplo, relatou que o percentual de pessoas brancas que receberam pelo menos uma dose da vacina contra a COVID-19 (49%) foi 1,3 vez maior que a taxa de negros (38%), oito meses após a autorização de uso emergencial das vacinas ter sido emitida.[44] E as consequências dessa relutância foram trágicas: o APM Research Lab relatou que mais de 73 mil negros americanos perderam a vida por causa da COVID-19 entre 8 de dezembro de 2020 e 2 de março de 2021, quando a variante Delta, a mais mortal, estava apenas começando a se estabelecer.[45]

É claro que não podemos afirmar qual seria a quantidade de vidas poupadas se a confiança fosse maior. Naquele período, ainda não havia grande disponibilidade de doses e, mesmo quando ficaram disponíveis, sua distribuição se tornou um obstáculo significativo. As disparidades raciais nas taxas de vacinação, no entanto, foram relatadas já em meados de janeiro de 2021, com um relatório da Kaiser Health News mostrando que os negros americanos estavam sendo vacinados a taxas duas a três vezes inferiores às dos americanos brancos.[46] Também não é difícil concluir que um pequeno aumento nessas taxas de vacinação, mesmo que de apenas 1% dos 73 mil que perderam a vida entre dezembro e março, salvaria muito mais vidas negras se compararmos com os 128 participantes que morreram de sífilis e complicações relacionadas à doença durante os quase quarenta anos de duração do experimento de Tuskegee.[47]

Esses resultados ilustram como nossas reações às violações de confiança têm consequências que não estão dentro escopo da transgressão que as provocou. Do ponto de vista dos desconfiados, pouco importa se eles não foram pessoalmente prejudicados pelo experimento citado. É suficiente saber que outras pessoas como eles tiveram essa experiência. Também é provável que desconsiderem a importância das novas diretrizes que foram emitidas logo após o término do experimento para proteger os membros de outros projetos de pesquisa financiados pelo governo dos Estados Unidos, bem como o acordo extrajudicial de 10 milhões de dólares que foi pago aos participantes do estudo e seus herdeiros, o que deve impedir que esse tipo de incidente volte a acontecer. Muitos ignoram o fato de Peter Buxtun, o epidemiologista que declarou suas preocupações éticas sobre o estudo, ser branco e, apesar de temer que isso lhe custasse o emprego, ter optado por fazer a denúncia por meio da Associated Press. "Pode apostar que pensei que teria de procurar outro emprego, talvez em outra cidade e provavelmente fora do governo", disse Buxtun.[48] Poucos têm noção da importância de sua atitude, e sua coragem é apenas uma nota de rodapé nessa história.

Além disso, pode ser fácil para os desconfiados ignorar uma diferença fundamental entre os objetivos do experimento de Tuskegee e o esforço para promover a adoção das vacinas contra a COVID-19. Como observou a jornalista Melba Newsome em um artigo para a *Scientific American*,[49] o dano causado pelo experimento de Tuskegee envolveu a *retenção* de um tratamento (penicilina) que teria curado os participantes já infectados com sífilis. O estudo não injetou sífilis em participantes saudáveis com o propósito de adoecê-los. Portanto, em vez de usar o vergonhoso episódio do experimento de Tuskegee como motivo para evitar a vacina, os negros americanos deveriam exigir os mesmos tratamentos recebidos pelos brancos. Isso também pode ser aplicado ao símbolo de injustiça contra afro-americanos que Tuskegee representa ainda hoje, uma vez que o acesso aos tratamentos médicos ainda não é igualitário. Sermos mais exigentes seria a resposta natural. O problema, no entanto, é que as nossas reações, muitas vezes, não parecem racionais, se analisadas de um ponto de vista prático, podendo agravar ainda mais o dano que já sofremos.

—

Uma maneira de entender algumas das implicações de longo prazo causadas pelas violações de confiança é examinar a pesquisa psicofisiológica sobre os efeitos do trauma. Essa pesquisa fornece uma visão do transtorno de estresse pós-traumático (TEPT) ao estudar as relações entre a mente e o corpo. É evidente que nem todas as violações de confiança causam TEPT, mas situações de TEPT (como experiência em guerras, abuso infantil, estupro ou um acidente horrível) podem causar algum nível de violação de confiança. Os veteranos de guerra, por exemplo, podem manter sua confiança nas forças armadas, no governo e no propósito das intervenções militares, ao mesmo tempo que lutam contra os efeitos dos traumas sofridos no campo de batalha, assim como as vítimas de acidentes incomuns podem apresentar sintomas de TEPT, embora sua confiança nos outros não tenha realmente mudado.

Tanto as violações de confiança quanto os traumas podem ser mais bem compreendidos quando consideramos o modo como as pessoas reagem aos infortúnios dos quais foram vítimas. Nos casos mais graves, a falta de confiança e os traumas ocorrem simultaneamente. Cada experiência desagradável pode abalar nossas convicções sobre o mundo e, como consequência, desequilibrar a forma como interagimos com as pessoas, criando padrões que perduram por muito tempo. Podemos permanecer marcados por essas experiências, cujos efeitos prejudiciais duradouros podem ser vistos mesmo décadas depois.

O psiquiatra Bessel van der Kolk detalhou de forma vigorosa em seu best-seller *O corpo guarda as marcas: cérebro, mente e corpo na cura do trauma*[50] como o trauma leva as pessoas a apresentar uma série de sintomas, tendo como base sua pesquisa sobre o transtorno de estresse pós-traumático. Podemos nos tornar mais sensíveis a estímulos externos que tenham apenas leve semelhança com os eventos traumáticos, como quando os veteranos lutam contra ruídos altos e incidentais que sobrecarregam seus cérebros e ativam reações automáticas de luta ou fuga anos após o término do serviço militar. Podemos desenvolver hábitos inadequados para manter algum aparente controle sobre experiências traumáticas, como quando vítimas de abuso sexual infantil desenvolvem tendências autodestrutivas ou suicidas ao atingirem a adolescência.[51] O trauma pode até mesmo afetar a maneira como as vítimas veem a si próprias, aumentando, assim, as chances de enfrentarem experiências traumáticas semelhantes no futuro, pois elas desenvolvem visões negativas de si mesmas que as fazem gravitar em torno daqueles que são mais propensos a machucá-las.[52]

Essas consequências de eventos traumáticos refletem os mesmos efeitos que podem surgir das violações de confiança que discutimos anteriormente.

Muitas vezes, generalizamos demais essas experiências específicas para incluir situações e pessoas que têm apenas uma leve semelhança com o que aconteceu de verdade. Isso pode nos levar a comportamentos que aumentam o dano causado pela situação desagradável, demonstrando desconfiança em casos em que isso não se justifica. As experiências também podem afetar fundamentalmente a forma como vemos a nós mesmos e aos outros, de maneiras prejudiciais para todos nós.

Consideremos, por exemplo, os resultados do relatório do Pew Research Center de 2019, o qual mencionei na introdução deste livro. Esse documento constatou que 64% dos estadunidenses entrevistados sentiram que a confiança mútua diminuiu e 75% indicaram que a confiança no governo federal também foi abalada. Esses números facilitam a inferência de que as pessoas estão cada vez menos dispostas a demonstrar o tipo de confiança inicial que o meu e outros estudos documentaram anteriormente.

É igualmente possível, entretanto, que, em vez de representar um declínio fundamental na disposição de demonstrar confiança inicial, essas descobertas reflitam um aumento da identificação dos casos de violações e a dificuldade de reparar a confiança após esses incidentes. De fato, quando perguntados por que os níveis de confiança diminuíram, os entrevistados da pesquisa Pew logo identificaram uma lista extensa de causas sociais e políticas, incluindo experiências com pessoas menos fiéis, mais preguiçosas, mais gananciosas e mais desonestas do que antes, desavenças políticas e cobertura enviesada e sensacionalista nos meios de comunicação. Todavia, 86% ainda acreditam que a confiança que as pessoas têm umas nas outras pode ser melhorada, e 84% acreditam que é possível melhorar os níveis de confiança que as pessoas têm no governo.[53]

Tudo isso sugere que precisamos desenvolver uma melhor percepção de como as violações de confiança ocorrem para que encontremos maneiras de lidar com elas. É preciso analisar por que o mesmo incidente pode violar a confiança em alguns casos, mas não em outros. No início deste capítulo, defini violações de confiança como incidentes que prejudicam as expectativas positivas que teríamos em relação ao mundo que nos rodeia, porém não especifiquei quais seriam essas expectativas ou como elas poderiam mudar de acordo com a situação. Precisaremos recorrer à pesquisa sobre confiança e às ciências sociais para começar a responder a essas perguntas.

—

Em um nível mais amplo, devemos observar que questões qualitativas e quantitativas desempenham um papel importante na forma como as pessoas veem as possíveis violações. No aspecto qualitativo, o tipo de relacionamento em que esses incidentes ocorreram faz uma diferença importante na maneira como são vistos (como observamos no capítulo 1). Ao avaliar sua confiança nos outros, as pessoas podem considerar uma série de características e perceber que algumas delas são mais relevantes em determinados relacionamentos que em outros. Podemos esperar lealdade de um cônjuge em um casamento, por exemplo, mas não necessariamente que ele seja competente para fornecer conselhos médicos, enquanto o contrário pode ser verdadeiro no caso de um médico. É provável, portanto, que sejamos menos propensos a culpar um cônjuge por quebrar a confiança se ele ignorar sintomas de saúde que se revelarem bastante sérios posteriormente, em comparação com a responsabilização de um médico por agir do mesmo modo.

Tenho um amigo querido que certa vez percebeu uma protuberância em seu braço. Ao expressar suas preocupações à sua cônjuge, normalmente calorosa e solidária, ele mencionou a possibilidade de ser um câncer. A esposa o fitou e classificou a preocupação como ridícula. De qualquer forma, ele foi ao médico e, de fato, a protuberância era um tumor cancerígeno (felizmente tratável) — um fibrossarcoma inflamatório que crescia no osso próximo ao cotovelo e que tinha quase o tamanho de uma bola de golfe. Ele e a esposa continuam casados e felizes por muitos anos depois, e acham graça da experiência.

Adicionalmente, as evidências indicam que os fatores situacionais podem influenciar as expectativas das pessoas, mesmo quando o tipo de relacionamento permanece estável. Um exemplo desse fenômeno pode ser observado em um estudo de campo realizado pelos economistas Uri Gneezy e Aldo

Rustichini,[54] que envolveu dez creches particulares. As creches enfrentavam um problema: os professores precisavam permanecer após o horário de encerramento para aguardar os pais que chegavam atrasados para buscar os filhos. Diante disso, os pesquisadores propuseram resolver o problema implementando uma multa aos pais atrasados. Em vez de solucionar o problema, os resultados mostraram que a multa teve o efeito contrário: mais que o dobro de pais passaram a atrasar-se. Isso ocorreu porque a penalidade alterou a percepção dos pais em relação a esse comportamento. Para eles, o atraso deixou de ser uma violação constrangedora das normas sociais que complicava a vida dos professores da creche, transformando-se em uma situação aceitável com um preço razoável.

Os pesquisadores da minha área, que pertence a um campo interdisciplinar chamado comportamento organizacional, incorporando conceitos de psicologia, sociologia e economia, caracterizaram esse tipo de transformação como uma mudança na maneira como a decisão foi apresentada, passando, neste caso, de uma perspectiva ética para uma perspectiva de negócios. As pesquisas sobre esse fenômeno não apenas examinaram como os indicativos situacionais, como a implementação de taxas e multas, podem desencadear essa mudança, mas também evidenciaram como as pessoas podem se tornar menos cooperativas e honestas quando essa transformação acontece. Essa mudança de abordagem muitas vezes faz sentido. As normas de interação naturalmente variam se estamos no ambiente de trabalho, em casa, lidando com um problema médico sério ou participando de um jogo descontraído com amigos. O desafio, no entanto, reside no fato de que nem sempre as pessoas compartilham as mesmas expectativas sobre como devemos nos comportar em diferentes situações. Quando isso acontece, os envolvidos podem ter percepções bastante distintas sobre eventuais quebras de confiança. Dedicaremos mais atenção a esse tipo de problema mais adiante neste livro, quando explorarmos as maneiras pelas quais as pessoas podem diferir em seus julgamentos morais. Por enquanto, o objetivo principal é simplesmente reconhecer que pode haver diferenças qualitativas importantes no que as pessoas acreditam ser uma transgressão com base nas expectativas que elas têm.

Além disso, quando se trata de diferenças *quantitativas*, é necessário considerar que, embora o comportamento seja classificado como inadequado e o seu ator seja integralmente culpado, pode haver diferenças importantes na seriedade com que esses incidentes são tratados. É nesse ponto que a força do relacionamento pode ser realmente importante. No caso de abuso doméstico relatado no início deste capítulo, Ava ignorou os sinais do lado sombrio do marido durante anos e só tentou ir embora depois que o segundo ataque violento a levou para o pronto-socorro. Uma explicação para esse comportamento é que a maior parte das pessoas quer preservar seus relacionamentos íntimos.[55] Assim como no caso de Ava, elas podem tentar ignorar ou esquecer as transgressões, dar ao agressor o benefício da dúvida ou inventar desculpas para suas ações, como culpar a si mesmas ou outras vítimas. Elas podem até tentar racionalizar os delitos de modo que enxerguem essas falhas em termos mais positivos.

Os psicólogos Sandra Murray e John Holmes estudaram essa última possibilidade em sua pesquisa sobre parceiros românticos.[56] Inicialmente, pediram aos participantes que descrevessem as tendências que seus parceiros tinham de evitar conflitos e, depois, que escrevessem um texto livre sobre essa limitação. Murray e Holmes descobriram que os participantes fizeram uma grande ginástica mental na tentativa de transformar essas falhas em virtudes. Alguns participantes reinterpretaram as tendências do parceiro de evitar conflitos como indicativos de que o companheiro "é receptivo às minhas necessidades" e está "disposto a se adaptar, se necessário".

Essas descobertas podem esclarecer como tendemos a justificar uma explosão emocional perturbadora de alguém próximo. Por exemplo, reinterpretamos esse arroubo não como falha de caráter, mas como demonstração de paixão e afeto avassaladores. Como consequência, permanecemos comprometidos com o relacionamento. Teríamos, no entanto, menos razões para justificar explosões semelhantes se elas fossem provocadas por um simples conhecido ou um estranho. Simplesmente somos menos motivados a fazer isso quando o relacionamento não é próximo, porque investimos menos nesses relacionamentos e, portanto, temos menos a perder ao terminá-los. É dessa forma que a força do relacionamento pode atuar como amortecedor, atenuando os efeitos de uma possível violação de confiança. Isso faz com que aqueles que possuem uma relação sólida com o transgressor considerem o incidente menos grave em comparação com os que mantêm um relacionamento mais frágil com o mesmo indivíduo.

Outras considerações, contudo, podem agir de maneira contrária, tornando-nos mais sensíveis a violações de confiança. É possível, por exemplo, que, assim como certas variações em nossa constituição psicológica podem predispor alguns a serem mais propensos a confiar que outros, talvez haja outras diferenças individuais que tornem algumas pessoas mais inclinadas a acreditar que sua confiança foi violada. Isso pode incluir pessoas como Dale, mencionado no capítulo 1, que são diagnosticadas com transtorno de personalidade paranoica. Em última análise, é melhor nos concentrarmos em outra categoria de influências que não é apenas mais relevante, mas também mais específica em suas implicações sobre como reagimos a possíveis violações de confiança: a pesquisa sobre nossa capacidade de aprendizado por meio da associação.

A pesquisa sobre aprendizagem associativa diz respeito às conexões que os seres humanos e os animais podem fazer entre dois elementos não relacionados (como objetos, imagens, sons, ideias e comportamentos) por meio de um processo conhecido como *condicionamento*. Talvez o exemplo mais conhecido desse efeito seja encontrado nos estudos do cientista russo Ivan Pavlov, nos quais ele tocava um sino e, logo em seguida, dava comida aos cães. Com o tempo, os cães aprenderam a salivar ao ouvirem o sino, mesmo na ausência da comida. A isso, podemos acrescentar uma invenção menos conhecida e bastante questionável chamada Projeto Pigeon, do psicólogo B. F. Skinner, que buscava resolver o problema da imprecisão dos bombardeios durante a Segunda Guerra Mundial. A solução proposta envolvia colocar três pombos na parte da frente de uma bomba, sendo cada pombo treinado para bicar sempre que identificasse o padrão de um alvo, de modo a orientar o explosivo por meio de seus esforços combinados.[57] Os militares concederam a Skinner 25 mil dólares para prosseguir com a ideia, mas acabaram por rejeitá-la, apesar da demonstração bem-sucedida que Skinner fez de seus pássaros treinados.

Estranhezas à parte, essa capacidade fundamental de aprender por associação é importante também para os seres humanos. Semelhantemente à reação de Ava a cachecóis após sua experiência com abuso doméstico e à dos veteranos de guerra que continuam a lutar contra ruídos altos depois de terem deixado o campo de batalha, tais experiências podem nos tornar hipervigilantes em relação a danos semelhantes e provocar reações inesperadas diante de estímulos associados a elas. Esses estímulos podem incluir memórias sensoriais relacionadas a som, toque ou cheiro; lugares ou situações análogas; ou até mesmo semelhanças superficiais com aqueles que cometeram a transgressão, com base em aparência, gênero, etnia ou outras características. Embora esses tipos de reações se manifestem com nitidez após muitos episódios traumáticos, também podem surgir em incidentes que violam a confiança, mesmo que não tenham necessariamente causado trauma. Todos nós somos condicionados a aprender por meio de nossas experiências, a fazer inferências sobre o que trará recompensas e o que causará danos. E a pergunta de um milhão de dólares, nesse contexto, é se essas inferências são justificadas ou não, em particular quando cada uma de nossas experiências pode ser tão drasticamente diferente. É provável que pessoas que tenham sofrido assédio no local de trabalho, por exemplo, estejam muito mais alertas à possibilidade de recorrências que aquelas que não passaram pela situação. Como resultado, elas podem reagir de maneiras que diferem consideravelmente diante de incidentes questionáveis. Essas reações também podem variar de acordo com uma série de fatores, como se a pessoa foi, de forma direta, alvo do assédio, se testemunhou o incidente ou se tomou conhecimento dele apenas por meio de relatos após o ocorrido.

Em cada caso, as associações que as pessoas nesse ambiente de trabalho aprendem a fazer podem ser contraditórias. Isso, por sua vez, pode ter repercussões na forma como elas interagem umas com as outras nesse contexto, o que é possível perdurar por muito tempo mesmo após o episódio ter sido superado. Para aqueles que não foram afetados, o assédio pode ser algo que eles condenam, mas logo deixam para trás. Podem argumentar que o culpado foi devidamente repreendido ou demitido por suas ações, considerando assim o assunto como encerrado. Para aquelas pessoas que foram mais diretamente atingidas pelo que ocorreu, no entanto, os perigos ainda podem estar à espreita, bastando apenas mais uma pessoa disposta a ultrapassar os limites. O que permanece em destaque é o dano infligido. É fácil recordar quanto tempo levou e a dificuldade inicial para se interromperem as transgressões. Essas pessoas permanecem cautelosas e hipervigilantes porque aprenderam muito bem, com base em sua experiência, o custo de permitir que esse tipo de comportamento questionável passe despercebido.

Da mesma forma, comportamentos semelhantes podem ser encontrados em outras esferas. Isso inclui a reação das pessoas a alegações de racismo sistêmico, questões a respeito dos direitos civis, esforços para aprovar legislação sobre o direito à posse de armas, a revogação do direito ao aborto e a parcialidade da mídia. Em todos esses e em outros domínios, há pessoas que podem apresentar reações de alerta máximo diante do que consideram ameaças reais ao seu bem-estar, enquanto outras podem considerar essas reações exageradas. O lado que cada um de nós vai escolher depende do problema em questão e de nossas experiências passadas. Todos nós aprendemos por meio da associação, e as maneiras como somos condicionados a reagir com base em nossas experiências podem nos auxiliar a navegar pelo mundo. Contudo, esse processo subjacente de aprendizagem associativa pode, por vezes, assemelhar-nos aos pombos de Skinner, treinados para agir apenas em destinos específicos.

Em uma perspectiva mais ampla, cada uma das influências qualitativas e quantitativas que examinei destaca como pode ser desafiador chegar a um consenso sobre a ocorrência de uma violação da confiança. Esse problema torna-se ainda mais significativo quando a falta de consenso ocorre não apenas entre aqueles cuja confiança pode ter sido violada, mas também entre as potenciais vítimas e o suposto violador. Isso pode criar situações em que as potenciais vítimas concluem que a confiança foi violada, mas o suposto violador não tem conhecimento de que isso ocorreu. Nesses casos, as vítimas podem experimentar desconfiança duradoura, uma vez que o suposto violador não reconheceu a necessidade de lidar com a situação.

Consequentemente, o ônus de chamar a atenção do infrator pode recair sobre as vítimas antes que o incidente volte a acontecer.

Ainda que os infratores reconheçam que a confiança foi violada, podem não acreditar que esse sentimento seja justificado ou discordar de que não se deve confiar neles. Às vezes, isso também pode ocorrer por razões justificáveis. Como vimos, as evidências de pesquisas deixam claro que as pessoas estão bastante dispostas a acreditar em acusações falsas sobre outras. Isso torna fácil culpar os inocentes. A necessidade de encontrar um culpado quando coisas ruins acontecem muitas vezes pode levar à busca de bodes expiatórios convenientes. Mesmo quando os culpados têm alguma responsabilidade, aqueles que apontam o dedo podem não ter um entendimento completo do motivo pelo qual a violação aconteceu e, portanto, incorrer em inferências que distorcem a natureza do incidente e o papel do violador. Dessa forma, embora as pessoas que vivenciaram o incidente possam estar na melhor posição para avaliar se foram prejudicadas e se sua confiança foi violada, elas não necessariamente estão corretas em suas suposições sobre quem é o culpado, o nível de responsabilidade do suposto violador ou a melhor forma de lidar com o tipo de incidente.

Ao consideramos que as potenciais vítimas podem estar equivocadas, é importante levar em conta que os acusados também podem não estar corretos. É possível que eles deixem de considerar a perspectiva das vítimas e, assim, ignorem o dano que suas ações eventualmente tenham causado. Eles podem recorrer a racionalizações egoístas que os levem a acreditar que as ações foram justificadas ou minimizar sua própria responsabilidade pelo ocorrido. Ainda que aceitem a premissa de que seu comportamento foi errado e que são responsáveis, eles podem discordar sobre o grau de punição, restituição e outras formas de intervenção corretiva apropriadas. Também devemos enfrentar o fato de que, às vezes, *não* se justifica reparar a confiança no infrator, que ele pode estar propenso a cometer crimes semelhantes no futuro e que as potenciais vítimas podem se beneficiar mais ao se afastar.

Essas complicações também são agravadas pelo fato de que restabelecer a confiança depois de ela ter sido violada não é apenas muito mais difícil do que demonstrar confiança desde o início (já que agora é preciso superar motivos importantes para não confiar), mas também mais desafiador do que perdoar ou evitar futuras violações. A American Psychological Association (Associação Americana de Psicologia) definiu o *perdão* como "deixar intencionalmente de lado os sentimentos de ressentimento em relação a uma pessoa que cometeu um erro, foi injusta ou ofensiva, ou que de alguma forma nos prejudicou". Há também evidências crescentes de que o perdão pode melhorar a saúde mental e física das pessoas que foram vitimadas, reduzindo o estresse, a ansiedade e a depressão.[58] O perdão, entretanto, não pressupõe necessariamente que haja reconciliação, interações contínuas com o transgressor ou até mesmo o reconhecimento do dano por parte dele. É apenas um processo por meio do qual as vítimas podem chegar a um ponto de empatia e compreensão que lhes permita seguir em frente por conta própria. Ava, a quem conhecemos no início deste capítulo, por exemplo, pode um dia perdoar o marido abusivo e sentir-se melhor com isso, mesmo que não tenha a intenção de tornar a si mesma ou seus filhos vulneráveis a ele de novo. Seu perdão não necessariamente implica o restabelecimento da confiança ou do relacionamento.

Embora medidas preventivas, como novas regulamentações ou sistemas de monitoramento, possam permitir que os infratores e as vítimas voltem a se relacionar, isso não repara a confiança, apenas reduz o risco. No capítulo 1, analisamos como a redução do risco acaba por diminuir a necessidade de confiança. O principal objetivo das medidas preventivas é, portanto, permitir que as pessoas ajam como se confiassem umas nas outras, mesmo que eventualmente não confiem de forma alguma. Ainda que as medidas preventivas sejam suficientes em alguns casos, geralmente são eficazes apenas contra um número limitado de possíveis infrações. Isso levanta a questão de como lidar com o amplo conjunto de circunstâncias em que o risco não foi eliminado. As evidências também sugerem que, às vezes, as medidas preventivas podem ser um tiro que sai pela culatra, estimulando a crença de que os outros agiriam de forma confiável apenas se obrigados a fazê-lo e revelariam sua verdadeira falta de confiabilidade quando tivessem a oportunidade.[59] Se duas pessoas em um empreendimento comercial, por exemplo, cumprirem à risca sua parte do acordo, apesar de falhas no contrato que facilitam a trapaça, é fácil deduzir que isso se deve ao fato de serem confiáveis. Se o contrato, no entanto, é suficientemente amarrado para impossibilitar a trapaça, ainda restaria a questão do que teria acontecido se a cooperação entre elas não tivesse sido forçada.

Em última análise, o perdão e a implementação de medidas preventivas podem oferecer benefícios importantes; contudo, fazem pouco para resolver o problema mais difícil e fundamental de como restabelecer ou reparar a confiança depois que ela foi violada. Para lidar com isso, precisamos entender o que nos torna vulneráveis a esses infratores, *apesar* do risco que isso implica, o que, por sua vez, demanda uma compreensão mais profunda de como as pessoas podem conciliar suas crenças, muitas vezes divergentes, sobre a violação e por que ela ocorreu, bem como sobre a culpa, a responsabilidade e a probabilidade de redenção do violador.

3
O PROBLEMA COM OS PEDIDOS DE DESCULPAS

Era um sábado à tarde, 15 de agosto de 1998, na cidade de Omagh, na Irlanda do Norte, quando um Vauxhall vermelho chegou ao centro da cidade. Faltavam apenas duas semanas para o início das aulas, e muitos pais tinham ido às ruas com os filhos para comprar uniformes. O Vauxhall vermelho com dois homens dentro estacionou a pouco mais de quatrocentos metros do fórum da cidade. Antes de descerem do carro e se afastarem do local, eles armaram uma bomba de quase 230 quilos que seria detonada dali a quarenta minutos.[60] A explosão matou 29 pessoas, inclusive uma mulher grávida de gêmeos, e feriu outras 220, naquele que foi o ataque a bomba com maior número de vítimas fatais ocorrido na época dos conflitos na Irlanda do Norte.

Esse acontecimento causou indignação tanto local como internacionalmente e foi um sério revés para a campanha do grupo dissidente responsabilizado pela tragédia, o Exército Republicano Irlandês Real (IRA Real). Logo após o incidente, o grupo declarou a suspensão dos esforços de oposição ao acordo de resolução do conflito político na Irlanda do Norte, conhecido como Acordo da Sexta-Feira Santa. Mais tarde, em uma declaração feita no dia 18 de agosto, o IRA Real ofereceu desculpas às vítimas, manifestando seu pesar pela tragédia e explicando que o alvo não era a população civil. De fato, historicamente, o objetivo dos ataques a bomba do IRA Real na Irlanda do Norte era causar desordem e prejuízos econômicos, e não a morte de civis. Para evitar que isso acontecesse em

Omagh, o grupo tinha enviado três avisos à polícia, deixando claro que a bomba estava a pouco mais de trezentos metros do fórum.

Além disso, naquele momento, o IRA Real não tentou minimizar sua responsabilidade pela tragédia, apesar de acreditar que seu envolvimento tinha sido mínimo. Conforme explicou um porta-voz do grupo quase uma década mais tarde: "Usaram a nossa palavra-código, nada mais. Se tivéssemos feito essa declaração naquele momento, ela teria se perdido em meio a um turbilhão de emoções perfeitamente compreensível". Ele declarou ainda que "Omagh foi uma tragédia absoluta. A morte de um civil é sempre lamentável".[61] Assim, o grupo lançou mão daquela que é considerada a regra de ouro para um gerenciamento eficaz de crises e para o restabelecimento da confiança, em termos gerais: aceitaram total responsabilidade pelo ataque e manifestaram remorso pela devastação causada.

Esse tipo de abordagem lembra as lições de um clássico estudo de caso sobre as atitudes da Johnson & Johnson dezesseis anos antes, quando comprimidos de Tylenol envenenados começaram a aparecer nas farmácias. No dia 29 de setembro de 1982, três pessoas morreram na região metropolitana de Chicago após ingerirem Tylenol misturado com cianeto, iniciando uma série de envenenamentos que vitimou, ao todo, sete pessoas. O caso nunca foi solucionado, e, sem ter um suspeito para acusar, a indignação do público poderia ter se voltado totalmente para o Tylenol. A Johnson & Johnson, no entanto, assumiu total responsabilidade pelo que aconteceu, recolhendo o produto das prateleiras e emitindo avisos ao público para que não tomassem comprimidos de Tylenol. Essa decisão custou alguns milhões de dólares à empresa, mas salvou a marca Tylenol rapidamente e permitiu à companhia recuperar toda a fatia de mercado perdida durante a onda de pânico causada pelo cianeto. Daí em diante, a noção de assumir total responsabilidade por uma tragédia, como o IRA Real procurou fazer, tornou-se o modelo de gerenciamento de crises ensinado por escolas de negócios, consultores e até pelo Departamento de Defesa dos Estados Unidos.[62,63]

A área de gerenciamento de riscos está relacionada à forma como as organizações lidam com eventos adversos que podem prejudicar a organização e seus *stakeholders*. Seu propósito, portanto, está intimamente ligado à questão de como recuperar a confiança após a ocorrência de uma transgressão, e sua característica principal é seu foco mais estreito: não está nos relacionamentos interpessoais individuais ou de um grupo, e sim na maneira como as organizações podem lidar com esse tipo de incidente por meio das relações públicas. Para isso, os pesquisadores dessa área usam estudos de casos célebres sobre os esforços das organizações no gerenciamento de crises, com o intuito de revelar estratégias que podem ter aplicação mais ampla nos casos de quebra de confiança.

No caso dos comprimidos adulterados de Tylenol, o aprendizado foi claro. A Johnson & Johnson não tentou fugir à responsabilidade pelo envenenamento. Ao contrário, a companhia tomou ações corretivas concretas, enviando sinais claros de que lamentava o incidente e de que não pouparia esforços para evitar que esse tipo de adulteração ocorresse novamente. Do ponto de vista do gerenciamento de crises, o aprendizado foi de que os esforços para assumir a responsabilidade pelo que aconteceu contribuem para a recuperação da confiança, pois transmitem informações positivas sobre as intenções e o comportamento da organização, o que reduz as preocupações do público com a possibilidade de eventos semelhantes se repetirem.

Os esforços do IRA Real em se desculpar e aceitar a responsabilidade sobre o atentado a bomba, no entanto, provocou reações bem diferentes. Tanto os conservadores como os liberais democratas irlandeses condenaram o pedido de desculpas e o classificaram como um "insulto cínico e ultrajante" aos mortos e feridos. O líder conservador Michael Ancram referiu-se ao pedido de desculpas como uma tentativa patética de homens cruéis "de se livrarem da infâmia mundial lançada sobre a cabeça daqueles que perpetraram o ato assassino no sábado". Ele ainda declarou que "palavras vazias não conseguem disfarçar a culpa assassina; desculpas atrasadas e relutantes não podem reparar o mal terrível que foi causado". Nessa mesma linha, o líder do Partido Unionista Democrático, Peter Robinson, afirmou estar claro para ele que o IRA Real estava disposto a matar, independentemente de qual fosse o alvo.[64]

Por que as reações ao atentado de Omagh e à adulteração dos comprimidos de Tylenol foram tão diferentes? Tal diferença poderia ser explicada por algum problema no pedido de desculpas do IRA Real? Alguns psicólogos investigaram o que pode tornar um pedido de desculpas mais eficaz, e o estudo sugere que, de fato, algumas mudanças no pedido de desculpas do IRA poderiam ter ajudado. Os pesquisadores Roy Lewicki, Beth Polin e Robert Lount Jr., por exemplo, identificaram seis componentes estruturais básicos dos pedidos de desculpas, com base em estudos anteriores.[65] São eles:

1. Uma **expressão de pesar**, sinalizando lamentar o delito.
2. Uma **explicação** sobre as causas do delito.
3. A **admissão da responsabilidade** como demonstração de que quem cometeu o delito entende o seu papel nele.
4. Uma **declaração de arrependimento** expressando uma promessa de que o delito não se repetirá.
5. Uma **oferta de reparação** que propõe um caminho para o restabelecimento da confiança.
6. Um **pedido de perdão** pelas ações do responsável pelo delito.

Lewicki e seus colaboradores conduziram dois experimentos usando o paradigma da entrevista de emprego que minha própria equipe desenvolveu (conforme descrito nos capítulos anteriores). Eles pediram aos participantes do estudo que imaginassem que um candidato foi acusado de cometer uma transgressão e que esse candidato fez um pedido de desculpas contendo pelo menos um dos seis componentes listados acima. Suas descobertas revelaram que, quanto maior o número de componentes presentes no pedido de desculpas, mais ele era considerado eficaz pelos participantes. Mais que isso, alguns desses componentes pareciam ser mais importantes que outros. Nos dois estudos, os participantes consideraram que a admissão da responsabilidade e a oferta de reparação eram os componentes mais importantes, enquanto o pedido de perdão era o menos relevante. Os resultados obtidos, portanto, corroboram com a noção de que o tipo de desculpa apresentado pode fazer diferença.

Ao comparar o pedido de desculpas apresentado pelo IRA Real com a resposta da Johnson & Johnson à adulteração dos comprimidos de

Tylenol, porém, notamos que a Johnson & Johnson, na verdade, *não se desculpou*. Ela assumiu a responsabilidade pelo incidente por meio de suas ações, assim como fez o IRA naquele momento em Omagh. Se a questão é saber qual dos dois fez o melhor pedido de desculpas, era de se esperar que um pedido formal fosse melhor que nenhum.

Será que a diferença está no fato de que a Johson & Johnson lidou com a crise do Tylenol adotando frascos com tampas à prova de adulteração, enquanto o IRA Real acabou retomando os atentados dois anos mais tarde? O problema com essa explicação é que, quando o pedido de desculpas foi feito, o público não tinha como saber que o IRA retomaria os atentados a bomba anos depois. Além disso, a ideia de que a Johnson & Johnson resolveu o problema da adulteração também poderia ser contestada pelo fato de que vários outros envenenamentos semelhantes envolvendo o Tylenol ocorreram nos anos 1980 e no começo dos anos 1990, mostrando que medicamentos de venda livre não são totalmente seguros.[66]

Ainda faltam, portanto, peças importantes nesse quebra-cabeça. Esse era o tipo de problema que minha equipe procurava abordar nos primeiros estudos que fizemos sobre o assunto. Esses estudos começavam com a constatação de que os pedidos de desculpas e as tentativas de admissão de culpa são, por sua própria natureza, uma faca de dois gumes, pois transmitem sinais conflitantes. Por um lado, são benéficos, pois transmitem a ideia de remorso, um sentimento que expressa arrependimento pelo erro cometido e envia implicitamente um sinal de que quem pede desculpas tem a intenção de evitar que erros semelhantes voltem a acontecer. Isso pode diminuir a sensação de vulnerabilidade diante de ações futuras de quem cometeu o delito e servir como encorajamento para que se volte a confiar nele. Por outro lado, os pedidos de desculpas são prejudiciais, pois confirmam a culpa, reforçando a ideia de que quem está se desculpando não foi digno de confiança e provavelmente continuará não sendo.

Esses sinais conflitantes nos levaram a questionar o valor que atribuímos aos sinais positivos do remorso e aos sinais negativos da culpa, quando decidimos se a confiança deve ser restabelecida e até que ponto. Isso levou a equipe a propor que o tipo de delito cometido poderia afetar essa decisão.

Mais especificamente, previmos que a tendência a focar nos sinais positivos ou nos negativos de um mesmo pedido de desculpas depende de se o delito envolve questões de competência ou de integridade.

Quando analisamos como a confiança pode ser recuperada, as questões que envolvem competência e integridade merecem atenção especial por dois motivos. Em primeiro lugar, embora eu tenha dito no primeiro capítulo que as pessoas podem levar em consideração até dez características quando avaliam o nível de confiabilidade de uma pessoa, muitas dessas características tendem a ser menos críticas que outras. Características como discrição ou consistência, por exemplo, com certeza são relevantes em certas situações. Evidências empíricas sugerem, no entanto, que as percepções relativas à competência (a crença de que um indivíduo "possui as habilidades técnicas e interpessoais necessárias para determinada tarefa") e à integridade ("a crença de que o indivíduo adere a um conjunto de princípios considerado aceitáveis") são quase sempre as mais importantes.[67] Por isso, achamos provável que essas duas percepções seriam especialmente importantes também para a questão da recuperação da confiança.

Em segundo lugar, na teoria, tínhamos motivos para pensar que as pessoas analisam diferentemente as informações positivas e negativas de certas características.[68] Conforme mencionado no início deste livro, no que diz respeito à competência, tendemos a atribuir um peso maior às informações positivas do que às negativas. Isso ocorre porque acreditamos, de forma intuitiva, que o nível de desempenho das pessoas altamente competentes pode variar, dependendo da motivação e das exigências de cada situação. Já o desempenho dos menos competentes corresponderia sempre ao seu próprio nível de competência ou a níveis mais baixos. Tendemos a achar que um único desempenho bom constitui um sinal confiável de competência porque acreditamos que os incompetentes não são capazes de alcançar um bom nível de desempenho. Entretanto, tendemos a considerar que um único desempenho ruim não constitui sinal de incompetência, uma vez que acreditamos que até alguém altamente competente pode ter um desempenho ruim em determinadas situações (por exemplo, quando há pouca motivação ou poucas oportunidades de desempenhar bem).

Nas questões de integridade, porém, essa relação é inversa. As informações negativas sobre integridade têm um peso maior que as positivas. Isso acontece porque acreditamos intuitivamente que as pessoas de alta integridade evitam comportamentos antiéticos em todas as situações, enquanto as de baixa integridade podem se comportar de maneira ética ou antiética, dependendo das oportunidades e dos incentivos. Normalmente, achamos que um único comportamento honesto não constitui um sinal de integridade, porque acreditamos que tanto pessoas de alta integridade quanto de baixa integridade podem se comportar de maneira honesta em algumas situações (por exemplo, quando há benefícios por se comportarem com honestidade ou quando há vigilância suficiente para evitar atitudes desonestas). Já nossa tendência é achar que um único comportamento desonesto constitui um sinal confiável de baixa integridade, porque acreditamos que somente pessoas de baixa integridade agiriam de maneira desonesta.

Fazer a coisa certa uma vez, portanto, pode nos tornar verdadeiros campeões aos olhos alheios, mesmo se erramos depois, mas se você for pego traindo sua esposa e responder "mas ontem eu não te traí", provavelmente não vai funcionar.

Essas diferenças no peso atribuído às informações de competência e integridade podem nos levar a compreender as razões pelas quais os pedidos de desculpas e os esforços para assumir total responsabilidade por uma transgressão nem sempre são eficazes. Elas sugerem que os pedidos de desculpas podem ser úteis no caso de delitos relacionados à competência, pois as pessoas prestarão menos atenção à confirmação da culpa (informação negativa sobre a competência) que ao sinal de que o transgressor se arrepende do delito cometido e fará esforços para evitar erros semelhantes no futuro (informação positiva sobre competência). Mas, no caso de delitos relacionados à integridade, um pedido de desculpas pode ser de pouca utilidade e até mesmo piorar as coisas, pois as pessoas prestarão mais atenção à confirmação da culpa (informação negativa sobre integridade) e não levarão em consideração grande parte dos sinais de arrependimento e redenção (informação positiva sobre integridade).

Minha equipe testou esse raciocínio por meio de uma série de experimentos e encontrou evidências sólidas e consistentes que sustentam esses padrões. Em alguns estudos, pedimos aos participantes que assistissem a versões diferentes de um vídeo de entrevista de emprego para a vaga de contador já mencionada anteriormente.[69] Conforme a entrevista avança, um dos entrevistadores revela que alguém do emprego anterior do candidato disse que ele se envolveu num caso de fraude contábil. Ora acusavam o candidato de ter cometido um erro na declaração de impostos por desconhecimento dos códigos fiscais (uma violação baseada em competência), ora de ter feito uma declaração falsa intencionalmente para satisfazer um cliente importante (uma violação baseada em integridade). O candidato às vezes respondia com um pedido de desculpas; em outras, negava a acusação.

Os demais aspectos da entrevista eram iguais, mas os participantes avaliavam o candidato de maneiras completamente diferentes. Quando a violação envolvia a questão da *competência*, a tendência a confiar no candidato e fazer a contratação era muito maior quando ele se desculpava do que quando ele negava. Quando a violação envolvia a questão da *integridade*, porém, o padrão era completamente oposto. A tendência a confiar no candidato e recomendar sua contratação era maior quando ele negava que quando ele se desculpava.

Isso não significa que a confiança era completamente restabelecida. Mesmo quando a resposta do entrevistado melhorava de modo significativo o nível de confiança dos avaliadores em relação aos níveis observados logo após a alegação, a confiança no candidato ficava abaixo dos altos níveis iniciais demonstrados antes que a alegação fosse feita. Essa piora é comum após as tentativas de recuperação de confiança e mostra como pode ser um desafio difícil de superar.

O fato de que a eficácia relativa das respostas estava tão fortemente ligada ao tipo de violação pode ajudar a explicar as diferentes reações do público nos casos do ataque a bomba em Omagh e da adulteração de comprimidos de Tylenol. O que ficou claro no caso dos comprimidos é que foi um problema que poucas pessoas poderiam prever, isto é, que uma ou mais pessoas injetassem cianeto nos comprimidos e colocassem os frascos de volta nas prateleiras para serem vendidos e consumidos pelo público. O papel da Johnson & Johnson no envenenamento foi, portanto, interpretado como uma falha na capacidade de prever que ações bizarras como essa poderiam acontecer. O erro foi considerado uma questão de competência. Além disso, como as pessoas tendem a atribuir menor valor às informações negativas em questões de competência, a Johnson & Johnson foi capaz de superar as consequências negativas do ocorrido por meio da retirada imediata do remédio das prateleiras e das advertências feitas em todo o país, transmitindo sinais de competência positivos.

O ataque em Omagh, por sua vez, foi interpretado de forma bem diferente. Aos olhos do público, quem estava associado ao IRA Real escolheu colocar uma bomba no centro da cidade e detoná-la em um horário em que pais e filhos estavam nas ruas. Essas pessoas sabiam que estavam colocando vidas inocentes em risco, mas decidiram detonar a bomba mesmo assim. A decisão consciente é o que torna esse incidente uma questão de integridade, indicando que os envolvidos não compartilhavam dos mesmos valores que o público em relação a colocar vidas em risco desnecessariamente. Por essa razão, quando o IRA Real pediu desculpas pelas mortes causadas pelo ataque, o público estava muito mais inclinado a focar na confirmação da culpa (informação negativa de integridade) que nos sinais de arrependimento (informação positiva de integridade).

Essas análises também sugerem uma maneira bastante simples de distinguir entre esses dois tipos de delitos. A diferença entre os delitos baseados em competência e os baseados em integridade parece estar atrelada à intenção. Essa observação me levou a realizar outra série de experimentos envolvendo especificamente as quebras de contratos para investigar o papel que a intencionalidade tem na maneira como as transgressões são vistas.[70]

—

Conforme observado no capítulo 1, quando assinamos acordos e contratos buscamos incluir cláusulas que assegurem que as nossas expectativas serão atendidas. A capacidade de prever e dispor sobre todos os acontecimentos que podem frustrar expectativas é limitada, no entanto. Não conseguimos prever o futuro nem antecipar todas as possíveis formas maldosas que alguém pode usar para fugir dos termos específicos do contrato. Mesmo que todas as expectativas estejam documentadas, não há garantias de que elas serão atendidas. Eu me perguntei, então, qual seria a reação das pessoas diante dos delitos envolvendo a *letra da lei* (expectativas documentadas) e o *espírito da lei* (expectativas não documentadas) e como elas reagiriam a um pedido de desculpas nesses tipos de situação. A literatura até então existente sobre contratos forneceu elementos para prevermos a possibilidade de duas reações contraditórias.

Algumas pesquisas sugerem que, se uma parte quiser tirar vantagem da outra em uma relação contratual, faz mais sentido fazer isso deixando de atender às expectativas não documentadas (o espírito da lei) que às expectativas documentadas (a letra da lei). Isso acontece porque as expectativas não documentadas são mais difíceis de serem verificadas e exigidas (por exemplo, por vias legais). Em resumo, é mais fácil escapar impunemente de um descumprimento de contrato se ele não estiver previsto e documentado de forma explícita. Violar a letra da lei seria, portanto, *menos* intencional que violar o espírito da lei, pois, se a pessoa quisesse realmente violar o contrato, ela procuraria fazê-lo violando o espírito da lei. Outras pesquisas, no entanto, sugerem que, se determinada expectativa está explicitamente documentada, a probabilidade de as pessoas saberem que estão descumprindo o contrato é maior. Descumprir uma expectativa documentada (letra da lei), portanto, seria *mais* intencional que descumprir uma expectativa não documentada (o espírito da lei).

Elaborei um experimento sofisticado para testar essas duas possibilidades. O estudo informava aos participantes que o objetivo era investigar as interações entre empreiteiros e subcontratados, já que, no mundo real, esses dois agentes têm motivações financeiras diferentes. Um participante faria o papel de empreiteiro e o outro, de subcontratado. A primeira tarefa era chegar a um acordo quanto aos detalhes de uma casa que o subcontratado teria de construir usando os materiais fornecidos pelo estudo.

Os participantes eram informados de que cada um dos papéis teria incentivos financeiros diferentes para refletir as motivações distintas que eles têm no mundo real. O empreiteiro ganharia 25 dólares em dinheiro caso não fosse encontrado nenhum erro expressivo que exigisse que a casa fosse refeita ou dez bilhetes de loteria, nos quais havia uma única chance de ganhar um dos três prêmios disponíveis, no valor de 25 dólares cada um, se uma falha grave fosse encontrada. Em qualquer um dos casos, os empreiteiros também teriam a opção de dar parte dos seus ganhos (isto é, o dinheiro ou os bilhetes de loteria) aos subcontratados no final do estudo como recompensa pelo seu trabalho. Isso servia como um incentivo para que eles construíssem a casa corretamente. Cada subcontratado, por sua vez, poderia ganhar até dez dólares em dinheiro se usasse a menor quantidade possível de material para reduzir os custos da construção, o que era outro incentivo para eles.

Vamos imaginar que você participa do estudo no papel de empreiteiro. Primeiro, recebe uma foto da casa. Trata-se de uma casa com dois andares e uma garagem. Adicionalmente, há cerca de quinze especificações que podem ser colocadas no contrato, incluindo a cor, a quantidade e a posição das janelas, além das dimensões da casa. Você tem de redigir um contrato para o subcontratado, o qual deverá construir a casa sem ter visto a foto (simulando o desafio do mundo real de não entender bem o desejo do cliente). Após redigir o contrato, você tem de escrever um e-mail ao assistente de pesquisa na outra sala, o qual imprime o contrato para que o subcontratado possa esclarecer dúvidas e solicitar alterações, se necessário.

Cerca de quinze minutos após o envio da proposta de contrato, seu assistente recebe uma ligação do assistente do subcontratado informando que ele aceitou todas as condições do contrato e vai levar quinze minutos para construir a casa. Passado esse tempo, ele recebe outra ligação informando que a casa está pronta e que o assistente do subcontratado está no local da construção inspecionando e tirando uma foto, a qual lhe será enviada diretamente, junto a um relatório. Você também é avisado de que vai receber por escrito os comentários sobre o relatório feitos pelo subcontratado. O assistente na sua sala sai por alguns minutos, entrega os documentos para você ao voltar e avalia suas respostas com base no que aconteceu.

Como você se sentiria se o relatório apontasse que a casa que seu subcontratado fez é inadequada, pois tem uma falha grave, é ridiculamente pequena e a sua parte lateral é menor que a lateral da garagem? Isso significa que você não vai ganhar os 25 dólares que esperava, só os bilhetes de loteria. Significa, também, que o subcontratado ganhou sete dólares em dinheiro vivo por ter usado menos material de construção. Como você veria essa situação, acompanhada de um pedido de desculpas vindo do subcontratado? Quantos bilhetes de loteria daria para ele, se é que daria algum? A sua resposta vai depender do fato de você ter (ou não) colocado no contrato qual deveria ser o comprimento mínimo da lateral da casa?

Enquanto você pensa, vou lhe contar um segredo. Não existe nenhum subcontratado. O estudo simplesmente induz os participantes a acreditar que eles, na função de empreiteiros, estão interagindo com outros participantes com a função de subcontratados por causa das mensagens entregues pelos assistentes da pesquisa em cada uma das salas. Isso, junto com um pequeno detalhe que determinou se os participantes incluíram no contrato qual deveria ser o comprimento mínimo da lateral da casa (mais detalhes a seguir), foi o que permitiu que esse experimento criasse as condições que eu desejava investigar.

Já observamos que o que distingue uma violação da letra da lei de uma violação do espírito da lei é o fato de a expectativa estar documentada. Isso me levou a alterar o tipo de violação nesse estudo, focando nas expectativas que qualquer pessoa teria em relação a uma casa — ou seja, que o comprimento da lateral da casa seja igual ao da lateral da garagem, no mínimo. Isso pode parecer tão óbvio que não precisaria necessariamente constar do contrato. Além disso, quando os participantes receberam no início do experimento a foto da casa e uma lista dos detalhes para decidir o que deveria ser incluído no contrato, a lista, em alguns casos, incluía o tamanho mínimo da lateral da casa e, em outros, não.

A probabilidade de os participantes incluírem essa informação no contrato quando ela constava da lista era muito maior que quando ela não constava. Também, tanto a foto como a inspeção da casa sempre traziam a informação de que essa era a exigência que não havia sido cumprida. Dessa maneira, todos os empreiteiros se viram diante do mesmo descumprimento, uma casa ridiculamente estreita que os fizera perder o prêmio de

25 dólares, enquanto o subcontratado ganhou sete dólares por usar menos material. Os empreiteiros podiam interpretar aquilo como uma violação da letra ou do espírito da lei, de acordo com a inclusão da exigência no contrato ou não. E a pergunta era: como isso afetou a percepção da *intencionalidade* da violação e impactou as reações dos participantes diante do pedido de desculpas do subcontratado?

As evidências do estudo revelaram que, mesmo que alguém disposto a descumprir um contrato tenha a tendência de fazer isso descumprindo o espírito da lei em vez da letra (procurando uma maneira de contornar os termos do contrato em vez de descumpri-lo diretamente), os participantes consideram que as violações da letra são mais intencionais que as violações do espírito da lei. Isso, por sua vez, levou os participantes a terem menos confiança no subcontratado e a desejarem sua punição (uma recompensa menor) quando ele se desculpou por violar a letra e não o espírito do contrato. Na verdade, quanto mais os participantes achavam que o descumprimento tinha sido intencional, maior era a tendência de punir o subcontratado depois do pedido de desculpas.

Essas descobertas confirmam a noção de que a percepção da intenção é o que leva as pessoas a verem um descumprimento contratual como uma questão de integridade (em vez de competência) e a responderem de forma menos positiva a um pedido de desculpas. Quanto mais o cumprimento parece intencional, menos eficaz é o pedido de desculpas, e o mesmo acontece quando o pedido de desculpas é feito por questões de integridade e não de competência. Agora que reduzimos a diferença entre questões de competência e integridade à questão da percepção da intenção, precisamos expandir nosso entendimento sobre o que realmente significa intenção.

—

No direito penal estadunidense, a intenção de cometer um crime é conhecida como *mens rea*, um termo cuja tradução literal é "mente culpada". A "mente culpada" é uma condição para que se condene um réu em vários crimes e estabelece a diferença entre os casos em que a pessoa tem a intenção de cometer um crime (ou em que sabe que sua ação ou sua omissão pode levar ao cometimento de um crime) e os casos em que a pessoa comete um crime sem intenção. Essa última situação ocorre, por exemplo, se o réu não tem como saber que a vítima seria ferida (nos casos de acidentes), se o réu não compreende as possíveis consequências do crime (como nos casos de deficiência mental) ou se o réu foi, de alguma forma, forçado a cometer o crime por circunstâncias alheias ao seu controle (por exemplo, sob a mira de um revólver). Qualquer um desses casos pode ser atribuído à falta de capacidade do réu (estar ciente, entender ou controlar os acontecimentos). Vemos novamente, portanto, que a intencionalidade de um crime pode ser usada para se proceder à distinção entre questões de competência e questões de integridade.

Embora a *mens rea* seja usada como um parâmetro para a determinação da responsabilidade criminal em boa parte do mundo, sua aplicação varia de acordo com a jurisdição. Isso ocorre porque estabelecer a intenção de alguém pode ser algo muito difícil na prática. Nos Estados Unidos, por exemplo, no final dos anos 1950, foi amplamente reconhecido que esse conceito era vago, incerto e confuso.[71] É uma das razões pelas quais o American Law Institute adotou o Modelo de Código Penal em 1962, que definiu cinco níveis distintos de culpabilidade para a *mens rea*.

No nível mais baixo, está a "responsabilidade objetiva" (*strict liability*), na qual o estado mental do réu é considerado irrelevante para a sua conduta. A responsabilidade objetiva é aplicada frequentemente no direito penal nos casos de infrações de trânsito. Em um caso de excesso de velocidade, por exemplo, é irrelevante se o réu sabia ou não qual era o limite. Em seguida, vem a "negligência" (*negligence*), que trata dos casos em que qualquer pessoa razoável "deveria estar ciente" do risco substancial e injustificável de que sua conduta poderia levar a um resultado proibido. O terceiro nível é a "imprudência" (*recklessness*) que trata dos casos em que o réu "despreza conscientemente" o risco substancial e injustificado de que sua conduta leve a um resultado proibido. O quarto nível ocorre quando o réu "sabe" (*knowingly*) que está cometendo um crime, ou seja, ele tem ciência de sua conduta e é "praticamente certo" de que ela resultará em crime. Por último, o réu pode ter cometido o crime de modo intencional (*purposefully*), adotando conscientemente uma conduta que ele "acredita ou espera" que leve ao resultado criminoso desejado.

Determinar a intenção de alguém, porém, não é suficiente em muitos casos para fornecer uma orientação clara ao júri. Consideremos, por exemplo, a acusação aberta em 31 de agosto de 2021 contra Elizabeth Anne Holmes, a fundadora e principal executiva da Theranos, uma empresa de tecnologia agora extinta que alegava ter desenvolvido uma técnica revolucionária para a realização de exames de sangue por meio da análise de pequenas amostras obtidas com uma picada no dedo. Quando ficou comprovado que isso não era verdade, a Comissão de Valores Mobiliários dos Estados Unidos processou a Theranos e Elizabeth Holmes em 2018 por terem cometido "fraude maciça" com as alegações falsas e distorcidas sobre a precisão da tecnologia desenvolvida pela empresa para a realização de exames de sangue. Holmes fez um acordo para a retirada das acusações, pagou uma multa de 500 mil dólares, devolveu 18,9 milhões de dólares em ações para a empresa, abriu mão de seu poder de voto como controladora da Theranos e ficou impedida de atuar como funcionária ou diretora de empresas públicas por um prazo de dez anos.[72] No entanto, ela também foi indiciada em junho de 2018 por um júri federal por nove casos de transferências fraudulentas e dois casos de conspiração para transferências fraudulentas,[73] por enviar aos consumidores exames de sangue com resultados falsos. Por essas acusações, ela poderia receber penas de até vinte anos em uma prisão federal e ter de arcar com multas e reembolsos que poderiam chegar a milhões de dólares.

Pode parecer fácil ver por que Homes seria culpada dessas acusações. De fato, ela foi condenada em quatro das onze acusações,[74] e seu sócio e ex-diretor de operações da Theranos, Ramesh "Sunny" Balwani, foi considerado culpado em todas as doze acusações que enfrentou.[75] As apresentações que Holmes fez aos investidores alegavam que a tecnologia desenvolvida pela Theranos oferecia "os mais elevados níveis de precisão e exatidão", apesar de haver evidências claras de que funcionários da empresa sabiam que a tecnologia continha muitos problemas e era frequentemente reprovada nos testes de controle de qualidade. Elizabeth Holmes chegou a insinuar falsamente que o laboratório de testes da Theranos teria sido aprovado pela Pfizer, que a tecnologia estava sendo utilizada pelo exército dos Estados Unidos e que a empresa atingiria uma receita superior a 140 milhões de dólares no final de 2014, fato que, conforme observou o promotor Robert Leach, "a Theranos estava muito longe de atingir".[76] Além disso, apesar de ter afirmado que a empresa tinha capacidade de executar mais de 240 tipos de testes de sangue com uma única amostra, apenas 10% dos exames realizados pela empresa foram feitos com a tecnologia alardeada por ela, tendo o restante exigido o uso de métodos tradicionais.

Elizabeth Holmes não está sozinha nesse tipo de desonestidade. As startups do Vale do Silício há tempos adotaram a ideia de que os fundadores devem perseguir suas ideias a todo custo, seguindo o credo bastante conhecido: "finja até conseguir". O documentário de Alex Gibney sobre a Theranos, *A inventora: à procura de sangue no Vale do Silício*, de 2019, destaca esse ponto com o exemplo de Thomas Edison, que afirmou ter inventado a lâmpada incandescente em 1878 e fez demonstrações falsas para investidores e jornalistas, até finalmente conseguir encontrar uma solução quatro anos mais tarde, depois de falhar 10 mil vezes. A biografia *Steve Jobs,* escrita por Walter Isaacson, menciona comentários feitos por funcionários da Apple em que afirmam que Jobs usava um "campo de distorção da realidade" figurativo, com o qual conseguia convencer a si mesmo e àqueles ao seu redor de que as tarefas impossíveis enfrentadas por eles eram possíveis.[77] Além disso, Eric Berger relata em seu livro *Liftoff* que, quando Elon Musk exibiu o foguete Falcon da SpaceX em Washington, D.C., no dia 4 de dezembro de 2003, a engenhoca não passava de uma farsa inteligente.[78] Somente cinco anos mais tarde, em 28 de setembro de 2008, o lançamento do foguete Falcon foi bem-sucedido.

Quando comparados, esses exemplos levantam, naturalmente, uma pergunta: por que Elizabeth Holmes foi indiciada e os outros empreendedores não? Que sentido faz presumir que ela se envolveu em condutas criminosas intencionalmente e, ao mesmo tempo, acreditar que inúmeros outros empresários que adotaram o credo "finja até conseguir" não fizeram a mesma coisa?

Para alguns, o caso de Holmes tem diferenças claras. Um investidor de risco do Vale do Silício, por exemplo, tuitou que era "bobagem" sugerir que a cultura do Vale do Silício estava sob julgamento no caso Holmes. "Uma (suposta) fraude não é igual à suspensão intencional de descrença quando se tem acesso total aos dados e às equipes necessárias para executar as diligências".[79] Essa afirmação, no entanto, não explica como diferenciar uma "(suposta) fraude" da "suspensão intencional de descrença". É justamente esse tipo de questionamento que está no âmago do julgamento de Holmes.

Como a jornalista de assuntos jurídicos Jody Godoy relatou em um artigo para a Reuters,[80] a declaração inicial da acusação afirmou: "Trata-se um caso de fraude — de mentir e enganar por dinheiro". O promotor, Robert Leach, afirmou que "o esquema trouxe fama, adoração e honrarias (para Holmes)", tornando-a bilionária à custa dos investidores e dos pacientes. A defesa, por sua vez, desafiou essa visão dizendo aos jurados que "Elizabeth Holmes não ia trabalhar diariamente com a intenção de mentir, enganar e roubar. O governo quer que vocês acreditem que a empresa e que toda a sua vida são uma fraude. Isso está errado". Seu advogado de defesa, Lance Wade, alegou que "ela estava completamente envolvida com a Theranos, motivada pela missão da empresa, não pelo dinheiro, comprometida com aquela missão até o último dia".

Mais que isso, em vez de simplesmente se opor às alegações da acusação, a defesa também apresentou aos jurados uma narrativa diferente. Uma das diferenças mencionadas anteriormente entre Holmes e os outros empresários é o fato de que ela acabou fracassando e os outros não. "Fracassar não é crime", afirmou Wade. "Dar o máximo de si e falhar não é crime". Wade pediu aos jurados que avaliassem se a Theranos havia falhado porque sua tecnologia era uma fraude ou "porque uma jovem CEO e sua empresa enfrentaram obstáculos que não puderam superar, obstáculos que outros enxergaram, mas que ela, ingenuamente, subestimou".

A defesa usou também outra estratégia para enfatizar a ideia de que Holmes havia falhado, embora sua intenção fosse fazer a tecnologia da Theranos funcionar. Alegou que Sunny Balwani, ex-namorado de Holmes e ex-presidente e diretor de operações da Theranos, enganava-a quanto aos modelos financeiros da empresa e submetia-a a abusos de natureza íntima. Holmes alegou que Balwani abusava dela emocional e psicologicamente, o que Balwani negou, e esses abusos a fizeram acreditar em tudo o que ele dizia sobre a situação financeira da empresa.

Meu objetivo não é defender Holmes. Suas atitudes na Theranos claramente ultrapassaram os limites, e a mais preocupante delas, no meu ponto de vista, foi a decisão de usar as pessoas como cobaias sem que elas soubessem, colocando a tecnologia no mercado antes de estar pronta. Meu objetivo simplesmente é enfatizar que, apesar de o Modelo de Código Penal ter tentado definir o que significa *mens rea*, a forma de determinar as intenções de alguém ainda está sujeita a debates. Mesmo quando as pessoas concordam sobre o que aconteceu, quando houve danos claros e quando todos têm as mesmas informações sobre o incidente, pode ser fácil construir narrativas alternativas sobre a causa da transgressão. Pessoas sensatas podem, com frequência, discordar sobre qual é a narrativa correta, pois raramente temos acesso direto ao que se passou na mente do transgressor.

É por isso que o direito penal estadunidense usa um júri de seis a oito pessoas para fazer esse julgamento subjetivo. Trata-se do reconhecimento de que cada jurado formará sua própria opinião analisando não apenas os fatos, mas também com base em suas próprias experiências, seu histórico, suas tendências e sua intuição. No caso de Holmes, por exemplo, as acusações poderiam ter se originado, pelo menos em parte, do fato de ela ser uma mulher em um Vale do Silício dominado culturalmente por homens. Até que ponto um jurado que tenha vivido um relacionamento abusivo acreditaria nas alegações da defesa de que as atitudes de Holmes se deveram ao abuso emocional e psicológico de seu ex-namorado? Se um jurado se identificasse mais com os empreendedores do Vale do Silício que com os investidores e os pacientes da Theranos, as mentiras e as fraudes de Holmes seriam de alguma forma aceitáveis?

O sistema está, portanto, desenhado para permitir que o júri chegue a uma interpretação adequada mesmo quando um ou mais jurados fazem inferências incorretas. Ainda assim, a justiça penal reconhece que essa forma complexa e demorada de avaliar a intenção de um réu pode falhar. Um corpo de jurados pode se equivocar unanimemente, mesmo após longas discussões. É por isso que o sistema de justiça tomou a decisão deliberada de reduzir as chances de haver determinado tipo de erro (condenar um inocente) em favor de outro (absolver um culpado), usando o parâmetro "para além de qualquer dúvida razoável" como um patamar elevado para a determinação de culpa em casos de crime.

Agora, vamos comparar como fazemos esses julgamentos de intencionalidade na nossa própria vida em relação a essa maneira jurídica altamente detalhada descrita. Somos tão sistemáticos e cuidadosos? Tentamos levar em conta as explicações alternativas sobre os acontecimentos? Consideramos como experiências passadas podem moldar nossa visão do problema? Discutimos o assunto com outras pessoas para tentar conciliar idiossincrasias de opinião e convergir para um julgamento mais robusto e defensável? E aceitamos a possibilidade de que, mesmo após todo esse esforço, nossas inferências estejam erradas?

Não estamos sugerindo que é preciso tratar qualquer delito como em um julgamento, muito menos que o sistema de justiça é perfeito. Fazer esse tipo de avaliação sistemática para toda e qualquer infração simplesmente não é prático. Além disso, determinar a culpa em um caso de crime é bem diferente de ser culpado em um caso de quebra de confiança. A culpa nos casos de crime deve satisfazer duas questões: se o réu cometeu o crime (*actus reus*) e se tinha a intenção de fazê-lo (*mens rea*). Já as pesquisas sobre a recuperação da confiança consideram simplesmente se alguém é ou não responsável por determinada transgressão e trata a questão da intenção como um assunto totalmente diferente, buscando os motivos da transgressão para analisar se podemos confiar novamente no transgressor. Esse é um dos motivos pelos quais o direito penal não serve para indicar como recuperar a confiança de alguém (mais detalhes no capítulo 6) e pode até impedir que isso aconteça.

A questão da intenção é dissecada com muito mais cuidado no direito penal que em nossa própria vida, o que levanta a necessidade de analisarmos o impacto das inferências quase automáticas que fazemos no contexto mais amplo das quebras de confiança. A percepção das intenções de alguém afeta a maneira como uma transgressão é vista (se é uma questão de competência ou de integridade), e isso faz uma diferença significativa no modo como reagimos a um pedido de desculpas e à admissão de culpa. Por isso, é necessário analisar em mais detalhes o que isso significa para os esforços de recuperação da confiança e avaliar qual é o papel desempenhado nesse processo por aqueles cuja confiança foi quebrada.

4
PROVOCANDO NOSSAS PRÓPRIAS FRUSTRAÇÕES

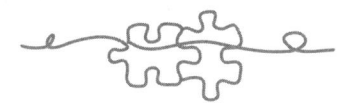

Na noite de 19 de abril de 1989, uma corredora foi brutalmente espancada e estuprada no Central Park, em Nova York. Cinco adolescentes que estavam no parque, todos com idade entre quatorze e dezesseis anos, foram presos e interrogados durante horas, até confessarem o estupro. Mais tarde, eles se retrataram das confissões, que eram incoerentes não apenas entre si, mas também em relação a outros aspectos do crime. Além do mais, as evidências de DNA não incriminavam nenhum dos cinco rapazes.

Mesmo assim, os promotores prosseguiram com o julgamento, que condenou todos eles com base em suas declarações iniciais. Quatro dos acusados foram julgados como menores, de acordo com o sistema legal dos Estados Unidos, e serviram penas de seis a sete anos cada um, e o jovem de dezesseis anos, julgado como adulto, serviu treze anos em uma prisão comum, até que um homem chamado Matias Reyes confessou o crime, em 2002. A confissão de Reyes foi posteriormente confirmada pelas evidências de DNA, e, então, as condenações dos garotos foram anuladas.[81]

A promotora-chefe, Linda Fairstein, nunca se desculpou pelo seu papel nas condenações. Ao contrário, disse à revista *The New Yorker*, em 2002, que o tratamento dado ao caso pelo gabinete da promotoria foi consistente e se manteve inflexível na defesa de que a anulação das condenações não deveria ser considerada prova de inocência.[82] Além disso, em resposta à minissérie da Netflix *Olhos que condenam* (*When They See Us*, no original), de 2019, que conta a história do crime, ela escreveu: "Nada disso é verdade", acrescentando que a mulher conhecida como "a corredora do Central Park", Trisha Meili, não era a única pessoa no parque naquela noite. "Outros corredores foram atacados, incluindo dois homens que foram espancados de maneira tão selvagem que precisaram ser hospitalizados com ferimentos na cabeça. Nada do que o sr. Reyes disse inocenta os cinco daquelas agressões. E certamente havia evidências mais que suficientes para sustentar as condenações de agressão em primeiro grau, roubo, desordem, entre outras acusações".[83]

A contundência das alegações, tanto de Fairstein quanto de seus opositores, revela uma questão bastante controversa, dada a complexidade do caso.[84] O furor público sobre o incidente, no entanto, atingiu outro patamar porque a dramatização da Netflix trouxe à tona a complexa política racial que permeia casos dessa natureza, oferecendo uma leitura do acontecimento coerente com a hipersensibilidade dos tempos atuais. Trouxe a visão de que os garotos tinham sido condenados porque os brancos poderosos pressupunham que eles eram criminosos violentos, além de retratar Fairstein como uma vilã fanática e antiética.

A apresentação da minissérie criou uma onda de retaliação contra Fairstein.[85] Petições on-line e a hashtag #*CancelLindaFairstein* (#CanceleLindaFairstein) pediram o boicote dos seus livros e seu afastamento de importantes cargos em conselhos diretivos. Ela foi expulsa da sua editora[86] e forçada a cancelar a sua conta no Twitter, depois de receber uma enxurrada de críticas. Embora várias outras pessoas tenham contribuído para viabilizar as prisões, os interrogatórios e as condenações, a maior parte das críticas coube a ela.

Como Ken Burns, o famoso documentarista que mostrou sua própria versão do caso em seu filme de 2012, *Olhos que condenam* (*The Central Park Five*, na versão original), observou: "Grande parte da raiva dirigida a Fairstein até faz sentido [...] porque Fairstein insiste em defender o trabalho da polícia e do seu gabinete".[87]

Em resposta às retaliações, Fairstein processou por difamação a Netflix, a diretora da minissérie, Ava DuVernay, e sua escritora e produtora, Attica Locke, exigindo reparação pelas supostas mentiras do programa — um processo cuja denúncia foi acatada por um juiz distrital estadunidense em

9 de agosto de 2021 e que, no momento da redação deste livro, não havia sido julgado.[88] As retaliações, no entanto, levaram outras pessoas, como a jornalista do Vox, site de notícias e variedades dos Estados Unidos, Alissa Wilkinson, a perguntar: "Será que as coisas teriam sido diferentes para Fairstein, no julgamento da opinião pública, se ela tivesse pedido desculpas pelas condenações injustas e se tornado uma defensora de mudanças no sistema após as absolvições?".[89]

Com base nas evidências da pesquisa do capítulo 3, meu palpite é de que não. Não me agrada chegar a essa conclusão, considerando que tanto aqueles que acreditaram nas alegações de racismo contra Fairstein como outros envolvidos no caso queriam que ela se desculpasse. Aliás, a maioria de nós provavelmente acredita que um pedido de desculpas sincero seria particularmente importante no caso de uma transgressão moral similar.

Se considerarmos, no entanto, as reações do público ao pedido de desculpas do IRA após o atentado de Omagh e a respectiva pesquisa científica realizada, veremos que as evidências sugerem que, quando há um pedido de desculpas, tendemos a odiar ainda mais quem cometeu o delito. E isso pode, em última análise, desencorajar os pedidos de desculpa.

—

Consideremos, por exemplo, a tentativa da marca Dolce & Gabbana de se desculpar pela polêmica que causou na China continental em 2018, quando postou uma série de vídeos promocionais antes do desfile de moda de Xangai que foi amplamente criticada e apontada como racista e desrespeitosa à cultura chinesa. Os vídeos mostravam uma modelo chinesa lutando para comer pizza, cannoli e macarrão usando hashis, ao som de uma trilha sonora tipicamente chinesa, enquanto uma voz paternalista a instruía em mandarim sobre como comer pratos italianos. Ainda mais lenha foi colocada na fogueira quando foram divulgadas capturas de tela de mensagens privadas do Instagram, que supostamente mostravam o cofundador e designer da marca, Stefano Gabbana, respondendo à controvérsia publicitária com uma série de comentários depreciativos sobre a

China e seu povo. Incluíam uma descrição da China como "um país de…", seguida por uma série de emojis de excremento, e outra mensagem com a frase "China ignorante que fede à máfia".[90]

As consequências foram imediatas. As menções à marca aumentaram 2.512% no Weibo, a versão chinesa do Twitter, com muitas postagens de pessoas se filmando destruindo produtos D&G. A Semana de Moda de Xangai, que aconteceria poucos dias depois, teve que ser cancelada. Os produtos D&G foram retirados de quase todas as principais plataformas de comércio eletrônico chinesas, incluindo Alibaba e JD.com. Além disso, modelos e celebridades chinesas encerraram em massa seus contratos com a D&G, e uma atriz famosa divulgou que jamais compraria ou usaria a marca novamente.

Preocupados em conter a crise, Gabbana e o cofundador Domenico Dolce postaram nas redes sociais um vídeo de desculpas de um minuto e meio, que começava com ambos sentados lado a lado em frente a uma mesa, falando diretamente para a câmera: "Nos últimos dias, refletimos muito e com grande tristeza sobre tudo o que aconteceu, sobre o mal-estar que causamos no seu país, e lamentamos muito". Então, depois de enfatizarem seu respeito pelas culturas ao redor do mundo e seu especial amor pela China, concluíram: "Nunca esqueceremos o que aconteceu, e com certeza não vai se repetir. Na verdade, queremos melhorar as coisas. Faremos de tudo para que a cultura chinesa seja sempre respeitada. Pedimos desculpas do fundo dos nossos corações. Perdão".[91]

O pedido de desculpas não foi ruim. Sob a ótica da pesquisa sobre os elementos de um pedido de desculpas, descrita no capítulo 3, o vídeo parecia conter, implícita ou explicitamente, os componentes esperados, porém não tocou em nada o sentimento público chinês.[92] As lojas da empresa em Pequim e Xangai continuavam praticamente vazias, e a marca se manteve totalmente excluída do mercado varejista chinês.

Em junho de 2021, quase três anos após o escândalo, ficou claro que os consumidores chineses ainda não tinham superado o episódio. Naquele verão, a cantora pop de Hong Kong, Karen Mok, foi criticada nas redes sociais por usar uma capa da D&G no videoclipe de sua nova música, "A Woman for All Seasons". Como declarou a jornalista Megan Hills para a CNN, muitos criticaram Mok por insultar a China com a escolha, inclusive acusando-a de ser uma "pessoa de duas caras que vem para o continente só para ganhar dinheiro".[93]

As reações descritas parecem refletir uma insatisfação genuína com a maneira como o escândalo foi resolvido, um sentimento ao qual o público chinês certamente tinha direito. Mas um conjunto crescente de evidências científicas sugere que tais reações podem encorajar as pessoas que cometem delitos a lidar com suas agressões morais de maneira ainda pior. Vamos voltar, por exemplo, para os experimentos de entrevistas de emprego no capítulo 3. Eles mostram que, embora desejemos um pedido de desculpas, em última análise valorizamos mais uma negação dos fatos por parte do agressor, o que sugere que não apenas punimos aqueles que se desculpam por agressões morais como também, inconscientemente, nós os incentivamos a negar sua culpa.

—

Um exemplo disso pode ser encontrado na iniciativa do Facebook, de codinome Project Amplify (Projeto Expandir), aprovada por Mark Zuckerberg em agosto de 2021. Essa iniciativa representou uma ampla mudança na estratégia da empresa, que durante anos adotou a tática de se desculpar publicamente ao enfrentar crises relacionadas a questões de privacidade, desinformação e discurso de ódio em sua plataforma. Em 2018, Zuckerberg chegou a pedir desculpas pessoalmente depois que a organização extraiu dados pessoais de aproximadamente 50 milhões de pessoas e permitiu que fossem explorados por uma empresa que trabalhava para a campanha eleitoral de Trump em 2016.[94] O pedido de desculpas, no entanto, pouco adiantou para diminuir as críticas à empresa, inclusive em relação a outras situações, como a acusação de ser tolerante a sites com discurso racista e propagar desinformação sobre vacinas, e tampouco trouxe novos defensores para o Facebook.

A empresa, portanto, decidiu mudar de rumo e atuar ofensivamente. Em janeiro de 2021, a equipe de comunicação discutiu caminhos para que os executivos passassem a ser menos conciliatórios nas respostas às crises, decidindo que haveria menos pedidos de desculpa.[95] Assim, em julho daquele ano, quando o presidente Biden acusou o Facebook de estar "matando pessoas" ao espalhar desinformação sobre a COVID-19, Guy Rosen, vice-presidente de reputação da companhia, lançou mão dessa nova estratégia em uma postagem no blog, alegando que a Casa Branca não havia cumprido as suas próprias metas de vacinação contra o coronavírus. A organização também se tornou menos transparente ao restringir o acesso aos dados internos que permitia que acadêmicos e jornalistas examinassem como a rede social funcionava.

A companhia empregou novamente essa estratégia ofensiva em resposta a uma investigação de setembro de 2021 do *The Wall Street Journal*, baseada em documentos internos vazados do Facebook. Esses documentos revelaram que os próprios pesquisadores da empresa estavam cientes de que seu popular aplicativo de compartilhamento de fotos, o Instagram, havia prejudicado a reputação e a saúde mental de muitas adolescentes e que sua plataforma foi usada em países em desenvolvimento para o tráfico de pessoas, o tráfico de drogas e a promoção da violência étnica.[96] Isso levou Nick Clegg, vice-presidente de assuntos globais e comunicações do Facebook, a escrever uma postagem no blog que questionava a premissa da investigação do jornal e afirmava que a ideia de que os executivos do Facebook ignoraram repetidamente advertências sobre esses problemas era "simplesmente falsa".[97]

Duvido que muitos de nós aprovaríamos os novos métodos do Facebook. As preocupações sobre a abordagem da plataforma para equilibrar as tensões existentes entre a busca pelo lucro e o bem-estar do público são bastante graves, e a ampla mudança na estratégia de relações públicas não dá sinais de que a empresa tenha a intenção de buscar equalizar esses problemas. A decisão de passar de pedidos de desculpas a negações realmente não deveria surpreender ninguém, no entanto. Goste-se ou não, foi uma consequência natural do quão pouco a abordagem anterior, mais conciliatória, contribuiu para melhorar a sua posição pública. Apesar de parecer uma estratégia míope, o novo posicionamento, no fundo, foi simplesmente uma resposta ao feedback que a empresa recebeu e uma tentativa de agir de acordo com isso.

É claro que há momentos em que a negação é realmente a escolha preferida. Como o repórter científico Ben Carey escreveu em um artigo para o *The New York Times*,⁹⁸ muitos psicólogos hoje argumentam que a negação pode servir como uma defesa contra notícias insuportáveis, como um diagnóstico de câncer, e ajudar a lidar com a dor e o trauma. No curto prazo, a negação pode evitar sobrecarga excessiva e dar às nossas mentes a oportunidade de processar inconscientemente informações angustiantes em um ritmo satisfatório, evitando uma crise psicológica.

Além disso, diferentes formas de negação podem, por vezes, viabilizar benefícios mais duradouros. Carey, por exemplo, cita o psicólogo Michael McCullough, que explica:

> Queremos mesmo ser pessoas moralmente corretas, mas o fato é que tomamos atalhos para obter vantagem individual e confiamos na segurança dessa negação, o que nos permite ser lenientes, escapar de multas por excesso de velocidade e perdoar outras pessoas por fazerem o mesmo.

O entendimento dessa abordagem da negação pode ajudar a explicar por que casais que mergulharam em uma mistura de negação e racionalização para idealizar os defeitos do parceiro, como vimos no capítulo 2, são mais propensos a permanecer juntos, relatando mais satisfação em seus relacionamentos.

Quando se trata das preferências em relação à traição da confiança, no entanto, as pessoas geralmente esperam e até mesmo exigem um pedido de desculpas. Amy Dickinson, titular da coluna Ask Amy (Pergunte a Amy), no *Chicago Tribune*, declarou, quando foi entrevistada por Neal Conan para a NPR:

> Estou surpresa com a frequência com que recebo cartas de pessoas cujo desejo é que eu as ajude a encontrar as palavras certas para que possam exigir e, então, receber um pedido de desculpas muitos, muitos, muitos anos depois de uma afronta.⁹⁹

A psicoterapeuta Beverly Engel explica que as desculpas são "um importante ritual social, uma forma de mostrar respeito e empatia por pessoas injustiçadas [...] mostra que nos importamos com os sentimentos do outro [...] que somos capazes de assumir a responsabilidade por nossas ações". Diz, ainda, que essa resposta também permite que os destinatários do pedido de desculpas sintam que quem se desculpa não é mais uma ameaça e, além disso, valida seus sentimentos e suas percepções.[100]

Se um pedido de desculpas, no entanto, é de fato o que desejamos, as conclusões do meu estudo levantam uma questão muito séria. Ao considerar menos confiáveis as pessoas que se desculpam por transgressões morais e demonstrar uma disposição cada vez maior de nos afastarmos delas, estamos dizendo àquelas que não se desculparam para não se preocuparem. Nosso comportamento deixa claro que seria melhor se simplesmente negassem a sua culpa. E é nesse sentido que as nossas reações podem ser autodestrutivas.

As consequências do incentivo à negação não param por aí. Relembrando o estudo sobre entrevistas de emprego que discutimos anteriormente, no qual um candidato é acusado de apresentar uma declaração de imposto incorreta no emprego anterior e pede desculpas ou nega a culpa pelo incidente. Suponha que, após a entrevista, você obtenha informações incontestáveis, de fonte confiável, de que essa pessoa estava mentindo. Como ficaria a sua visão sobre o candidato?

Meu palpite é de que, se o candidato tivesse negado a culpa pelo incidente, e então fosse comprovado que ele era culpado, a tendência seria de não confiar naquela pessoa. Da mesma forma, se esse candidato tivesse pedido desculpas pelo incidente e depois fosse comprovada sua inocência, a credibilidade também estaria em risco (e talvez surgissem, inclusive, dúvidas sobre seu senso de realidade), o que diminuiria a confiança no indivíduo. Assim, fica evidente que a tentativa de recuperar a confiança com uma resposta desonesta fica ainda pior se a mentira é descoberta.

Minha equipe de pesquisadores testou essa premissa em um novo experimento, pedindo aos participantes que avaliassem sua confiança em um candidato a emprego por duas vezes — primeiro, logo após ele se desculpar ou negar ter errado em uma das questões contábeis que mencionei anteriormente, e depois de receber o resultado de um inquérito oficial, que concluía que o candidato era inocente ou culpado, respectivamente.[101] Como esperávamos, a conclusão do estudo mostrou que, quando a resposta do candidato provou-se falsa por subsequentes evidências, a confiança se reduziu de maneira significativa.

Entretanto, encontramos um lado ainda mais insidioso dessa história. Os resultados também revelaram que, embora uma resposta refutada pelos fatos possa prejudicar significativamente a confiança, não piora a situação em relação a uma resposta honesta, porém não satisfatória. Assim, quando o candidato negou ter culpa de uma violação moral e evidências subsequentes provaram que a negação era uma mentira, a confiança no candidato certamente diminuiu. A confiança, no entanto, não foi mais prejudicada que quando o candidato reconheceu e se desculpou de imediato pela atitude. Isso porque ser culpado de uma violação moral é tão prejudicial à confiança que, mesmo que se descubra que alguém mentiu sobre essa culpa, essencialmente não há mais confiança a ser perdida.

É aqui que os avaliadores criam fortes incentivos negativos aos acusados de uma violação. Se pensássemos em como o candidato ao emprego deveria abordar a acusação, meu palpite é de que poucos de nós diríamos que ele devesse mentir. Também exprimimos essa opinião demonstrando menos confiança no candidato quando descobrimos que ele mentiu. Contudo, se o preço que cobramos pela mentira não for maior que o cobrado pela honestidade, não será surpresa que a pessoa considere correr o risco de mentir. O que terá a perder?

Essa questão me lembra uma cena do filme de 2001 *Onze homens e um segredo* (*Ocean's Eleven*), na qual Tess Ocean (interpretada por Julia Roberts) acusa seu ex-marido e ex-presidiário, Danny Ocean (interpretado por George Clooney): "Você é um ladrão e mentiroso". E, em resposta, Danny explica: "Eu só menti sobre ser um ladrão". O que torna o momento engraçado é que a resposta oferece um elemento de verdade. Se você já é um ladrão condenado, o que importa mentir? Esse último delito pode parecer relativamente insignificante, tornando a dupla acusação de Tess divertidamente mesquinha.

Mas é mesmo mesquinha? Não nos importamos se as pessoas, além de tudo, ainda mentem? Claro que nos importamos. Michelle Mays, fundadora do blog PartnerHope e do Center for Relational Recovery, observa que, por exemplo, para a maioria dos casais com experiência de traição sexual, mentir é pelo menos tão doloroso quanto os comportamentos sexuais que podem ter provocado a mentira. Ela escreve: "Embora o sexo seja uma grande quebra de confiança, a mentira parece uma traição ainda mais profunda. Quando seu parceiro mente, cria uma sensação de que você não pode saber sobre a realidade. Você não pode acreditar que o que ele lhe diz é verdadeiro, autêntico e real".[102]

É verdade que, tal como acontece com as negações, nem sempre consideramos as mentiras algo ruim. Os psicólogos corporativos Emma Levine e Maurice Schweitzer, por exemplo, conduziram experimentos que designaram aleatoriamente duas pessoas para os papéis de emissor e destinatário, pedindo-lhes que participassem de um jogo com recompensas financeiras que seriam determinadas pelo lançamento de moedas por um computador e pelas escolhas que os participantes fizessem. O jogo informaria apenas ao emissor os resultados do lançamento das moedas. Os emissores tinham a oportunidade de enviar aos seus destinatários uma mensagem desonesta sobre o resultado do lançamento das moedas (que beneficiaria o destinatário e prejudicaria o emissor) ou uma mensagem honesta sobre esse resultado (que beneficiaria o emissor e oneraria o destinatário). Quando, após o término do jogo, os destinatários souberam se os emissores mentiram, suas respostas revelaram que consideravam mais confiáveis e morais os emissores que mentiram para beneficiar o destinatário que aqueles que disseram a verdade.[103]

Na ausência de objetivos pró-sociais tão claros, no entanto, as mentiras geralmente são consideradas prejudiciais. Envolvem uma escolha deliberada de fabricar a verdade, representam uma decisão intencional de violar o princípio da honestidade, que a maioria de nós considera importante. Assim, na ausência de qualquer princípio compensatório que possamos considerar igualmente importante (como ajudar os outros), as mentiras representam violações claras da moral que tipicamente prejudicam a confiança.

Se em última análise nos importamos com aqueles que mentem para nós, todavia, as evidências da minha experiência sugerem que não estamos agindo para desencorajar essa atitude. Se os resultados forem os mesmos, independentemente de alguém oferecer uma falsa negação para uma violação moral e depois ficar provado que mentiu ou admitir a culpa e pedir desculpas pelo erro já no início, não há razões objetivas para não mentirem.

Nós incentivamos a violação por meio das nossas reações, especialmente se há uma chance de que a mentira não seja descoberta.

Além disso, os problemas que o incentivo pode criar para os acusados de uma transgressão não terminam aqui. E se alguém for claramente culpado e, portanto, não puder negar abertamente? Essa pessoa ainda pode assumir a culpa total pelo acontecimento ou pode inventar desculpas que tentam transferir pelo menos parte da culpa. O transgressor poderia argumentar, por exemplo, que o incidente ocorreu em razão da pressão de colegas, das ordens de um chefe ou de uma série de outros fatores.

Nesses casos, o entendimento que prevalece (mais uma vez, coerente com o caso da adulteração de comprimidos de Tylenol, tratado no capítulo 3) é de que a melhor coisa a fazer é assumir total responsabilidade pelo que aconteceu em vez de dar desculpas. A lógica aqui faz sentido se considerarmos que a aceitação da plena culpa pode oferecer um sinal mais forte de que o infrator reconhece o erro e pretende corrigir a falha. O problema, porém, é que essa lógica considera novamente apenas um dos lados, não considerando como as pessoas reagem à culpabilidade.

Outra variante da entrevista de emprego estudada pela minha equipe de pesquisa procurou investigar essa questão, fazendo com que o candidato ao emprego que foi acusado de uma violação aceitasse toda a culpa ou tentasse transferir parte dela a fatores externos.[104] A violação novamente dizia respeito a questões de conhecimentos específicos (apresentação de declaração de imposto incorreta em razão do desconhecimento dos códigos tributários) ou morais (preenchimento incorreto da declaração fiscal intencionalmente para satisfazer um cliente importante). Mas, desta vez, o candidato sempre pedia desculpas pelo incidente e prometia que o fato não se repetiria. Haveria uma única diferença: além de pedir desculpas, o candidato assumiria responsabilidade total ou parcial pelo ocorrido, nesse último caso, atribuindo parte da responsabilidade à pressão de gerentes de nível superior em seu trabalho anterior (ou seja, orientações equivocadas sobre a implementação de códigos fiscais ou pressão para declarar de modo incorreto alguns dos impostos e valores de restituição, respectivamente, dependendo do tipo de questão envolvida — se de conhecimentos técnicos ou morais).

Agora, digamos que você estivesse avaliando essas respostas. Qual delas preferiria? Se você for como a maioria de nós, provavelmente teria uma forte tendência a escolher o candidato culpado que assumiu total responsabilidade pelo incidente, independentemente do tipo de violação.

As conclusões do estudo, no entanto, revelaram que, embora aceitar toda a culpa possa ajudar a reparar a confiança após uma falha por falta de conhecimento técnico, fazer isso é muito menos útil após uma violação moral. Os resultados mostraram que ser culpado da transgressão moral foi tão prejudicial para a confiança que o candidato foi avaliado mais favoravelmente quando, em vez disso, ofereceu uma desculpa para o ocorrido (nesse caso, afirmou que foi pressionado pelos gestores para reportar incorretamente os números fiscais).

A ironia aqui é: como discutimos no capítulo 3, as pessoas intuitivamente acreditam que indivíduos honestos agiriam com honestidade, independentemente da situação. Assim, tendemos a ignorar as alegações de que falhas morais foram causadas por fatores externos, e não pela própria desvirtude.

As evidências indicam, no entanto, que ser culpado de uma transgressão moral é tão prejudicial para a confiança que qualquer desculpa, ainda que questionável, pode ajudar. Isso ressalta, na medida em que a maioria de nós preferiria que os transgressores assumissem total responsabilidade pelo que aconteceu, em vez de passar a responsabilidade, que nossas reações estão outra vez encorajando exatamente o oposto dessa preferência.

A esse respeito, vale a pena lembrar que o sistema jurídico dos Estados Unidos implementou práticas recomendadas para neutralizar esse tipo de comportamento. Se alguém for indiciado por um crime e o réu admitir a culpa, a sentença é abrandada. Da mesma forma, é mais provável que a liberdade condicional seja concedida aos condenados que assumam total responsabilidade pelos seus crimes em vez de oferecer desculpas. Tais práticas legais sem dúvida têm seus problemas, alguns dos quais abordarei no capítulo 6. Obviamente, essas práticas não ajudam no caso de uma falsa acusação de crime, como aconteceu com os cinco rapazes do início deste capítulo, que foram acusados de espancar e estuprar uma mulher no Central Park. No entanto, podem pelo menos ajudar a neutralizar algumas das desvantagens de como tendemos a lidar com o posicionamento diante da culpabilidade.

O desafio, porém, é que a maioria dos julgamentos relacionados à confiança não ocorre dentro do sistema judiciário. Além disso, mesmo quando uma lei diz uma coisa, nosso instinto pode nos dizer outra. Por exemplo, considere a lei contra a autoincriminação. Acontece que, apesar do seu reconhecimento generalizado, bem como as muitas razões legítimas pelas quais os acusados não podem oferecer uma resposta imediata a uma acusação, as evidências de outros experimentos que meus colaboradores e eu conduzimos revelam que não oferecer a resposta imediata tende a ser o cenário mais prejudicial de todos.[105] Especificamente, descobrimos que (para aqueles que procuram restaurar a confiança) não oferecer resposta foi tão prejudicial quanto pedir desculpas por transgressões morais, ao mesmo tempo que é tão prejudicial quanto negar a culpa. Em suma, ficar em silêncio pode ser uma boa maneira de se proteger em situações legais, mas também o fará parecer indigno de confiança, independentemente da sua culpabilidade.

Isso se deve a outro problema na forma como as pessoas tendem a fazer julgamentos. A maioria de nós acredita que, ao fazer um julgamento, pesamos cuidadosamente os prós e os contras de todas as informações disponíveis antes de chegarmos a uma conclusão. Mas não é assim que o verdadeiro processo acontece. Em vez de avaliarmos as informações de maneira sistemática antes de chegarmos a uma conclusão, a evidência com base nos estudos que meus colaboradores e eu conduzimos sobre os efeitos do silêncio sugere que, em vez disso, agimos com muito mais impetuosidade, chegando imediatamente a uma conclusão baseada nas informações que primeiro nos chamaram a atenção e só depois revisaremos essa conclusão, caso tenhamos a oportunidade e a vontade de reanalisá-la.

Em outras palavras, primeiro "acreditamos" e depois "desacreditamos", com o último ocorrendo apenas sob certas condições, como quando temos tempo, informação e motivação suficientes para examinar a razão pela qual a crença inicial pode estar errada. Essa abordagem pode funcionar razoavelmente bem quando as decisões são insignificantes ou quando o tempo é essencial. Se um garçom lhe disser que as ostras que o restaurante serve não estão muito frescas, por exemplo, não custa nada pedir outra coisa do menu, embora o risco seja pequeno caso você queira confirmar o fato por si mesmo. Mas esse mesmo comportamento pode criar sérios problemas se, em vez de moluscos de qualidade duvidosa, o alvo da avaliação é outro ser humano, e estamos avaliando a nossa confiança nele após uma suposta transgressão.

Nesse caso, a informação que consideramos primeiro é o fato de essa pessoa ter sido acusada de uma transgressão, e a tendência é acreditarmos que isso seja verdade. Assim, a questão é como essa crença pode ser abordada pelo suposto infrator. Desculpas podem funcionar, sinalizando que o problema decorrente da falha será corrigido, e esse tipo de sinal compensatório com certeza pode ajudar quando envolver falhas de natureza técnica. De modo alternativo, as negações oferecem a opção de desafiar diretamente tanto a percepção de falta de confiança quanto a subsequente necessidade de resgate da confiança, o que pode ajudar a resolver as questões relacionadas a falhas de natureza moral (em especial quando não somos culpados).

Não oferecer resposta, por sua vez, acarreta o pior dos dois mundos: não promete redenção nem refuta a própria acusação. Assim, como não temos razões para "desacreditar" na premissa inicial de falta de confiança com base na qual a alegação foi desencadeada, simplesmente acreditamos que a alegação é verdadeira. Assim, podemos legar aos supostos infratores a embaraçosa opção (pelo menos em curto prazo, quando não houver provas de defesa disponíveis) de exercer o seu direito legal de permanecer em silêncio e deixar as pessoas com a suposição automática, baseada na acusação, de que a confiança não é merecida.

Já esforços para sermos mais claros e objetivos podem criar um tipo diferente de problema, que pode ser entendido examinando-se mais de perto um exemplo lendário de como detalhes explícitos foram usados para distinguir pessoas confiáveis e não confiáveis. Quando a banda de rock Van Halen ganhou destaque na década de 1970, passou a usar uma minuta de contrato que deveria ser utilizada sempre que fosse contratada para fazer um show. A minuta listava especificamente o que teria de ser providenciado pelo organizador do evento e incluía cláusulas-padrão, como requisitos de som e iluminação, instruções para a montagem da área dos bastidores, necessidades de segurança e solicitações quanto à alimentação da banda e da equipe. Os detalhes eram um tanto específicos, como o peso preciso dos alto-falantes que seriam usados, para garantir que as vigas e o palco suportariam, ou tão triviais quanto a marca de papel higiênico que a banda queria no banheiro dos camarins. O documento era tão extenso que poucos leriam seus detalhes.

Foi por isso que, como um pequeno teste, a banda incluiu na minuta, nos detalhes técnicos, uma cláusula afirmando: "Não deve haver M&M's marrons nos camarins, sob pena de cancelamento do show, com remuneração integral". Com essa cláusula adicional, ficava fácil para a banda avaliar se o organizador tinha se preocupado em ler o contrato. Como David Lee Roth, vocalista da banda, contou em seu livro, *Crazy from the Heat*:[106] "Então, quando eu andava nos bastidores, se eu visse um M&M marrom naquele pote [...] com certeza haveria problemas. Ameaçaria acabar com o show. Até colocar a vida de alguém em risco, literalmente". E comentou, sobre um incidente em Pueblo, Colorado, onde encontrou alguns M&M's marrons e reagiu destruindo o camarim. "Derrubei o bufê, abri um buraco na porta com um chute, 1.200 dólares que valeram a diversão". Roth também explicou que, como os organizadores não observaram os requisitos técnicos contidos no contrato, o palco novinho desabou com toda a estrutura, causando prejuízos no valor de 80 mil dólares.

O uso da cláusula contratual "sem M&M's marrons" pelo Van Halen tem sido amplamente retratado como uma sacada brilhante.[107] Não há razões para duvidar da afirmação de Roth de que a descoberta dos M&M's marrons em seu camarim provocaria uma verificação sistemática de toda a produção do show, sendo quase "garantido" que algum erro técnico seria encontrado. Também acredito que essa cláusula aparentemente mesquinha sobre os M&M's, combinada com o caos destrutivo que a banda desencadeava nos bastidores quando ela não era cumprida, contribuiu para a reputação de bad boys do Van Halen, tendo rendido à banda alguma publicidade gratuita.

Esse relato, no entanto, também levanta algumas questões incômodas para mim. Como Roth conta, na época, o show da banda envolvia a maior produção de todos os tempos, e, em muitos casos, "os locais estavam muito defasados ou não eram adequados para receber a estrutura sofisticada da banda".[108] Assim, havia "muitos, muitos erros técnicos: vigas que não conseguiam suportar o peso, palco que afundava, portas que não eram grandes o suficiente para a movimentação do equipamento". Assim, questiono se a cláusula sorrateira do Van Halen teria necessariamente eliminado todos esses problemas técnicos, mesmo nos casos em que não houvesse M&M's marrons.

Roth não falou sobre esse aspecto, mencionando apenas que erros técnicos seriam descobertos se ele visse M&M's marrons no pote. Mas se a complexidade da montagem do seu show sempre levava a erros técnicos em quase todos os locais e a banda simplesmente não observava no detalhe aquelas questões quando os M&M's marrons não estavam presentes, então não fica clara a utilidade do teste fornecido pela cláusula "sem M&M's marrons". Tudo o que temos para justificar a inclusão dessa cláusula é o episódio do palco despencando em Pueblo, Colorado, que passa a impressão de que esse tipo de coisa acontecia com muito mais frequência quando os M&M's marrons estavam presentes. Mas não temos dados para confirmar se tal incidente também não teria ocorrido se a cláusula "sem M&M's marrons" tivesse sido observada, porque os métodos de amostragem da banda eram claramente distorcidos. O rock'n'roll não treina ninguém para ser um cientista social.

Para ilustrar como a conclusão do Van Halen pode estar errada, vamos nos colocar na posição de um organizador de eventos atormentado, lutando para superar as dificuldades impostas por uma casa de shows defasada e por essa banda de rock extremamente exigente. Imagine que, antes do evento, você recebe o contrato da banda, muito extenso — como o próprio Roth reconheceu, era demasiadamente cansativo e difícil de ler. Se tiver recursos e tempo limitados, além do raciocínio já comprometido para lidar com todos os termos contratuais, quais irá priorizar?

Para alguns de nós, a escolha pode ser focar nas coisas que realmente importam, como as preocupações relacionadas à segurança, que Roth tentou menosprezar em seu relato, em relação a exigências aparentemente tolas, como "sem M&M's marrons" nos camarins. Mas, para outros, a escolha pode ser priorizar os termos contratuais que são de solução mais fácil, que são mais notados e que às vezes até vêm acompanhados por ameaças mais graves, como a exigência de não haver M&M's marrons nos camarins "sob pena de cancelamento do show e pagamento integral". Melhor isso do que se envolver em reformas dispendiosas e demoradas de pisos e vigas, cuja capacidade de carga só pode ser avaliada com equipamentos especiais e que provavelmente suportariam os equipamentos do show de qualquer maneira, como aconteceu com muitas outras produções.

Em ambos os casos, o teste "sem M&M's marrons" levaria ao erro: uma falsa sensação de perigo quando os M&M's marrons fossem encontrados ou uma falsa sensação de segurança quando não o fossem. De fato, os resultados desse teste poderiam ser válidos apenas nas ocasiões em que o organizador conseguisse analisar cada uma das inúmeras cláusulas incluídas no extenso contrato. E, embora teoricamente possível, suspeito que estava longe de ser o comum. A hipótese mais provável é de que essa "pegadinha" tenha sido incluída nos contratos simplesmente para promover mal-entendidos e desconfiança nas negociações.

—

A segunda experiência sobre o estudo de contratos que descrevi no capítulo 3, na qual empreiteiros e subcontratados foram encarregados de construir uma casa, oferece algumas pistas sobre como esses mal-entendidos podem acontecer.[109] O experimento procurou abordar se a quebra de acordos documentados (violação de contratos escritos) ainda seria considerada mais intencional que a quebra de acordos tácitos (violação de regras não expressas) no caso de se tratar de um contrato mais complexo.

Essa questão foi baseada na noção de que todos deveríamos considerar muito mais fácil deixar passar até mesmo alguma disposição expressa no documento, na medida em que os contratos se tornam mais complexos e extrapolam a habilidade de os contratantes lidarem com seus detalhes. Logo, estaríamos propensos a considerar a quebra de regras expressas menos deliberada que a de regras tácitas conforme aumenta a complexidade do documento.

Testei essa possibilidade criando diferentes versões de um contrato de curto prazo que as pessoas usam para alugar casas de férias e pedindo aos participantes que agissem como se fossem locadores alugando suas casas. Eles foram informados de que haviam elaborado um contrato, que o inquilino havia lido e assinado, e estavam recebendo uma cópia para lerem. O documento era ou bastante longo e complexo, ou curto e simples. Na condição de alta complexidade, o contrato tinha três páginas e 24 cláusulas detalhadas. Já na condição de baixa complexidade, o contrato tinha apenas uma página e somente seis dos termos contidos na versão mais complexa. Além disso, independentemente da complexidade do contrato, todos traziam a seguinte determinação expressa: "A ocupação máxima é de oito pessoas. Nenhuma pessoa a mais pode pernoitar. As pessoas na propriedade são de responsabilidade exclusiva do locatário". Foi essa cláusula que serviu de base para a quebra de contrato apontada no estudo.

Após a leitura do contrato, os participantes foram informados de que, "no período de estadia do inquilino, você descobriu que houve uma grande festa durante o dia, com cerca de trinta pessoas, que terminou com o entupimento de dois banheiros, uma roseira pisoteada, um portão quebrado e uma reclamação de barulho, e que os reparos custaram tempo e dinheiro". Para a análise da quebra de cláusula expressa do contrato, os participantes receberam a informação: "O contrato documenta explicitamente que a ocupação máxima do imóvel é de oito pessoas, logo, o inquilino quebrou o contrato por permitir mais de trinta pessoas na casa". Já para a análise da quebra de acordo tácito, os participantes foram informados: "Mesmo que a cláusula que se refere à ocupação máxima de oito pessoas não tenha declarado expressamente que se aplicava a visitas durante o dia, o inquilino violou um acordo tácito, já que a intenção do contrato era não permitir que houvesse trinta pessoas na casa". Em ambos os casos, os participantes também foram informados de que receberam um e-mail do inquilino nos seguintes termos: "Sinto muito. A culpa foi minha. Se houver algo que eu possa fazer, por favor, me avise". Em seguida, foi pedido aos participantes que avaliassem a intencionalidade do incidente, bem como a sua confiança e vontade de punir o inquilino por meios legais.

Como você acha que a complexidade do contrato afetou as avaliações? Se você pensar como a maioria, seu palpite será de que as pessoas foram mais compreensivas com as violações das cláusulas contratuais expressas quando os contratos eram mais complexos. Afinal, a maioria de nós entende que pode ser fácil para as pessoas perderem os detalhes quando a dificuldade de uma tarefa aumenta. Entretanto, não foi o caso. A complexidade do contrato não teve qualquer efeito sobre a percepção de intencionalidade da transgressão. Consequentemente, as pessoas ainda consideravam as violações às cláusulas expressas mais deliberadas que as violações às regras tácitas e estavam, portanto, mais inclinadas a punir o inquilino que se desculpou quando a violação se referia a uma regra expressa do que a punir aquele que quebrou uma regra não documentada.

Essas descobertas apontam sérios sinais de alerta para quem procura distinguir aqueles em quem se pode confiar daqueles que não são passíveis de confiança, adicionando armadilhas sorrateiras, como a cláusula "sem M&M's marrons" do Van Halen, inserida em um contrato de alta complexidade. A adição de cláusulas escondidas em contratos cada vez mais complexos só aumenta as chances de que regras passem despercebidas. Na verdade, quanto mais complicado o contrato, mais difícil se torna observar todos os detalhes, até mesmo para o indivíduo mais diligente. Os resultados dessa experiência, no entanto, não conseguem explicar qual é a lógica de se responsabilizar a complexidade do contrato por esses descuidos, mas, ao mesmo tempo, só se atribuir a culpa ao transgressor quando uma cláusula "escondida" não é cumprida.

Assim, uma consequência da aplicação dessa cláusula "escondida" é: em última análise, ela pode nos levar a depositar menos confiança nos outros do que eles de fato merecem.

Se assim for, a questão genuína é: qual é a saída?

Bem, no caso do Van Halen, a resposta parece simples. O relato de Roth sugere que a prioridade clara da banda era a segurança (por exemplo, garantir que o piso e as vigas do palco poderiam suportar o enorme peso de seus equipamentos). Assim, por que não colocar essa prioridade em primeiro plano, em destaque no contrato, detalhar como essas importantes questões de segurança devem ser verificadas "sob pena de cancelamento, com pagamento integral", e não desviar a atenção do organizador do show desses itens cruciais incluindo demandas triviais, como "sem M&M's marrons" e uma marca específica de papel higiênico no banheiro do camarim? Não seria mais útil para garantir que as suas reais prioridades fossem cumpridas?

Essas perguntas não têm a intenção de afirmar que a tática do Van Halen era necessariamente absurda. Com certeza, não tenho experiência com os desafios enfrentados habitualmente pela banda, e é possível que houvesse outras particularidades sobre essas turnês que justificassem a utilização da cláusula "sem M&M's marrons". No entanto, trago essas ponderações com base em várias de minhas próprias experiências em negociações contratuais, quando respeitosamente vasculhei páginas de contratos jurídicos para ter certeza de que estava cumprindo minha parte no acordo para, ao final, descobrir que eu havia levado os detalhes do contrato mais a sério que aqueles que o propuseram.

Uma vez, encontrei termos de linguagem arcaica claramente perdidos no texto que a própria contraparte que havia proposto o contrato negligenciara e sugerira que desconsiderássemos. O exemplo mais alarmante ocorreu com o contrato de compra e venda de uma casa que adquiri anos atrás, que, para constrangimento da comunidade, ainda incluía restrições explícitas contra negros e asiáticos, como eu e outros proprietários de imóveis na vizinhança. Esses contratos são usados até hoje por aquela comunidade, com a única diferença (pelo menos na cópia que recebi) de que aquela cláusula restritiva estava riscada a caneta e acompanhada de uma nota manuscrita afirmando que aquele trecho havia sido "excluído em 4 de abril de 195x" (com o "x" ilegível por causa da má qualidade da cópia que me foi entregue).

Não está claro se o tachado e a nota manuscrita foram adicionados em caráter oficial ou não. Não há selo oficial, assinatura ou sequer as iniciais ao lado.

Além disso, embora eu tenha recebido oficialmente informações quanto a outras alterações nesse contrato, nenhuma delas menciona qualquer coisa sobre a remoção dessas restrições raciais, o que me leva a acreditar que as restrições ainda constam nos documentos oficiais e que a comunidade simplesmente fez vista grossa a essa redação discriminatória, fazendo-me crer que mesmo regras expressas no contrato podem não representar necessariamente o que de fato qualquer uma das partes contratantes de fato quer. Eu, por exemplo, dei muito mais importância ao acolhimento que recebi de meus vizinhos e à crescente diversidade que se mostra naquela comunidade que a uma disposição ultrapassada e, em última análise, inexequível em um documento que quase ninguém lê.

A conclusão é de que seria um erro presumir que o volume crescente de documentação necessariamente possa ajudar você. Poderá, com frequência, acarretar outros tipos de problemas, como confusão, traços de acordos passados, assuntos que pouco têm a ver com a situação atual, discussões desnecessárias, além de provocar a necessidade de esclarecimento de cláusulas, de aumento na dificuldade de acompanhar todos esses detalhes e mais desconfiança, no caso de as regras serem quebradas. Assim, ao insistir em uma documentação extensa para nos proteger nas negociações, podemos tornar as coisas ainda piores.

Essas considerações apontam para a mensagem central deste capítulo, de que a restauração da confiança não fica a cargo apenas de quem a traiu. Os avaliadores desempenham também um papel importante nesse processo. Eles podem fazer uma enorme diferença ao encaminhar a abordagem da questão, como ela será analisada e, em última instância, em que medida os esforços para repará-la seriam bem-sucedidos.

Isso não significa que devem partir do princípio de que a confiança é sempre digna de restauração. Há momentos em que a reparação da confiança não é garantida e outros em que é. O que essas considerações sugerem, no entanto, é que os avaliadores deveriam realizar esse julgamento com mais cuidado, porque podem interferir muito mais do que imaginam no desenrolar da situação. Em algum momento, todos estaremos em posição de transgressores e de avaliadores.

Assim, as perguntas a que cada um de nós precisa responder são: como estamos representando cada um desses papéis? O que podemos fazer para melhorar?

5

A SEDUÇÃO DE HISTÓRIAS SIMPLISTAS

Pode ser tentador inferir, com base nos capítulos anteriores, que a melhor linha de ação, quando a confiança foi violada, seria uma em que os transgressores apenas oferecessem a resposta mais eficaz para o tipo de violação ocorrida. Em outras palavras, eles simplesmente deveriam ser mais estratégicos e se desculpar por violação pautada na competência, mas negar e esquivar-se da culpa pelas violações com base na integridade? A minha resposta enfática é não. Além do fato básico de que a maioria de nós consideraria essa abordagem antiética, ela também seria arriscada e ineficaz para restaurar a confiança quando a resposta pudesse ser refutada. Ainda que ser pego negando falsamente a culpa por uma violação com base na integridade, por exemplo, não piore mais as coisas para o transgressor que uma admissão honesta da culpa desde o início, o resultado para cada abordagem permanece sendo que a confiança não foi restaurada. Em ambos os casos, o transgressor seria considerado culpado de uma violação com base na integridade, e os observadores considerariam que a culpa seria mais um diagnóstico que quaisquer sinais positivos de penitência que o transgressor poderia transmitir. Isso não fica evidente apenas considerando os resultados da pesquisa, mas também pode ser ilustrado por muitos incidentes na vida real. O caso do impeachment do presidente Bill Clinton, em 1998, quando a descoberta do vestido azul manchado pertencente a Monica Lewinsky comprovou que ele havia mentido ao negar o caso amoroso entre ambos, é apenas um exemplo.

Na verdade, há uma implicação bem mais significativa dessa pesquisa. Ela provém do fato de que, em cada um dos estudos, as transgressões subjacentes testadas, como o preenchimento de uma declaração de imposto de renda incorreta, foram, sem dúvidas, as mesmas. Elas foram formuladas como uma questão de competência ou integridade. Ainda assim, essa simples diferença em como o mesmo delito era formulado foi suficiente para produzir reações drasticamente diferentes aos mesmos esforços de restauração da confiança.

A importância de tal reformulação pode ser verificada ao compararmos a experiência de Bill Clinton, quando ele finalmente admitiu e desculpou-se por seu caso amoroso, com a de Arnold Schwarzenegger, quando, durante sua campanha para governador da Califórnia, em 2003, seis mulheres vieram a público com acusações de terem sido apalpadas e humilhadas por décadas.[110] Schwarzenegger também se desculpou, e ele o fez por um comportamento que poderia ser considerado bem mais ultrajante. Enquanto o escândalo de Clinton envolveu uma parceira consensual, os atos de Schwarzenegger envolveram múltiplas vítimas involuntárias. Ainda assim, Clinton sofreu impeachment por seu comportamento, enquanto Schwarzenegger venceu a eleição para governador.

Lembro-me de ouvir discussões no rádio com especialistas políticos, após a vitória de Schwarzenegger, que se indagavam se isso significava que o público não estava mais tão preocupado com escândalos sexuais quanto na época de Clinton. Essa premissa parece duvidosa se considerarmos as reações do público a um rosário de escândalos sexuais que ocorreram desde então, incluindo a censura de 2009 e duas resoluções de impeachment para Mark Sanford (então governador da Carolina do Sul) por usar fundos estaduais para levar adiante um caso extraconjugal, as demissões dos jornalistas Charlie Rose e Matt Lauer em 2017 por assédio sexual e a sentença do produtor de cinema Harvey Weinstein em 2020 a 23 anos na cadeia por abuso sexual e estupro.

O caso de Schwarzenegger diferencia-se desses incidentes por outros motivos. Todos os outros escândalos foram considerados falhas de integridade. Sabemos que, mesmo se essas figuras públicas tenham oferecido um pedido de desculpas (como a maioria fez), ele seria ineficaz para lidar com violações com base na integridade. Contudo, Schwarzenegger fez algo além. Antes de se desculpar, ele reformulou o incidente de forma crítica,[111] dizendo: "Sim, às vezes tive um mau comportamento. Sim, é verdade que estive em sets de filmagem desordeiros [...] e fiz coisas que achei serem brincadeira, mas que agora reconheço terem ofendido as pessoas". Foi somente após essas declarações que ele também disse: "Sinto muitíssimo por isso e peço desculpas".

Resumindo: ele reformulou a violação como uma questão relacionada à competência — ou seja, uma percepção social equivocada que o levou a interpretar erroneamente as situações e a ter um mau comportamento. Também sabemos que, para violações com base em competência, um pedido de desculpas pode ser bem mais eficaz. Não fica claro se isso foi o bastante para convencer os acusadores de Schwarzenegger, e eu não me surpreenderia se não tiver sido (por motivos que detalharei mais tarde neste capítulo e nos demais). Foi o bastante, contudo, para convencer uma quantidade suficiente de eleitores e evitar uma inferência potencialmente devastadora de que Schwarzenegger era desprovido de integridade em favor da opinião de que esse era um problema potencialmente corrigível (em relação à sua compreensão limitada de determinadas etiquetas sociais), para que ele vencesse a eleição.

Isso não quer dizer que esse tipo de reformulação é sempre viável, fácil ou garantido. Pode ser só uma coincidência, mas, desde que o jornalista científico Shankar Vedantam, que trabalhou no jornal *The Washington Post* e agora é apresentador e criador do podcast *Hidden Brain*, passou a divulgar algumas das conclusões da minha pesquisa neste assunto,[112] notei diversas tentativas desajeitadas por parte de figuras públicas e organizações de fazer exatamente aquilo. Por exemplo, quando a Fox News foi flagrada usando uma foto do traficante sexual Jeffrey Epstein e sua suposta cúmplice Ghislaine Maxwell, mas cortando o presidente Donald Trump da imagem, a emissora declarou, em 5 de julho de 2020, que a imagem do presidente havia sido cortada "por engano", além de acrescentar: "Lamentamos pelo erro".[113]

A alegação de que uma grande rede de notícias como a Fox de algum modo cortaria por engano a imagem de Trump da foto, porém, parecia especialmente difícil de acreditar, considerando a reputação bem estabelecida da emissora de distorcer notícias para fins políticos.[114]

Quando o motivo é óbvio, é difícil descartar a intenção, e o incidente se tornou claramente uma questão de integridade. É por isso que suspeito igualmente que, à medida que outras organizações de notícias de todas as inclinações ideológicas desenvolvem suas próprias reputações relativas ao viés jornalístico, elas também terão dificuldades para reformular qualquer relato errôneo condizente com aquele viés como "erros".

Além disso, esforços para reformular uma transgressão podem falhar mesmo quando for difícil identificar um motivo claro para a violação. Por exemplo, revisitemos o caso da Dolce & Gabbana em 2018, quando a empresa lançou um vídeo promocional que muitos consideraram racista e desrespeitoso para com a cultura chinesa, o que resultou na divulgação de mensagens no Instagram supostamente enviadas da conta de Gabbana depreciando a China. É difícil imaginar um motivo para os fundadores da D&G desejarem ofender o público chinês. Normalmente não há lucro quando uma empresa insulta os seus clientes.

Quando a D&G se desculpou, no entanto, e por duas vezes buscou caracterizar os incidentes como "erros", ambas as tentativas de reformular o que aconteceu com base em questões de integridade e competência não funcionaram. Como Shaun Rein, fundador e diretor administrativo do Grupo de Pesquisa de Mercado da China, declarou à CNN: "Se você diz algo em público e então supostamente diz que 'Chineses são uma m***a' no particular, quem é que vai acreditar em você?".[115] O público chinês acreditou que teve um vislumbre claro das verdadeiras opiniões da empresa sobre a China e sua cultura por meio das mensagens particulares no Instagram de Gabbana. Então, quando o pedido de desculpas da D&G foi divulgado, alguns usuários na internet observaram que "a D&G está apenas pedindo desculpas às carteiras do povo chinês".[116]

Essa visão ilustra como, mesmo que os transgressores não tenham um motivo para quebrar a confiança, normalmente eles têm um motivo para restaurá-la: manter os seus relacionamentos e todos os benefícios que esses relacionamentos podem proporcionar. Além do mais, o motivo final pode se provar tão problemático para transgressores que buscam reformular suas transgressões quanto o motivo para cometer a agressão em primeiro lugar. Observadores com frequência suspeitam de tentativas de reformulação, especialmente quando a reformulação pode servir aos interesses dos transgressores, e isso pode levá-los a rechaçar tais esforços.

Essas considerações apontam para a forma como o fato de saber se uma transgressão deve ser vista como uma questão de competência ou integridade pode ser objeto de discórdia assim como o fato de o infrator apresentar um pedido de desculpas ou uma negação. Observadores não são uma tábula rasa. As informações que eles já têm sobre a transgressão, suas experiências passadas, suas suposições e uma miríade de outros fatores que consideraremos neste livro podem afetar a sua abertura a uma reformulação. Assim, em última análise, precisamos entender por que os esforços para reformular uma transgressão podem ser mais bem-sucedidos em alguns casos que em outros. Por que a tentativa de Arnold Schwarzenegger de reformular suas transgressões de questões de integridade como transgressões de competência funcionou, por exemplo, se tentativas semelhantes feitas por outros que, desde então, foram acusados no movimento #MeToo falharam? Suspeito que isso se deva a diversos motivos.

Em primeiro lugar, os incidentes envolvendo Schwarzenegger (um deles ocorrido na década de 1970, dois na década de 1980, dois na década de 1990 e um em 2000) estenderam-se por quase trinta anos, com início na década de 1970, quando "muita loucura acontecia" antes de ele se casar, disse Schwarzenegger.[117] Além disso, os incidentes mais recentes ocorreram em escritórios de estúdios e em sets de filmagem, que tendem a ser ambientes mais "desordeiros e permissivos", como alguns enfatizaram quando foram entrevistados para uma matéria a respeito dessas alegações para o jornal *Los Angeles Times*.[118] A mensagem implícita que esses sentimentos expressaram era, portanto, de que não devíamos considerar suas ações como falhas de integridade ou violações de princípios que tinham de ser mantidos, pois os padrões segundo os quais as pessoas viviam naquelas épocas e naqueles ambientes eram diferentes. Muitos simplesmente esperavam que esse tipo de comportamento ocorresse sem repercussões sociais ou profissionais. É claro que não sabemos qual é a porcentagem do público que poderia ser persuadida por essas alegações, mas provavelmente não foi zero. Além do mais, a despeito desse percentual, é inegável que o público está bem menos tolerante ao assédio sexual atualmente, mesmo na indústria cinematográfica, como Harvey Weinstein acabou descobrindo.

Em segundo lugar, Maria Shriver — sua esposa, uma jornalista e integrante da família Kennedy — tornou-se sua defensora mais ferrenha. Como alguém que supostamente conhecia Schwarzenegger melhor que ninguém, ela afiançou a integridade do marido. Por exemplo, ela disse em discurso a um grupo de mulheres republicanas no condado de Orange: "Vocês podem dar ouvidos a toda negatividade e podem dar ouvidos às pessoas que nunca conheceram o Arnold ou àqueles que o conheceram durante cinco segundos há trinta anos. Ou vocês podem dar ouvidos a mim".[119] Evidências de um estudo conduzido por Ying Yu, Yan Yang e Fengjie Jing fundamentam a noção de que esses tipos de esforços persuasivos por terceiros podem ajudar a restaurar a confiança em um suposto transgressor.[120]

Em terceiro lugar, Schwarzenegger era uma figura pública extremamente popular. Ele tinha construído uma enorme base de apoiadores em sua carreira como fisioculturista e ator de cinema, e estava praticamente certo de ganhar a eleição por revogação, apesar da enorme quantidade de outros candidatos na urna, antes de as alegações serem feitas. A maioria dos eleitores queria que ele fosse o próximo governador da Califórnia. Estavam motivados a ver isso acontecer. Além disso, como observamos no capítulo 2, esse tipo de motivação favorável ao relacionamento pode afetar a maneira como interpretamos as transgressões dos outros, vendo-as como menos sérias, menos condenatórias aos relacionamentos que desejamos preservar. Isso também pode ter tornado o público mais receptivo à ideia de que suas ações foram erros em vez de evidências de sua baixa integridade.

Por fim, é provável que o fato de Schwarzenegger nunca ter ocupado um cargo político também ajudou. Certamente ele teve ampla exposição àquele mundo. Casou-se com um membro da família Kennedy, afinal de contas, e anteriormente tinha sido nomeado por George H. W. Bush para presidir o Conselho de Preparo Físico e Esportes do Presidente, além de posteriormente presidir o Conselho de Preparo Físico e Esportes do Governador da Califórnia, Pete Wilson. Mas, no momento em que as alegações foram feitas, ele ainda era um *outsider* político concorrendo em uma eleição por revogação com um total de 135 candidatos, incluindo o ator infantil Gary Coleman e o pornógrafo Larry Flynt.[121]

Esse status de *outsider* é importante, pois tem implicações para o poder. Um conjunto grande de pesquisas deixa claro que a nossa percepção do poder depende de uma série de considerações que pode diferir substancialmente de acordo com o contexto.[122] Embora Schwarzenegger tivesse muito poder na indústria cinematográfica, no contexto político ele não era um *player* estabelecido; tinha menos poder que aqueles que já tinham tornado a política sua carreira. Como resultado, o público pode ter visto suas transgressões sob um viés diferente, estando menos disposto a crer que suas transgressões foram intencionais do que se ele fosse um político estabelecido cujo poder era alto (como o capítulo 7 detalhará). Se ele fosse um político estabelecido, seria mais fácil inferir que saberia que suas ações eram inapropriadas para alguém que buscava esse tipo de cargo e decidiu usar seu poder para agir seguindo seus impulsos mesmo assim.

É claro que tudo isso é apenas especulação. Assim como em qualquer estudo de caso, podemos apenas tentar trazer sentido ao que aconteceu com base nas nossas inferências e tentativas de relacionar os detalhes daquele incidente com insights que foram obtidos por outros meios, eventualmente mais sistemáticos. Eu não alegaria, portanto, que essa lista é exaustiva ou que qualquer um desses fatores por si só seria suficiente para alterar como as transgressões de Schwarzenegger foram vistas. Além do mais, é bem possível que esses fatores não precisem ocorrer favoravelmente a alguém para esse tipo de esforço de reformulação funcionar.

Por exemplo, quando a correspondente-chefe de política da CNN, Dana Bash, entrevistou Carla Hall, uma das repórteres das alegações de assédio contra Schwarzenegger para o *Los Angeles Times*, Hall apontou o próprio escândalo de assédio de Donald Trump durante a campanha presidencial. Ela observou que Trump fora flagrado ao microfone durante uma entrevista para o programa *Access Hollywood* "dizendo coisas sobre mulheres e agarrando-as e aquele tipo de coisa [...] ele teve de aparecer em frente às câmeras e meio que se desculpar, mas sobreviveu àquilo".[123] Trump não teve o benefício de alegar que o incidente ocorrera há décadas. Ele, no entanto, era um *outsider* político; a esposa o defendeu ao afirmar: "Isso não representa o homem que eu conheço. Ele tem o coração e a mente de um líder. Espero que as pessoas aceitem o seu pedido de desculpas, assim como eu",[124] e ele claramente tinha apoiadores fervorosos dispostos a fazer vista grossa a quase tudo.

Aquilo parece ter sido o suficiente para convencer um número suficiente de eleitores de que suas declarações foram apenas "brincadeira de vestiário" (em vez de um reflexo de seu caráter) para que ele sobrevivesse ao escândalo.[125] Isso ilustra como, dependendo das circunstâncias, esforços de reformulação podem, às vezes, funcionar ainda hoje. Como Hall observou para a CNN: "Muitas vezes se resume a: 'Eu estava brincando. Estava sendo desordeiro. Não fazia ideia que estava ofendendo alguém. Sinto muitíssimo se ofendi alguém'. E então dão um jeito de seguir em frente".

O ponto principal é que os pesquisadores ainda não entenderam completamente o que poderia afetar o sucesso de esforços para alterar como uma transgressão poderia ser vista. Sabemos que isso é possível, mas está longe de ser fácil. A evidência até agora sugere que é provável que dependa de uma gama de considerações, algumas das quais não estão sob o controle do transgressor. Também sabemos que os observadores podem tanto facilitar quanto impedir esses esforços de reformulação, dependendo do que desejam para o futuro relacionamento com o transgressor. Mas esse é apenas o ponto de partida; muitos estudos ainda precisam ser conduzidos.

Essas considerações sugerem, todavia, que devemos pelo menos considerar a nossa tendência de fazer atribuições em grande parte automáticas e simplistas para esses tipos de incidentes e pensar com mais cuidado em como as nossas respostas poderiam diferir caso outras atribuições tivessem sido usadas. Por exemplo, considere os tipos de transgressões que testei em alguns dos meus estudos de entrevistas profissionais, como o caso em que um contador protocolou a declaração de imposto de renda do cliente incorretamente por causa de conhecimento inadequado dos códigos tributários relevantes. Isso pode parecer uma clara violação com base em competências. Tal falta de conhecimento, contudo, não poderia derivar do desinteresse desse contador em aprender os códigos tributários adequadamente em primeiro lugar, uma questão de negligência intencional? Ou considere como retratamos a violação com base em integridade ao afirmar que essa declaração de imposto de renda incorreta foi protocolada intencionalmente para satisfazer um cliente importante. Satisfazer um cliente importante não é em si uma coisa ruim. Além do mais, contadores tomam diversas decisões que não são preto no branco; também pode haver tons de cinza. E isso muitas vezes exige decisões por parte de pessoas que podem fazer o melhor para encontrar o equilíbrio certo, mas falhar (uma questão de competência).

Um exemplo de como isso acontece pode ser encontrado na experiência de John Vandemoer, instrutor de vela em Stanford durante onze anos. Quando agentes federais descobriram um vasto esquema de admissões universitárias em 2019, chamado Operação Varsity Blues, Vandemoer tornou-se o primeiro a ser condenado por seu envolvimento ao concordar em se declarar culpado mediante acordo judicial. Esse esquema envolveu dezenas de pais ricos e poderosos em todo o país, que pagaram a um orientador particular de admissões, William Singer, um total de 25 milhões de dólares para garantir que seus filhos fossem admitidos em universidades de alto nível, como a Universidade de Stanford, a Universidade de Yale, a Universidade de Georgetown e a minha própria instituição, a Universidade do Sul da Califórnia.

O golpe funcionava da seguinte maneira: os pais doavam grande quantia de dinheiro, normalmente entre 250 mil e 400 mil dólares, à fundação de Singer, um valor que eles poderiam deduzir de seus impostos. O pretenso propósito dessa doação era "abrir as portas para o sucesso acadêmico, social, pessoal e na carreira" para jovens desprivilegiados, segundo o agora extinto site de Singer. Contudo, em vez disso, Singer direcionava o dinheiro para técnicos acadêmicos e administradores atléticos como propina para designar esses estudantes como atletas recrutados e, assim, aumentar drasticamente suas chances de ganhar a admissão, apesar de nenhum desses candidatos ter quaisquer habilidades esportivas para as quais estariam sendo "recrutados".

À diferença de muitos técnicos e administradores que se beneficiaram pessoalmente com esses subornos, porém, Vandemoer apenas entregou os cheques que recebeu de Singer, totalizando 770 mil dólares, para os diretores de desenvolvimento de Stanford, que planejavam usar o dinheiro em novos barcos para a equipe de vela. Esses administradores fizeram poucas perguntas a respeito da origem dos presentes e deixaram claro para Vandemoer que Singer era bem conhecido pelos membros seniores da administração e tinha a bênção de todos. Além do mais, embora Vandemoer tenha acabado designando dois dos candidatos de Singer como recrutas atléticos sem avaliá-los, nenhum dos alunos entrou na Stanford por causa de Vandemoer.

Isso não o isenta da culpa, nem mesmo sob sua própria perspectiva. Antes da sentença, ele disse a si mesmo que merecia ir para a cadeia e se repreendia por deixar Singer persuadi-lo a classificar dois alunos como atletas de vela sem verificá-los em minúcias antes. Ele disse: "Usei a vergonha por comodidade" e crê que deveria ter feito mais perguntas e demonstrado mais ceticismo a respeito das doações.[126]

Ao contrário daqueles que embolsaram os subornos de Singer para se beneficiar pessoalmente, no entanto, pode-se estabelecer que a transgressão de Vandemoer ocorreu por um erro de julgamento, uma questão de competência em vez de integridade, com base na impressão de que Stanford já tinha verificado Singer. Além disso, embora o acordo judicial de Vandemoer tenha permitido que ele evitasse uma pena longa na cadeia, acho difícil aceitar a ideia de que ele seria demitido e teria de viver o resto de sua vida com o estigma pela condenação de um crime enquanto os diretores seniores de Stanford, que tinham ciência do acordo com Singer o tempo todo, evitaram a culpa por completo. Esses diretores deveriam mesmo ser absolvidos por sua ignorância estratégica, que os permitiu obter o dinheiro que queriam enquanto se distanciavam convenientemente da origem? No caso deles, a suposta falta de conhecimento pode ser considerada com tanta facilidade uma tática intencional para driblar as regras sem sujarem as próprias mãos, uma questão de integridade em vez de competência.

É possível que alguns interpretem esse nível de análise como um pormenor desnecessário, uma vez que Vandemoer admitiu ter classificado dois alunos como potenciais atletas de vela sem verificá-los e, por fim, confessou o papel que desempenhou nesse escândalo. Além do mais, para aqueles que, como nós, acreditam que as admissões universitárias deveriam ser justas e por mérito, a noção de que os ricos pagariam subornos para que seus já privilegiados filhos pudessem entrar em faculdades de elite pela porta dos fundos é difícil de ver como algo que não seja antiético.

Para os acusados dessas transgressões e observadores que querem justiça de verdade (no lugar de apenas uma ilusão), no entanto, esse tipo de pormenor pode fazer uma grande diferença. Pelo menos esse exame minucioso pode nos ajudar a ver o papel de Vandemoer no escândalo de admissões universitárias com mais empatia e compaixão do que ele esperava receber por meio de relatos mais superficiais do seu envolvimento. Conforme ele notou em uma matéria para o jornal *The New York Times*: "Agora, estou no Google sendo colocado no mesmo balaio dos treinadores que compraram casas, tiraram férias e pagaram as mensalidades universitárias com o dinheiro. Entreguei o dinheiro para o meu empregador, que de algum modo é a vítima nisso. Tem sido devastador".[127] Na minha opinião, e apesar de toda a indignação bem justificada que esse escândalo causou, acredito que deveríamos reconhecer a diferença.

—

Ir além dos tipos de caracterizações preto no branco simplistas que são tão fáceis de fazer a respeito daqueles acusados de uma transgressão é fundamental, não só porque cada um de nós pode ficar vulnerável a esses tipos de alegações, mas também porque pode ser essencial para uma posterior cura. É comum que isso se evidencie, por exemplo, em casos de infidelidade conjugal. Conselheiros matrimoniais muitas vezes aconselham casais que buscam reconciliação após um caso amoroso sobre a necessidade de superar as acusações para desenvolver um insight mais profundo acerca do motivo que levou à traição. E isso frequentemente pode demandar que ambos os membros do casal assumam certa responsabilidade pelo ocorrido.[128]

Como a pesquisadora e autora Brené Brown observou em seu livro *A coragem de ser imperfeito*, muito antes de ocorrer a infidelidade, normalmente houve outra forma de traição.[129] Ela escreve:

> Quando as pessoas que amamos ou com quem temos uma conexão profunda deixam de se importar, deixam de prestar atenção, deixam de investir e lutar pelo relacionamento, a confiança começa a esvair-se e a dor começa a

infiltrar-se. Descomprometimento provoca vergonha e os nossos maiores medos — os medos de nos sentirmos abandonados, indignos e impossível de sermos amados.

Essa forma de traição é também muito mais traiçoeira. Não há um evento dramático, então pode ser mais difícil indicar a origem da dor. Ainda assim, até que o façamos, até que tentemos de verdade ir além de relatos mais simplistas para fazer um balanço do papel que o próprio descomprometimento poderia ter desempenhado no futuro caso amoroso, não entenderemos por que o caso amoroso aconteceu ou ganharemos novamente o senso de controle de que precisaríamos para nos tornarmos vulneráveis para aquele parceiro outra vez.

Também vale a pena analisar melhor se as inferências que poderíamos ter feito sobre o transgressor com base no acontecido são mesmo válidas. Conforme observamos anteriormente, as pessoas creem de forma intuitiva que aqueles com alta integridade evitariam comportamentos antiéticos em qualquer situação, enquanto aqueles com baixa integridade poderiam se comportar com ética ou antiética dependendo de seus incentivos e de suas oportunidades. É por isso que tendemos a considerar informações negativas a respeito de integridade com muito mais dureza que as informações positivas quando julgamos os outros.

Inúmeros estudos também deixaram claro, no entanto, que é falsa a intuição básica que guia tantas percepções sobre os mundos sociais. Algumas dessas pesquisas são provavelmente familiares a quem já tenha cursado psicologia introdutória. Esses estudos incluem os famosos experimentos de Milgram, que revelaram quão facilmente pessoas normais que variavam em idade, profissão e escolaridade obedeceriam a uma figura de autoridade que as instruísse a administrar o que consideravam ser choques elétricos dolorosos em outra pessoa, com voltagens que aumentariam aos poucos a níveis certamente fatais caso fossem reais. A mera presença de uma figura de autoridade, vestindo um jaleco e incentivando o participante com declarações como "Continue, por favor" e "O experimento necessita que você continue" foi suficiente para fazer 65% dos participantes administrarem o derradeiro choque final de 450 volts do experimento.[130]

Os experimentos de Milgram, entretanto, estão longe de ser o único exemplo de quão inadequada a nossa integridade pode ser para nos impedir de tomar decisões eticamente questionáveis. Uma ilustração ainda mais reveladora pode ser encontrada em um estudo clássico envolvendo alunos de teologia em Princeton.[131] Os psicólogos John Darley e Daniel Batson estavam interessados no que poderia afetar a disposição desse grupo manifestadamente devoto de ajudar o próximo. Então, eles designaram um estudo em que pediram a esses alunos que dessem uma breve palestra em outro prédio no campus. Durante o trajeto, os alunos encontravam uma pessoa maltrapilha caída na beira da estrada, claramente necessitando de ajuda. Os pesquisadores alteravam determinadas características da situação para explorar o que poderia condicionar o oferecimento daquela ajuda.

O estudo revelou o seguinte: as coisas que a maioria de nós poderia pensar que encorajariam esses seminaristas a ajudar essa pessoa necessitada não foram feitas. Darley e Batson não encontraram relações entre o nível de religiosidade dos participantes e se eles ajudariam aquela vítima. Além do mais, os participantes que dariam uma palestra sobre ajuda ao próximo, especificamente a parábola do Bom Samaritano (ou seja, a história bíblica sobre alguém que vê um estranho na beira da estrada precisando de ajuda e de fato o ajuda), não eram mais propensos a ajudar tampouco. Na realidade, houve diversas ocasiões em que os alunos do seminário "literalmente passaram por cima da vítima" no caminho para falar sobre aquela parábola. No fim, a única coisa que fez diferença foi a quantidade de pressão de tempo que eles sentiram. Entre os participantes, 63% pararam para ajudar na condição de pouca pressa no estudo (em que eles tinham bastante tempo para ajudar e em seguida dar a palestra), enquanto 45% pararam para ajudar na condição de pressa média e apenas 10% pararam para ajudar na condição de muita pressa.

Deixando de lado a observação bastante problemática de que, apesar de aqueles participantes terem decidido dedicar a vida a Deus, apenas 63% escolheram ajudar o estranho necessitado quando tiveram bastante tempo para isso, esse estudo destaca ainda como características específicas da situação (como a quantidade de tempo disponível) podem fazer mais diferença em nossa escolha de realizar a coisa certa do que diferenças no nosso caráter. A noção de que indivíduos com alta integridade deixarão de fazer coisas eticamente questionáveis a despeito da situação é simplesmente errada. Quer se trate da aplicação de choques elétricos, quer seja a escolha de não ajudar alguém necessitado, a disposição de rebaixar os outros ou as decisões para trair ou roubar, incontáveis estudos empíricos deixam claro que é bem fácil haver pessoas boas se comportando de maneira que a maioria de nós consideraria antiética. Depende apenas da situação.

Psicólogos há muito tempo reconhecem que, ao se considerar até que ponto o comportamento de um indivíduo foi causado pela pessoa, e não pela situação, tentamos subtrair o efeito da situação e atribuir o que permanece ao indivíduo. Essa abordagem se baseia na noção de que influências individuais e situacionais funcionam de uma forma hidráulica, ou seja, conforme as forças situacionais se fortalecem, o papel do indivíduo se enfraquece. Provavelmente não culparíamos alguém por ter cometido um roubo, por exemplo, se o ato lhe tiver sido imposto por uma pessoa que apontava uma arma para a sua cabeça, enquanto responsabilizaríamos aquela mesma pessoa se o roubo não tivesse sido coagido. Contudo, essa abordagem de fazer inferências a respeito de com quanta responsabilidade uma pessoa deveria arcar por seu comportamento também cria problemas, pois nós geralmente não somos bons em entender restrições e pressões situacionais que os outros enfrentam.[132] Esses problemas podem, além disso, criar diferentes implicações para como vemos aquela pessoa dependendo se uma violação diz respeito a questões de integridade ou competência.

A boa notícia é que as nossas dificuldades para entender restrições e pressões situacionais que os outros enfrentam provavelmente representarão menos preocupações após uma transgressão relacionada a competências. Por exemplo, se um colega de trabalho comete um erro grave no relatório da sua equipe que fará você trabalhar horas extras para consertar porque aquela pessoa estava enfrentando problemas pessoais em casa, você pode não estar ciente desses problemas. Contudo, você também estará menos propenso a fazer fortes inferências sobre as habilidades de um colega de trabalho com base naquele único erro se acredita que é uma questão de competência, pois tendemos a dar maior peso a informações negativas a respeito de competência que a informações positivas. Assim, ainda que normalmente não tenhamos ciência das influências situacionais que possam estar por trás de uma transgressão relacionada a competências, temos a tendência de descontar tal falha de qualquer modo, pois tendemos a crer que muitas coisas podem impedir até mesmo pessoas competentes de ter um bom desempenho. Na realidade, essas duas tendências podem contrabalancear uma à outra após uma violência baseada em competências para mitigar os erros que podemos cometer ao tentar fazer inferências a respeito daquela pessoa. Deste modo, mesmo se você não sabe o que está acontecendo com aquele colega, pode reconhecer que ele normalmente faz um bom trabalho e acredita que ele, por fim, corrigirá o problema.

Para violações relacionadas à integridade, entretanto, nossas tendências de fazer vista grossa a influências situacionais e pesar informações positivas e negativas de formas diferentes tornam-se uma mistura explosiva. A maioria de nós faria a distinção entre roubar para mero benefício material e roubar por ser pobre e passar fome. Muitos não nivelariam mentiras que buscam explorar uma vítima a mentiras que são reação a uma ameaça. E a maioria de nós também acharia que importa se uma agressão é direcionada a um espectador inocente ou a quem infligiu um dano sério à família de alguém.

Forças incitadoras, no entanto, como fome, medo e injustiça, são passíveis de escapar à nossa ciência, mesmo se desempenham um papel fundamental na violação, pois tendem a ser bem menos evidentes àqueles que percebem a transgressão que aos agressores em si. Além disso, essa discrepância torna-se particularmente problemática para questões de integridade, porque (conforme observado antes) as pessoas tendem a considerar informações negativas a respeito de integridade muito mais relevantes que informações positivas. Assim, até mesmo uma única transgressão relacionada à integridade pode ser o bastante para que os outros considerem a pessoa que comete o ato irremediavelmente antiética, apesar das pressões situacionais que ela possa ter enfrentado. Nós simplesmente tendemos a fazer vista grossa a essas influências e agir como se essas influências situacionais não devessem importar mesmo assim.

É claro que essas observações não devem sugerir que qualquer influência situacional constituiria um pretexto legítimo. A experiência da pressão social com certeza difere dependendo se vem do empregador ou dos colegas de uma pessoa e tampouco é equivalente a se ter uma arma apontada para a cabeça. Do mesmo modo, é provável que o desconto que daríamos à culpabilidade do agressor com base nesses fatores fosse maior para agressões relativamente moderadas que a agressões mais sérias.

Em vez disso, o ponto é simplesmente relevar a necessidade de se aprofundar nesses detalhes, reconhecer que é improvável termos todas as informações necessárias para fazer bons julgamentos (particularmente após uma violação com base em integridade) e considerar como esforços adicionais para levar em conta esses detalhes podem esclarecer ou alterar o modo como o agressor pode ser visto. Com muita frequência, nós simplesmente não nos envolvemos nesse tipo de escrutínio de forma tão minuciosa quanto pensamos. E a falha em tal ato, não apenas do ponto de vista daqueles que tiveram a confiança violada, mas também daqueles que cometeram essas infrações, pode fazer uma grande diferença na determinação da medida em que esforços posteriores para restaurar a confiança funcionaram por fim.

—

Considere, por exemplo, as tentativas do Facebook de lidar com o escândalo que consumiu a empresa após o delator Frances Haugen ter vazado milhares de documentos internos no outono de 2021. Esses documentos revelaram que: 1) a própria pesquisa do Facebook descobriu que sua subsidiária, o Instagram, prejudicou a saúde mental de muitas garotas; 2) a empresa sabia que sua plataforma Facebook era usada em países em desenvolvimento para tráfico humano, tráfico de drogas e violência étnica; e 3) o Facebook estava ciente de que seus algoritmos promoviam conteúdo divisor e sensacionalista. A mensagem era clara: o Facebook consistentemente priorizava o seu lucro em detrimento da segurança e do bem-estar de seus usuários. Tal fato levou Mark Zuckerberg, fundador e CEO do Facebook, a soltar uma declaração afirmando que:

> O argumento de que nós forçamos de propósito um conteúdo que deixa as pessoas com raiva visando ao lucro é profundamente ilógico [...] Não conheço nenhuma empresa de tecnologia que planeja oferecer produtos que deixam as pessoas com raiva ou deprimidas.[133]

Zuckerberg também procurou contestar as alegações de Haugen ao apontar os esforços do Facebook para melhorar a segurança, a transparência e a pesquisa nos efeitos da plataforma sobre as pessoas. A estratégia consistia em negar a alegação de que a empresa colocava o lucro acima da segurança e do bem-estar de seus usuários, bem como argumentar que, mesmo se alguns usuários do Facebook tivessem sido prejudicados por sua plataforma, com certeza essa não tinha sido sua intenção. Isso representa um tipo bem específico de negação; uma negação não ao prejuízo que a empresa possa ter causado, mas à explicação de Haugen para o motivo de o prejuízo ter acontecido. Era uma tentativa de reformular a transgressão como questão de competência em vez de integridade.

Tal esforço de reformulação, contudo, falhou completamente em aplacar o público. O que tornou a resposta do Facebook uma fonte imediata e difundida de críticas foi o fato de não tratar das principais questões que o incidente trouxe. Os documentos vazados não sugeriam que o Facebook deliberadamente priorizava conteúdo prejudicial por lucro ou oferecia produtos que provocariam emoções negativas. Em vez disso, a transgressão tinha a ver com a escolha intencional do Facebook de não corrigir o curso quando esses danos eram descobertos em virtude da preocupação de que isso enfraqueceria o engajamento entre usuários e o crescimento da plataforma. Como Aaron Mak observou em uma matéria para a revista *Slate*: "Foi um pecado não de ação, mas de inação".[134] Isso ficou óbvio pelos próprios documentos vazados do Facebook, os quais detalharam que o próprio Zuckerberg tinha plena ciência desses problemas, mas não fez nada significativo para saná-los.[135]

Desse modo, não foi surpresa que esses e esforços similares por parte de outros executivos do Facebook para reformular as transgressões da empresa tenham sido amplamente criticados. Em vez de tratar da principal questão relacionada à negligência deliberada dos danos aos usuários do Facebook para alavancar seus próprios lucros, a companhia tentou, em grande parte, esquivar-se desse problema com a esperança de que o público não notaria a sua manobra. Mas, quando os detalhes da transgressão ficaram claros, sobretudo por causa de um vazamento dos próprios documentos internos do Facebook, não adiantou a empresa ter tentado se defender maquiando o problema principal e atacando um espantalho. Em vez disso, o efeito principal da resposta da gestão de crise do Facebook foi deixar o problema elementar sem atenção. E, como a minha própria pesquisa anterior sobre os efeitos do silêncio descobriu, isso no mínimo confirmaria implicitamente que a empresa é culpada pela principal transgressão com base em integridade, não ofereceu nenhuma garantia de que esse problema seria abordado de forma significativa e basicamente falhou em restaurar a confiança com o público.[136]

Da mesma forma, podemos nos aprofundar no escândalo da Dolce & Gabbana de 2018 na China continental para ter uma visão mais clara do motivo de seu pedido de desculpas ter falhado para resolver aquele incidente. Aquele escândalo não se originou apenas de uma série de vídeos promocionais amplamente criticados como racistas e desrespeitosos à cultura chinesa, mas também de mensagens particulares alegadamente enviadas da conta no Instagram do cofundador Stefano Gabbana, contendo uma série de observações depreciativas sobre a China e o povo chinês. Quando Dolce e Gabbana divulgaram o vídeo com o pedido de desculpas, contudo, não fizeram distinção entre esses dois delitos; simplesmente as trataram como a mesma transgressão subjacente ao pedirem perdão pelo que chamaram de "erros" na interpretação da cultura chinesa e na maneira de se expressarem.

O problema, no entanto, é que esses dois delitos eram bem diferentes. Se o escândalo envolvesse apenas os vídeos promocionais desrespeitosos, o pedido de desculpas da D&G provavelmente teria sido muito mais eficaz. Isso pode ser ilustrado mediante análise de um escândalo relativamente recente, em que a emissora sul-coreana MBC usou imagens estereotipadas e ofensivas para representar diferentes países durante a cerimônia de abertura das Olimpíadas de Tóquio 2020, ocorridas em 2021.[137] Essas imagens incluíram pizza para a Itália, Drácula para a Romênia, uma imagem de protestos para o Haiti (em um período em que o país estava lidando com o recente assassinato de seu presidente) e uma imagem de Chernobyl para a Ucrânia, lembrando os expectadores do desastre nuclear de 1986.

O incidente viralizou, e a emissora respondeu rapidamente ao pedir desculpas na página principal de seu site, bem como em uma coletiva de imprensa que foi realizada por seu diretor-executivo, Park Sung-jae.[138] Embora não fosse a primeira vez que a MBC cometesse uma gafe durante as Olimpíadas, já tendo sido punida pela Comissão de Comunicações da Coreia por depreciar países com suas legendas nos Jogos Olímpicos de Pequim 2008,[139] o pedido de desculpas da empresa em 2021 conseguiu amainar a indignação pública. O incidente foi amplamente visto como apenas outro exemplo de trapalhada intercultural que muitos de nós experimentamos em todo o mundo. Assim, ficou mais fácil ver esse delito como uma agressão relacionada à competência, para a qual um pedido de desculpas seria efetivo. Na realidade, a única repercussão que essa emissora enfrentou por suas imagens ofensivas durante as Olimpíadas de Tóquio 2020 foi uma orientação administrativa não vinculativa da Comissão de Normas de Comunicações da Coreia; basicamente um leve puxão de orelha.[140]

As mensagens depreciativas de Stefano Gabbana no Instagram não foram vistas da mesma forma que os vídeos promocionais da D&G. Evidências de outro conjunto de estudos conduzidos por mim (que detalharei no capítulo 7) revelam que as pessoas tendem a acreditar que os sentimentos expressados intimamete são mais autênticos que aqueles expressados em público.[141] Isso sugere que, quando os supostos vazamentos das mensagens particulares de Gabbana descrevendo a China como "um país de…" seguido por uma fileira de emojis de excrementos e usando a frase "Máfia da China ignorante, suja e fedorenta",[142] a posterior alegação feita por ele ao lado de Domenico Dolce de que havia cometido "erros" na forma de se expressar era quase certa de entrar por um ouvido e sair pelo outro.

As mensagens particulares já tinham deixado claro ao público que Gabbana tinha sentimentos negativos em relação à China e ao seu povo, e carregar esses sentimentos é o que o público considerava uma violação com base em integridade. A questão de saber se ele poderia ter cometido "erros" em como expressou esses sentimentos, ao contrário, foi considerada amplamente irrelevante, pois suas crenças genuínas eram o que importava de fato. Assim, a falha do vídeo com o pedido de desculpas da D&G derivou do fato de que, como o Facebook, a D&G não abordou a principal preocupação do público. Ela negligenciou o fato de que os supostos vazamentos das mensagens particulares de Gabbana no Instagram apresentaram um argumento muito convincente de que ele de fato tinha aqueles sentimentos preconceituosos, uma questão de integridade para a qual uma desculpa provavelmente não funcionaria. Esse problema foi agudizado pelo fato de a natureza particular daquelas mensagens vazadas as fazer parecerem muito mais um diagnóstico das opiniões subjacentes de Gabbana que qualquer declaração pública que ele posteriormente pudesse fazer em relação ao seu respeito pela China e por seu povo. Assim, não deveria ser uma surpresa que alguns, como Shaun Rein do Grupo de Pesquisa de Mercado da China, tenham considerado os esforços da D&G para restaurar a confiança da China uma causa perdida. Ele disse à CNN: "Essa é provavelmente a única marca que vi deixar os chineses bravos por tanto tempo".

—

Mas também devemos reconhecer que a necessidade de superar a sedução de histórias simplistas é uma via de mão dupla. Observadores precisam aprofundar-se no que aconteceu para ter certeza de que entenderam a natureza da transgressão.

Há um momento em *Born to Run* — livro de memórias de Bruce Springsteen — que descreve o que isso pode significar em um nível personalíssimo. Ocorre quando ele relata o arco de sua jornada da infância até a sua admissão no Rock & Roll Hall of Fame.[143] Ele passa a parte inicial do livro detalhando as dificuldades de sua vida doméstica, com especial atenção ao tenso relacionamento com o pai psicologicamente abusivo. Springsteen escreve que sua casa era preenchida por silêncios épicos do pai, desaprovação distante a um filho sensível que não se encaixava em um paradigma rígido e raivas movidas a álcool, tudo isso deixando cicatrizes emocionais que não curaram por completo.

As coisas começaram a mudar, contudo, após seus pais partirem para a Califórnia, deixando-o em Nova Jersey aos dezenove anos de idade para cuidar de si mesmo. Springsteen relembra sinais da doença mental do pai, mais tarde diagnosticado com esquizofrenia paranoide, uma condição hereditária. Ele experimentou suas próprias dificuldades com doenças mentais, sérios períodos de depressão e dois colapsos emocionais, cujo tratamento exigiu décadas de terapia contínua e medicamentos. Por fim, ele identificou como os seus demônios internos contribuíram para a ruína do primeiro casamento.

Essa jornada pessoal culminou em uma visita dias antes de o próprio Bruce Springsteen ter seu primeiro filho, já no segundo casamento. Ele mantinha contato com os pais e os visitava ocasionalmente, e os papéis se inverteram de forma gradual, conforme ele se tornou uma fonte cada vez mais importante de suporte ao longo dos anos. Então, naquele dia, o pai dirigiu centenas de quilômetros de sua casa, em San Mateo, para Los Angeles, pois "queria dar um oi". Com os dois sentados à mesa em uma pequena área de refeições na casa de Springsteen em Los Angeles, tentando conversar sobre amenidades, o pai de repente disse: "Bruce, você tem sido muito bom para nós... E eu não fui muito bom para você".

Houve um breve silêncio naquele momento. Então, Springsteen disse: "O senhor fez o melhor que pôde". Mais tarde, escreveu: "Era isso. Era daquilo que eu precisava". Após todos aqueles anos dolorosos, o pai tinha vindo lhe dizer, na véspera de sua própria transição para a paternidade, que o amava e para ser cuidadoso, agir melhor, não cometer os mesmos erros dolorosos que ele.

Esse é o mesmo sentimento que ouvi de outros adultos que conheci e compartilharam histórias sobre os próprios pais. Muitos até expressaram aquele sentimento com o mesmo tipo de frase: "Ele fez o melhor que pôde", "Ela fez o melhor que pôde", "Eles não sabiam de nada". É um sentimento baseado no reconhecimento de quantas coisas podem levar aqueles que pretendiam fazer o bem ao fracasso. É com base na admissão de que nós também podemos facilmente decepcionar as pessoas, apesar dos nossos esforços. É uma consciência da nossa humanidade compartilhada e de todas as imperfeições que isso pode acarretar.

Aquele reconhecimento pode não ser o bastante para curar completamente qualquer ferida, e alguns relacionamentos podem estar simplesmente além de recuperação. Como o próprio Springsteen observou: "Há pecados sem redenção e há vidas sem reformulação". Mas, como o seu próprio testemunho revela, há também alguns momentos em que esse tipo de consciência pode fazer uma diferença real.

Indo além da história simplista, entender todas as coisas que teriam contribuído para moldar o que aconteceu pode ajudar no mínimo alguns de nós a superar as atribuições de intenção prejudicial que tendem a ser tão devastadoras aos relacionamentos. É possível que isso nos permita alcançar um estado de graça com base no qual podemos consertar alguns desses vínculos. É também por meio desse processo que podemos, no fim, começar a nos curar. Para aqueles de nós que conseguem fazer isso antes que seja tarde demais — se de algum modo conseguimos encontrar aquele semblante pacífico antes da morte dos pais, apesar das cicatrizes que ainda carregamos —, talvez seja por esse mínimo gesto que finalmente nos consideramos afortunados.

6

FECHANDO AS CONTAS NO NEGATIVO

Quando Gregory Boyle se tornou sacerdote da igreja católica Missão Dolores, a paróquia era a mais pobre de Los Angeles. Ficava em uma região que abrangia os maiores conjuntos habitacionais a oeste do Mississippi — Aliso Village e Pico Gardens —, além da maior concentração de gangues em atividade de Los Angeles, uma cidade então conhecida como a capital mundial das gangues. Naquela época, em 1986, os principais esforços para enfrentar a violência desses grupos se concentravam na aplicação sumária da lei e no encarceramento em massa. No entanto, claramente, não estava funcionando. A violência das gangues continuava a ser um problema grave, e era grande a probabilidade daqueles que foram condenados e cumpriram penas de prisão voltarem a cometer crimes.

Foi por isso que o padre Greg fundou a Homeboy Industries, que cresceu e se tornou o maior programa de intervenção, reabilitação e reintegração de membros de gangues do mundo. Em 2014, lançou uma rede global com quatrocentas outras organizações que lutam por justiça social, defendem as populações marginalizadas, trabalham para quebrar o ciclo de reincidência e procuram abordar as consequências colaterais do cumprimento de penas de prisão. Apenas em 2018, atendeu quase 7 mil pessoas da comunidade de Los Angeles, oferecendo o seu principal programa de emprego e reintegração de dezoito meses a mais de quatrocentos homens e mulheres.[144]

Embora seja uma história notável de sucesso, a Homeboy Industries é também a história do fracasso miserável da sociedade, pois uma das maiores razões para a instituição ter prosperado é o profundo conflito que vivemos em relação à reintegração dos infratores à sociedade. Isso significa que a maioria das pessoas ajudadas por essa organização não teria outro recurso se ela não existisse e teria sido simplesmente deixada de lado.

O debate público sobre como tratar os criminosos permanece acalorado até hoje, tendo no centro das discussões os sistemas de justiça vigentes e questões do tipo como confiar naqueles que cometeram crimes. Deveríamos punir em nome da retaliação ou da dissuasão? Ou o objetivo deveria ser a reabilitação do infrator ou alguma forma de reparação para a vítima? A sociedade mudou de uma visão para outra ao longo do tempo, porque, em termos práticos, nenhuma delas é inteiramente adequada, e esses objetivos muitas vezes entram em conflito entre si. Uma pena severa concebida para retaliação, por exemplo, pode não contribuir para reabilitar o infrator e até aumentar a probabilidade de reincidência, enquanto uma pena destinada a reabilitar pode não expressar o repúdio da sociedade ao comportamento ou não fornecer um elemento dissuasor eficaz. Infelizmente, enquanto esses dilemas são discutidos, os Estados Unidos tornaram-se o líder mundial em encarceramento (com 2,2 milhões de detentos, o que representa um aumento de 500% nos últimos quarenta anos, superlotando as prisões e acarretando despesas pesadas ao estado), sobretudo em razão de mudanças na lei e nas políticas, e não nas taxas de criminalidade.[145]

Parte do problema tem origem nos conflitos existentes entre as próprias noções de justiça. No nível mais amplo, a justiça consiste simplesmente em as pessoas receberem o que merecem. Colocar em prática esse princípio aparentemente simples, no entanto, representa um dos desafios sociais primários mais complexos do nosso dia a dia, pois, ainda que esteja pacificado o significado de justiça como "dar a cada um o que merece", há discordâncias sobre o verdadeiro conceito por trás dessa máxima.

A justiça pode ser dividida em dois grandes tipos: justiça distributiva, que diz respeito à distribuição proporcional de recompensas; e justiça retributiva, sobre como as pessoas são punidas. Ambas afetam a relação de confiança e a reparação do dano causado. Por exemplo, algumas das minhas pesquisas revelaram que desculpar uma transgressão sob a justificativa de promover a justiça distributiva pode ajudar a restaurar a confiança se o perdão se basear em princípios de justiça distributiva reconhecidamente relevantes.[146] Assim como acontece na lenda de Robin Hood, pode parecer razoável roubar se for para ajudar outras pessoas. Contudo, como os princípios que determinam como as pessoas são punidas são bastante diferentes daqueles utilizados para promover a igualdade e as discussões sobre punição tendem a ficar ainda mais acaloradas após uma transgressão, vou tratar neste capítulo apenas da justiça retributiva.

A visão tradicional da justiça retributiva, ou as punições que as pessoas merecem por seus erros, pode ser encontrada na máxima contida em Êxodo 21:24, "olho por olho". O filósofo alemão Immanuel Kant define muito bem essa visão, explicando que os criminosos devem ser punidos proporcionalmente ao delito moral das suas ações e que o imperativo de punir deriva não das consequências futuras da punição, mas de um objetivo universal de dar às pessoas o que elas merecem.[147] Assim, a punição deve se basear na extensão do dano cometido, não necessitando de justificativa para além do merecimento do transgressor, e quaisquer consequências futuras da punição são irrelevantes. Ademais, caso ocorra algum desdobramento futuro em razão da punição do infrator, deverá ser encarado como a restauração de algum sentido abstrato de justiça e equilíbrio cósmico, e não um fim social específico.

Filósofos utilitaristas, contudo, como o inglês Jeremy Bentham, afirmam que a justiça deveria, em última análise, consistir na maximização do bem-estar geral da sociedade.[148] Defendem que as ameaças de punição sejam severas a ponto de levar os criminosos potenciais a fazer escolhas diferentes (isto é, dissuasão) e os transgressores do passado a deixar de fazer coisas ruins (isto é, reabilitação). Além disso, ao contrário da perspectiva retributiva tradicional, que afirma que apenas os culpados devem ser punidos, e proporcionalmente ao dano cometido, os proponentes dessa visão utilitarista sugerem que pode fazer sentido, em algumas situações, punir os inocentes ou, ainda, infligir punições desproporcionalmente severas aos culpados, caso isso produza um melhor resultado social. Por exemplo, faria sentido executar em rede nacional algumas pessoas que excederam os limites de velocidade de trânsito se isso dissuadisse um número relevante de motoristas de ultrapassar a velocidade permitida, salvando-se, assim, mais vidas em geral.[149]

Apesar desses longos debates sobre qual *deveria* ser a abordagem em relação à justiça, no entanto, nunca ficou claro qual das opiniões é mais consistente com o julgamento intuitivo que as pessoas fazem. Por isso, o psicólogo Kevin Carlsmith decidiu fazer alguns experimentos. O pesquisador informaria aos participantes que um crime havia sido cometido e que eles seriam responsáveis por proferir uma sentença. Então, ele lhes daria a opção de conhecer diferentes nuanças do crime, cada uma exclusivamente relevante para a dissuasão, a incapacitação ou a retaliação.[150] Por exemplo, as informações relacionadas com a dissuasão poderiam dizer respeito às consequências de tornar pública a punição, enquanto aquelas referentes à incapacitação poderiam estar relacionadas ao grau de violência do infrator, e as informações relacionadas à retaliação poderiam dizer respeito ao nível dos danos causados pelo crime.

Os estudos de Carlsmith revelaram que os participantes priorizaram esmagadoramente as informações pertinentes à retaliação, com 97% dos participantes solicitando esse tipo de informação primeiro, e que eles apenas buscaram informações relacionadas à dissuasão, pertinentes à visão utilitarista, como até que ponto a punição seria levada a público, depois de esgotados os demais tipos de informação. As evidências também revelaram que as informações relacionadas com a retaliação aumentaram a confiança dos participantes nas punições que atribuíram mais que qualquer outro tipo de informação. Assim, tanto Carlsmith como o psicólogo John Darley (que conduziram o clássico estudo sobre o comportamento altruísta dos estudantes de teologia de Princeton, descrito no capítulo 5) concluíram, com base nesses e em outros achados relacionados, que a intuição das pessoas está mais estreitamente alinhada com a visão tradicional da justiça retributiva que com a utilitária.[151] Em vez de punir para maximizar o bem-estar geral da sociedade, as pessoas o fazem principalmente por uma questão de "olho por olho".

Isso não significa que elas necessariamente rejeitam a perspectiva utilitarista. Pode haver também o envolvimento de uma forma de raciocínio mais deliberada, e não intuitiva, que pode levar à conclusão de que princípios utilitários como a dissuasão são suficientemente importantes para substituir as inclinações intuitivas. Como Daniel Kahneman, psicólogo ganhador do Prêmio Nobel, detalhou apropriadamente em seu livro best-seller *Rápido e devagar: duas formas de pensar* (*Thinking, Fast and Slow*),[152] no entanto, há muitas evidências de que nossas intuições são muito mais imediatistas e automáticas, e que o raciocínio deliberado só pode substituir essas intuições em casos específicos, como quando temos tempo, recursos mentais, motivação e oportunidade para nos envolvermos nesse tipo de pensamento, que exige mais esforço.

Esse raciocínio sugere que a indignação moral que sentimos quando alguém comete um crime representa nossa resposta intuitiva imediata a casos de irregularidades. Podemos nos envolver, então, em um raciocínio deliberado sobre as consequências mais amplas dessa punição para contrapor aqueles impulsos iniciais. No entanto, como esse tipo de raciocínio deliberado exige mais tempo e esforço, e, portanto, tende a ser usado com mais moderação, a nossa inclinação intuitiva para confiar na forma mais tradicional de justiça retributiva ("olho por olho") muitas vezes prevalece.

Essa abordagem de processo duplo para o raciocínio fica evidente até mesmo em estudos de imagens cerebrais. Nessas experiências, o neurocientista Joshua Greene e seus colaboradores contaram aos participantes uma história que terminava com uma ação que o protagonista poderia realizar e lhes foi pedido que decidissem se a ação era apropriada ou inadequada.[153,154] Em alguns casos, dizia-se aos participantes que havia um vagão ferroviário descontrolado prestes a matar cinco pessoas que estavam nos trilhos e era preciso decidir se deveriam acionar um dispositivo que o desviaria para outro trilho, matando uma pessoa. Em outros, os participantes eram informados de que havia soldados inimigos invadindo uma aldeia com ordens para matar todos os civis remanescentes e alguns moradores da cidade tinham se escondido no porão de uma grande casa. Então, quando os soldados chegavam àquela casa em busca de objetos de valor, um bebê começava a chorar alto, e o participante precisava escolher entre sufocar o filho, salvando a si mesmo e aos outros habitantes da cidade, e deixar que os soldados escutassem o choro.

Os estudos das imagens neurais mostraram que situações como essas poderiam ativar muitas regiões diferentes do cérebro, dependendo do tipo de raciocínio usado pelas pessoas. Uma região, que foi ativada rapidamente e gerou avaliações rápidas sobre a escolha de determinado dano, envolveu áreas do cérebro associadas a atividades cognitivas emocionais e sociais. A outra região, que foi ativada quando os participantes responderam de maneira mais utilitarista (considerando que sua decisão deveria servir ao bem maior), envolveu centros de raciocínio abstrato do cérebro e áreas associadas ao envolvimento do controle cognitivo. Essa segunda região cerebral de raciocínio abstrato desenvolveu-se mais tarde em nossa evolução, e descobriu-se que ela produz respostas que entram em conflito com as intuições produzidas pela primeira. No entanto, as possibilidades de limitar ou fazer prevalecer essas intuições dependem, em última análise, do quanto cada uma dessas regiões do cérebro é ativada.

Essas considerações sugerem que ao menos uma razão pela qual a justiça criminal enseja tantos debates pode ser encontrada em nós mesmos. No geral, nós não necessariamente assinamos embaixo de uma ou outra teoria de justiça retributiva, seja a visão mais tradicional do "olho por olho", seja a abordagem utilitarista, que procura maximizar o bem maior. Em vez disso, as nossas preferências podem se alternar entre essas visões dependendo da situação (por exemplo, em razão de tempo, motivação, recursos intelectuais e oportunidades disponíveis), como se sofrêssemos de um tipo de transtorno dissociativo de identidade.

Além disso, como as nossas intuições sobre a punição tendem a ser mais coerentes com a perspectiva tradicional da justiça retributiva ("olho por olho"), elas muitas vezes entram em conflito com as leis do sistema de justiça dos Estados Unidos, que os psicólogos Carlsmith e Darley alegam ter se tornado de natureza cada vez mais utilitarista.[155] Eles argumentam que essa discrepância é o que leva as pessoas a perder o respeito pela lei. Perdem a confiança no sistema jurídico; consequentemente, deixam de confiar nas orientações da lei em situações ambíguas, em que não há clareza quanto à resposta apropriada. Quando o sistema jurídico aponta para uma direção, mas nossa intuição nos conduz a outra, acabamos inclinados a confiar no nosso instinto. Ademais, ainda que ações de comunicação possam ajudar a mitigar esse conflito em alguns casos, fazendo as pessoas compreenderem as bases utilitaristas dessas leis e ignorarem as suas próprias intuições, não funciona completamente. É provável que, em muitos casos, na busca da justiça retributiva, persista algum nível de conflito entre o nosso instinto e o que determinam as nossas instituições jurídicas.

A insatisfação com a abordagem da sociedade à justiça retributiva parece ter origem também em outro problema. Se a justiça diz respeito a como lidamos com culpabilidade e recuperação, as abordagens dominantes da justiça retributiva, como vimos, não parecem ter dado muita atenção a essa última questão.* Assim, não surpreende o reconhecimento crescente da necessidade de corrigir esse problema. A National Survey of Victims' View (Avaliação Nacional das Opiniões de Vítimas) de abril de 2016,[156] que entrevistou oitocentas pessoas que sofreram crimes violentos ou contra a propriedade, reunidas a partir de uma amostra nacional de mais de 3 mil entrevistados, apurou que mesmo as vítimas querem ver penas de detenção mais curtas, menos gastos com prisões e um maior foco na reabilitação de criminosos. Entre as vítimas ouvidas, 52% disseram achar que a prisão torna as pessoas mais propensas a cometer crimes novamente, enquanto apenas 19% afirmaram que a prisão ajuda a reabilitá-las e a torná-las melhores cidadãos. Assim, por uma margem bem superior a dois para um, as pessoas ouvidas mostraram acreditar que o sistema de justiça criminal deveria concentrar-se na reabilitação dos criminosos, e não na sua punição. Por margens semelhantes, também disseram preferir penas de prisão mais curtas a manter os criminosos encarcerados "pelo maior tempo possível". Além disso, três para cada uma das pessoas entrevistadas preferiram punições alternativas, como reabilitação, tratamento de saúde mental, tratamento para vício em drogas, supervisão comunitária ou serviço comunitário.

---

* Claramente, o caso da perspectiva tradicional do "olho por olho" na justiça retributiva, que se preocupa apenas em punir os agressores na proporção dos seus danos (e sem considerar as consequências da punição). Também se aplica, no entanto, à perspectiva utilitarista, apesar da sua preocupação com a promoção do bem-estar geral da sociedade, uma vez que trata a perspectiva de reabilitação do transgressor simplesmente como um subtipo de dissuasão, em que a punição deve ser severa o suficiente para dissuadir o infrator de cometer o crime outra vez.

Outra característica notável da pesquisa é que as conclusões se aplicam a diferentes grupos demográficos e políticos, com a maioria de democratas, republicanos e independentes apoiando as reformas, a despeito da maneira como as perguntas foram feitas. Esse padrão corresponde aos resultados de uma pesquisa de 2012 realizada pela Pew Charitable Trusts, ONG estadunidense, na qual 84% do público, com relevante maioria de democratas, republicanos e independentes, concordaram que os investimentos deveriam ser realocados do encarceramento de presos não violentos para programas alternativos, como de liberdade condicional.[157] Mas os resultados da National Survey of Victims' View de 2016, que incluiu vítimas reais de crimes, inclusive violentos, foram os maiores incentivadores da mudança. Judy Martin, uma mulher de Ohio cujo filho de 24 anos foi baleado e morto em um estacionamento, foi citada na pesquisa: "A configuração do nosso sistema de justiça criminal atual não permite recuperação [...] Devemos tratar uns aos outros com mais humanidade, mesmo aqueles que tenham cometido erros graves. É o único caminho a seguir".

Essa visão é coerente com um interesse crescente pelas abordagens da "justiça restaurativa" que se concentraram na reparação dos danos causados pelo comportamento criminoso.[158] O psicólogo Albert Eglash foi o pioneiro dessa corrente na década de 1950, vide seu extenso trabalho com presidiários, no qual enxergava o crime não apenas como uma violação da lei, mas também como uma violação das relações humanas prejudicial às vítimas, às comunidades e até aos próprios infratores. Sua abordagem questiona: "Quem foi ferido? E como podemos aproximar infratores e vítimas para reconhecer e reparar os danos?".[159] Desse modo, há a responsabilização do infrator perante as vítimas, suas famílias e a comunidade, trazendo conciliação, e não simplesmente o sofrimento como consequência do seu ato.

Embora os estudos sobre programas de justiça restaurativa sugiram que, em comparação às respostas mais tradicionais da justiça criminal, eles possam melhorar a satisfação das vítimas, aumentar a responsabilização dos infratores e diminuir a reincidência, no entanto, os dados não são conclusivos. Por exemplo, ainda não está claro até que ponto esse efeito se deve a um viés na seleção, em que os resultados podem ter surgido de diferenças inerentes entre aqueles que concordam em participar em tais programas e aqueles que não concordam.[160] Além disso, ainda que consideremos esses benefícios pelo valor nominal, os esforços para buscar a justiça restaurativa precisam encarar o fato de que, muitas vezes, nossos instintos ainda podem nos levar a preferir abordagens "retributivas" mais tradicionais à justiça. Consideremos, por exemplo, o caso de Brock Turner, estudante de graduação da Universidade de Stanford e integrante da equipe de natação da instituição que foi condenado, em março de 2016, por três crimes após agredir sexualmente uma mulher inconsciente no campus (agressão sexual a pessoa inconsciente, agressão sexual a pessoa intoxicada e agressão sexual com intenção de praticar estupro).[161] Ele atacou Chanel Miller, de 23 anos, não identificada até então, atrás de um depósito de lixo e estava deitado em cima da vítima inconsciente e parcialmente vestida quando testemunhas intervieram e levaram Turner para a delegacia. Os promotores do caso pediram sua condenação a seis anos de prisão. O juiz do Tribunal Superior Aaron Persky, no entanto, condenou Turner a apenas seis meses de prisão e mais três anos de liberdade condicional, considerando a ausência de antecedentes criminais e os danos já sofridos pelo acusado com a intensa cobertura da mídia, acreditando que "uma sentença de prisão teria um impacto severo sobre ele. Acho que ele não será um perigo para a sociedade".

Esse raciocínio parece coerente com as opiniões expressadas pelos entrevistados na pesquisa de 2012 da Pew Charitable Trusts e na National Survey of Victims' View de 2016. Favorece tanto a clemência quanto a probabilidade de reabilitação no lugar da punição. Também coerente com o foco dos defensores da justiça restaurativa em fazer reparações, o pai de Brock Turner divulgou uma nota dizendo que seu filho planejava usar o tempo em liberdade condicional para educar estudantes universitários "sobre os perigos do consumo de álcool e da promiscuidade sexual", como forma de "retribuir à sociedade de uma forma positiva".

A decisão do juiz, no entanto, provocou indignação generalizada. Jeff Rosen, o promotor do distrito de Santa Clara, na Califórnia, divulgou um comunicado dizendo que a sentença "não era adequada ao crime" e chamou Turner de "criminoso predatório" que teria se recusado a assumir a responsabilidade e não mostrava remorso. O jornal *San Jose Mercury News* publicou um editorial caracterizando a sentença como "um tapa na cara" e um "retrocesso para o movimento que leva a sério o estupro no ambiente universitário". A sentença também desencadeou uma campanha para derrubar o juiz indulgente, que se revelou vitoriosa em junho de 2018, quando Persky se tornou o primeiro juiz da Califórnia a ser destituído em mais de oitenta anos.[162]

Os defensores da justiça restaurativa podem argumentar que a indignação não representa um problema com seus princípios em si. Os programas de justiça restaurativa normalmente incentivam as vítimas a assumir um papel ativo no processo de restauração, estabelecendo um diálogo com os seus agressores e incentivando os infratores a assumir a responsabilidade pelas suas ações, o que não ocorreu aqui. No caso, Turner admitiu ter bebido, mas não reconheceu qualquer culpa no ataque, insistindo que o episódio foi consensual. Além disso, embora a justiça restaurativa pressuponha compensação do dano sofrido pela vítima, acredita-se amplamente que a própria sentença favoreça as necessidades do infrator em detrimento das da vítima.

Mas a reação à pena leve de Turner também ressalta o papel importante que o nosso instinto retributivo pode continuar a desempenhar na busca por justiça. Embora possamos defender os valores da clemência e da reabilitação, o nosso desejo de punir, de procurar o "olho por olho", continua sendo nossa resposta imediata a esse tipo de incidente. Assim, a questão passa a ser o que devemos fazer para resolver os conflitos potenciais das nossas preferências básicas em relação àqueles que cometeram uma transgressão.

—

Uma maneira de entender como normalmente lidamos com essas preocupações é pensar sobre como as pessoas avaliam o caráter moral de maneira mais ampla. O psicólogo do desenvolvimento Mordecai Nisan observou que as pessoas tendem a tratar as implicações de seus bons e maus atos ao longo do tempo como uma conta bancária, adicionando os bons atos como créditos e subtraindo os maus como débitos.[163] Essa metáfora sugere que, se alguém fizer algo ruim, ficará com um débito que precisará ser compensado de alguma forma, e somente quando essa pessoa pagar a dívida e passar a evitar débitos semelhantes no futuro poderemos considerar o transgressor redimido e confiar nele novamente.

O problema, porém, é que não somos bons em avaliar em que momento a redenção será alcançada. Sem uma real visão da alma do transgressor, só podemos tentar imaginar, com base na premissa de que punições mais severas promoveriam essa redenção na medida em que aumentariam o arrependimento e de que esse arrependimento, por sua vez, levaria o infrator a promover a reparação adequada. Isso pode explicar a razão pela qual as pessoas às vezes interpretam desculpas como "conversa-fiada" e exigem respostas mais significativas daqueles que cometeram uma transgressão.

A percepção do arrependimento como meio de redenção, no entanto, pode ser distorcida e causar ruídos. Há momentos em que as respostas verbais podem fazer uma diferença significativa, como após eventos médicos adversos. Nesses casos, médicos que pedem desculpas enfrentam menos ações judiciais e menores custos de defesa, acordo e responsabilização que aqueles que adotam o tradicional "negar e defender".[164, 165] Mas também há situações em que respostas mais substanciais, como uma renúncia ao cargo, contribuem pouco para restaurar a confiança. Isso ocorreu em junho de 2011, quando o congressista de Nova York, Anthony Weiner, após um escândalo de sexting, em que ele foi pego enviando fotos e mensagens sexualmente explícitas para várias mulheres antes e durante seu casamento, anunciou a difícil decisão, a qual teve como resposta apenas um grito impertinente: "Ótimo! Tchau, pervertido!".[166]

Isso ocorre porque estamos preocupados não com os significativos custos que tais respostas podem cobrar do infrator, mas com o grau de arrependimento que elas causam. Podemos ver isso em vários experimentos que conduzi com meus colaboradores para investigar os efeitos dos esforços de natureza mais relevante para reparação da confiança.[167] Um desses experimentos, por exemplo, baseou-se em um incidente envolvendo Donald J. Carty, CEO da American Airlines, em 2003. A companhia aérea buscou concessões salariais e de benefícios junto aos sindicatos para evitar um pedido de falência.

Mas, depois que os trabalhadores sindicalizados votaram a favor da aprovação das concessões, souberam que a empresa havia decidido dar a sete executivos, incluindo Carty, bônus em dinheiro equivalentes ao dobro de seus salários-base se permanecessem até janeiro de 2005, bem como 41 milhões de dólares em fundos de pensão para um número ainda maior de executivos. A descoberta destruiu o frágil apoio do sindicato aos contratos de concessão e forçou a volta à mesa de negociações, apesar das subsequentes desculpas de Carty e da decisão da empresa de cancelar os bônus aos executivos (mas não as garantias de pensões). O próprio Carty foi forçado a renunciar.[168]

Meus colaboradores e eu queríamos desvendar esse complexo conjunto de eventos comparando o que poderia ter acontecido se o esforço de reparação da confiança tivesse envolvido apenas o pedido de desculpas versus apenas o pagamento de uma penalidade financeira ou a decisão de implementar alguma outra forma de resposta substancial (como regulamentos que impedissem transgressões semelhantes no futuro). Aproveitei a proximidade com a universidade em Los Angeles para entrar em contato com o estúdio de televisão da Universidade do Sul da Califórnia e realizar uma chamada para atores de Hollywood, visando criar uma série de noticiários em vídeo que repercutiriam esses eventos. Os vídeos foram criados para que cada um dos participantes visse apenas um entre os diferentes tipos de tentativas de abordagem do escândalo. Os participantes viram relatos do CEO: 1) reconhecendo que as alegações eram verdadeiras; 2) pedindo desculpas ou reconhecendo e se desculpando; 3) sofrendo alguma forma de punição financeira; ou 4) anunciando medidas concretas para evitar que tais incidentes voltassem a acontecer. E a questão era como os participantes veriam o CEO em cada uma das situações.

As descobertas da pesquisa revelaram que, apesar de suas diferenças superficiais, cada um desses esforços para reparação da confiança funcionou da mesma forma. Todos os seus efeitos dependiam do grau de percepção de arrependimento que provocava. O arrependimento ficou mais claro quando a violação dizia respeito a questões técnicas, e não morais, em conformidade com as discussões anteriores deste livro sobre como pode ser muito mais difícil resolver violações morais. Essas conclusões, no entanto, também podem explicar por que um pedido de desculpas sincero pode ser tão eficaz quanto respostas mais aprimoradas, especialmente se elas parecerem mecânicas ou estratégicas.

Os resultados sugerem que, para aqueles que são culpados de uma transgressão, a questão não é o preço pago pelo infrator, mas o seu nível de arrependimento, porque esse último sentimento desempenhará um papel mais direto em determinar se o problema será corrigido no futuro. Quando parecia que o CEO estava realmente arrependido pela quebra da confiança, independentemente de como isso foi demonstrado, os participantes eram mais propensos a aceitar os seus gestos como um sinal de que poderiam confiar novamente. Como a percepção do arrependimento está, em última análise, na mente de quem vê, no entanto, ela pode ser moldada por fatores que pouco têm a ver com o arrependimento real do transgressor ou com a probabilidade de reparação. É por isso que pode ser mais fácil recorrer a punições mais severas e exigir o que nos cabe do que considerar o que poderia realmente permitir a restauração da confiança.

A ironia, porém, é que o foco nas punições pode tornar as coisas ainda piores, porque também somos péssimos em mensurar a extensão adequada da punição. Isso pode ser entendido ao se considerar um aspecto adicional à metáfora da conta bancária que vimos anteriormente. Essa metáfora, sobretudo, não apenas sugere que incorreríamos em débitos por nos comportarmos mal, mas também que teríamos margem de manobra para nos envolvermos em eventuais maus atos se tivéssemos feito coisas boas no passado, desde que o saldo das nossas contas bancárias morais não caísse abaixo de zero (tornando-nos "moralmente falidos").

A nossa confiança nesse tipo de lógica é lastreada por pelo menos duas correntes de investigação empírica. Os psicólogos Benoît Monin e Dale Miller, por exemplo, relataram três estudos nos quais, quando os participantes tiveram, pela primeira vez, oportunidades de agir como pessoas sem preconceitos, eles subsequentemente se tornaram mais dispostos a tomar atitudes que poderiam ser encaradas como preconceituosas.[169] Em um dos seus estudos, os participantes receberam fotografias, nomes, médias de notas e especializações de cinco candidatos a um cargo de entrada em uma grande empresa de consultoria, e tiveram de indicar qual deles contratariam. O quarto candidato foi elaborado para ser o mais atraente, com formação em uma instituição de prestígio, especialização em economia e a maior média de notas. O gênero e a etnia desse quarto candidato foram alterados, assim como a fotografia e o nome, de modo que essa pessoa ora era uma mulher branca, ora um homem negro, ora um homem branco (todos os outros quatro candidatos eram homens brancos). Depois de selecionar um candidato, os participantes eram expostos a um dilema que visava provocar a expressão do preconceito: pedia-se que avaliassem se faria sentido selecionar alguém que fosse do sexo feminino (na condição de gênero) ou negro (na condição étnica) para um emprego em um ambiente que aparentemente era menos inclinado a aceitar membros desses grupos de minorias. Os resultados revelaram que os participantes eram mais propensos a favorecer um homem branco nessa segunda tarefa, se tivessem estabelecido a imagem de pessoa sem preconceitos selecionando uma mulher branca ou um homem negro na tarefa anterior.

Essa teoria da contabilidade moral também é sugerida por uma série de experiências realizadas pelos economistas comportamentais Nina Mažar, On Amir e Dan Ariely, que deram aos participantes um incentivo financeiro para reportarem erroneamente o seu desempenho nas tarefas.[170] Uma das experiências, por exemplo, deu aos participantes vinte matrizes, cada uma contendo doze números de três dígitos. Os participantes tiveram quatro minutos para encontrar dois números dentro de cada matriz que somassem dez. Eles também foram informados de que dois participantes selecionados aleatoriamente no experimento ganhariam dez dólares por cada matriz resolvida corretamente. Então, quando esse tempo acabou, o pesquisador verificou as respostas dos participantes na tarefa e anotou o número de matrizes resolvidas corretamente em uma folha de respostas separada (grupo-controle) ou pediu aos participantes que indicassem o total de matrizes resolvidas corretamente na folha de respostas separada e enviassem apenas a folha de respostas (grupo experimental), para que os avaliados pudessem manter as matrizes resolvidas e não resolvidas em sua posse e, assim, tivessem a oportunidade de trapacear. Os resultados revelaram que os participantes trapacearam quando tiveram a oportunidade, relatando significativamente mais matrizes resolvidas no experimento que o grupo-controle. Os participantes, no entanto, trapacearam muito menos do que poderiam, para evitar que a trapaça ameaçasse as opiniões positivas sobre si mesmos como indivíduos honestos.

O problema, contudo, é que, como sugerem algumas das minhas últimas descobertas com as pesquisadoras Alyssa Han, Alexandra Mislin e Ece Tuncel, aqueles que testemunham tais atos podem explicar esses comportamentos de uma forma muito diferente.[171] Pedimos aos participantes que considerassem algo bom ou ruim que uma pessoa pudesse ter feito ou uma sequência em que uma dessas ações fosse seguida pela outra. Em um desses experimentos, meus colaboradores e eu apresentamos aos participantes uma adaptação de um incidente, que o autor Walter Isaacson relatou na biografia *Steve Jobs*, ter ocorrido entre Jobs e Steve Wozniak, os cofundadores da Apple.[172]

Antes de fundar a empresa, Wozniak trabalhava na Hewlett-Packard e Jobs, na Atari. Ambos já eram amigos há algum tempo. Assim, quando Jobs foi incumbido de desenvolver uma sequência do clássico jogo *Pong*, da Atari, um jogo individual chamado *Breakout*, que seria lançado em 1975, ele recrutou, para ajudá-lo, Wozniak (conhecido no mercado como o melhor engenheiro), que ficou grato a Jobs pela oportunidade. Depois, veio à tona que Jobs havia mentido para ele sobre o trabalho, dizendo a Wozniak que eles tinham apenas quatro dias para concluir a tarefa e precisavam usar o mínimo de chips possível. Ele, no entanto, nunca disse a Wozniak que havia um bônus pelo uso de menos chips e que o prazo de quatro dias fora definido pelo próprio Jobs, a fim de que ele pudesse voltar à sua comunidade para ajudar na colheita de maçãs. Além disso, apesar de essas mentiras terem forçado Wozniak a trabalhar 24 horas por dia para conciliar o seu trabalho diário rotineiro e o trabalho extra para Jobs, com Jobs fazendo relativamente pouco, ele deu a Wozniak apenas metade do salário, ficou com a outra parte e, ainda, manteve todo o bônus para si.[173]

Wozniak só descobriu a verdade dez anos depois. Mesmo depois de os dois terem alcançado sucesso e prosperidade extraordinários com a Apple, no entanto, Wozniak admitiu que o incidente ainda o incomodava.

Disse que não se tratava de dinheiro: "Se ele tivesse me dito que precisava do dinheiro, deveria saber que eu simplesmente o daria a ele". Jobs era seu amigo e já tinha dado a Wozniak a oportunidade de trabalhar em um projeto empolgante de graça, sem receber nada. Mas Jobs acabou se aproveitando do amigo de maneira muito traiçoeira. Nesse contexto, para a minha equipe em nossos experimentos, a questão era como as pessoas perceberiam aqueles que se envolvessem nesses tipos de atos bons e ruins (como Jobs oferecendo a Wozniak uma oportunidade de trabalho interessante e depois mentindo para ele sobre isso, respectivamente), e se isso poderia diferir da forma como aqueles que praticam esses atos se perceberiam.*

As conclusões dessa pesquisa revelaram, em última análise, um problema muito sério. Enquanto aqueles que se envolveram nesses atos tendiam a acreditar que as suas boas ações anteriores persistiriam como créditos morais para compensar as implicações das suas transgressões subsequentes, aqueles que observavam tais ações reagiam à transgressão revisitando as boas ações anteriores e questionando se, afinal, elas eram de fato boas. Isso levou os observadores a verem as boas ações iniciais não como créditos morais, mas como lamentáveis tentativas de prepará-los para a má ação que o infrator teria planejado desde o início, considerando os infratores mais desonestos e indignos de confiança do que era esperado.

No caso de Jobs e Wozniak, por exemplo, os resultados sugerem que teria sido natural que Wozniak tivesse muito mais dificuldade de ver Jobs como uma pessoa moral e confiável do que Jobs via a si mesmo. Jobs provavelmente teria tido pouca dificuldade de racionalizar suas ações levianas como apenas um pequeno pontinho em seu relacionamento extraordinariamente bem-sucedido — um pontinho que foi facilmente compensado por todas as oportunidades que Jobs trouxe a Wozniak e pela enorme fortuna que essas oportunidades permitiram que ambos ganhassem. Mas, para Wozniak, esse engano representou uma traição muito séria que levantou

---

* Outras versões desses experimentos envolviam diferentes tipos de boas ações, como ajudar um colega de trabalho a preencher um relatório, no contexto da natureza competitiva do local de trabalho, bem como diferentes tipos de más ações, como roubar um item de uma cafeteria ou participar de uma trama que fazia com que um terceiro inocente fosse demitido.

preocupações fundamentais sobre Jobs e sua relação com ele, pelo menos em parte porque isso teria feito Wozniak questionar se haveria segundas intenções nas coisas boas que Jobs tinha feito.

No entanto, mesmo que Wozniak se sentisse traído e tentasse expressar esse sentimento, teria sido difícil para Jobs compreendê-lo completamente. Se Jobs acreditasse que suas boas ações anteriores compensavam suas ações negativas, teria encarado como um exagero o sentimento de traição de Wozniak. Se Wozniak tivesse expressado a sua opinião, também ocorreria um aumento da probabilidade de que quaisquer tentativas de Jobs de reparar a relação fossem inadequadas e pudessem até levá-lo a perder a paciência com Wozniak por exigir demais para que as coisas voltassem ao normal.

Esse tipo de frustração é um problema comum em casos de infidelidade conjugal, por exemplo. Os conselheiros relatam que o cônjuge traidor pode ficar exasperado em suas tentativas de reparar o casamento e acabar dizendo ao parceiro para superar ou desistir de uma vez.[174] Os traidores podem assumir a responsabilidade pelo que fizeram, mas consideram a traição pelo menos parcialmente compensada por suas muitas boas ações ao longo do relacionamento. Assim, mesmo que procurem reparar a relação e tentem fazer as pazes, podem finalmente chegar a um ponto em que acreditam que já pagaram o preço pela sua traição, perdendo a paciência com a incapacidade de seu parceiro de seguir em frente. Mas isso pode acontecer porque o traidor não vê o mundo pelos olhos de seu parceiro e é incapaz de enxergar como a traição é capaz de ter levantado sérias dúvidas quanto à existência de outros segredos, outras traições e razões terríveis que poderiam explicar, inclusive, as boas ações no passado.

A falha em perceber como os outros podem interpretar as nossas ações passadas também pode criar outro problema. Como os observadores dos meus estudos tinham menos confiança nos infratores após a transgressão (menos do que os próprios infratores consideravam merecido), os observadores também passavam a se comportar de acordo com esse sentimento. Por exemplo, eram menos propensos a recomendar o infrator para uma posição importante, destinar recursos para o seu trabalho ou atribuir a ele a responsabilidade do relacionamento com clientes importantes. E isso, ironicamente, tinha o potencial de levar os infratores a acreditar que esses observadores os puniram injustamente e, inclusive, a considerar esses punidores indignos de confiança.

Em última análise, todas essas considerações ajudam a explicar por que gravitamos tão prontamente em direção à retribuição. Mesmo que a maioria de nós queira acreditar que somos justos e consistentes, as evidências sugerem que, na verdade, somos bastante inconsistentes na maneira de fazer julgamentos dos outros em relação a nós mesmos. Acreditamos que teríamos uma posição moral mais elevada que a dos outros após o mesmo conjunto de ações. Além disso, é muito mais provável que desconsideremos os sinais de arrependimento dos outros que os nossos próprios, o que causa um déficit maior em suas contas bancárias morais, com base nas quais podem procurar reparar a confiança, e cria uma batalha mais difícil em que a punição pode ser considerada a única alternativa mediante a qual podemos sentir que eles experimentaram remorso suficiente.

Não é de admirar, então, que os esforços do padre Greg, sobre o qual falamos no início deste capítulo, para reintegrar ex-membros de gangues na sociedade sejam tão importantes ou por que o advogado de defesa criminal Bryan Stevenson se esforça tanto para enfatizar em seu livro best-seller *Compaixão* (*Just Mercy*) que "cada um de nós é mais que a pior coisa que já fizemos".[175] Minhas descobertas sugerem que, aos olhos dos outros, muitas vezes não somos mesmo mais que a pior coisa. Os resultados destacam a rapidez com que os observadores podem considerar o pior como o sinal mais verdadeiro do caráter de alguém, usar esse momento para reconsiderar qualquer outra coisa sobre o transgressor que possa ter sido boa e, então, punir essa pessoa com muito mais severidade. Esse é um problema fundamental de como fazemos julgamentos morais. E, até que essa questão seja encarada, continuaremos a bloquear um caminho realista em direção à redenção para aqueles que possam merecer uma segunda oportunidade.

7
A MALDIÇÃO DO SOBERANO

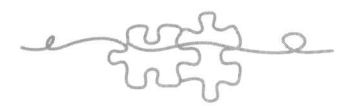

A crise dos opiáceos é uma emergência de saúde pública em curso nos Estados Unidos. De todos os seus responsáveis, a família Sackler é quem carrega a maior responsabilidade. Como detalhou o jornalista Patrick Radden Keefe em um artigo para a revista *The New Yorker*,[176] a empresa dos Sackler, Purdue Pharma, foi a primeira na década de 1990 a convencer o *establishment* médico estadunidense de que os opiáceos fortes deveriam ser mais amplamente prescritos e a afastar os receios dos médicos sobre a natureza viciante dessas drogas. Quando a Purdue lançou o OxyContin, em 1995, uma campanha de marketing sem precedentes impulsionou a prescrição desse poderoso opioide para uma enorme variedade de doenças, afirmando que a droga levava ao vício "menos de 1%" dos pacientes.

Essa afirmação, no entanto, revelou-se desastrosamente falsa. O OxyContin, assim como os produtos concorrentes que essa droga incentivou empresas farmacêuticas concorrentes a lançar, levou milhões de estadunidenses a um ciclo de consumo de opiáceos e a um aumento acelerado de mortes por overdose. A crise dos opiáceos matou pelo menos 450 mil pessoas desde 1999 e custou à economia dos Estados Unidos pelo menos 2,15 trilhões de dólares em sua luta para resolver o problema.[177] Mesmo assim, até 2020, o OxyContin rendeu à Purdue lucros que somam aproximadamente 30 bilhões de dólares e fez dos Sackler uma das famílias mais ricas do país. Apesar dos devastadores danos causados à vida da população por sua droga, os Sackler conseguiram manter grande parte de sua fortuna graças a manobras financeiras e legais. Para se protegerem do dia do acerto de contas, eles desviaram a maior parte do dinheiro da Purdue para contas *offshore*, fora do alcance das autoridades dos Estados Unidos. Quando a empresa finalmente entrou com pedido de falência, havia apenas a carcaça do negócio. Ela fechou um acordo para liquidação em 2022, o qual muitos estados, além do Departamento de Justiça dos Estados Unidos, criticaram por deixar a empresa e a família Sackler escaparem muito facilmente.[178]

Esse é o exemplo de uma história que conhecemos muito bem. A maioria de nós sabe como os poderosos escapam com muita facilidade. Com recursos financeiros e muitos contatos, eles têm condições de contratar advogados caros, especialistas em relações públicas e consultores de gestão de crises que podem identificar lacunas legais, realizar campanhas de comunicação social egoístas e enfraquecer ou subornar aqueles que possam atrapalhar. Assim, não surpreende o olhar desconfiado de muitos de nós para os poderosos e nossa ansiedade pela responsabilização daqueles que cometem crimes.

Mas precisamos considerar o outro lado dessa moeda. Apesar de todos os danos causados pela família Sackler, precisamos reconhecer que pessoas íntegras também podem acabar em posições de poder. E, eventualmente, mesmo aqueles que admiramos muito podem fazer a coisa errada.

Como conciliar o fato de Franklin D. Roosevelt, por exemplo, ter liderado os Estados Unidos em duas das maiores crises do século XX (a Grande Depressão e a Segunda Guerra Mundial), mas, durante a Segunda Guerra, também ter mandado para campos de concentração cerca de 120 mil nipo-americanos inocentes (mais de dois terços eram cidadãos nativos dos Estados Unidos), mantendo-os presos durante anos, sem o devido processo legal? Como deveríamos ver Maria Theresa, a única mulher a governar a Áustria e os domínios mais amplos dos Habsburgo, que herdou o controle de um país sem um tostão e malgovernado, mas deu a volta por cima na economia, revitalizou as forças armadas e instituiu a educação pública obrigatória tanto para rapazes como para moças, mas também procurou expulsar os judeus em diversas ocasiões, tendo escrito: "Não conheço nenhuma praga maior que esta raça [...] os judeus devem ser mantidos afastados e evitados"?[179] E como podemos entender a luta histórica de Martin Luther

King Jr. pelos direitos civis à luz das transcrições das fitas de áudio do FBI, sob sigilo até 2027, que revelam os casos extraconjugais de King com mais de quarenta mulheres?[180]

Pessoas sensatas podem discordar da maneira como dar sentido a esses legados, e as especificidades de cada caso os tornam bastante diferentes. Enquanto lutamos para pesar tudo o que há de bom versus o que é ruim, vil e indesculpável nesses grandes líderes ao mirá-los pelo espelho retrovisor da história, no entanto, também precisamos considerar como o poder pode afetar o modo como fazemos esses julgamentos.

As vantagens do poder podem ser óbvias. Os cientistas sociais normalmente definem poder como a capacidade de exercer a própria vontade apesar da resistência.[181] Trata-se de ser capaz de alcançar o que se deseja, mesmo que outras forças tentem impedir. Além disso, considerando que a maioria das pessoas tende a querer coisas que lhe sejam benéficas, não deveria ser surpresa que os poderosos geralmente acabem em melhor situação. Minha pesquisa com a psicóloga organizacional Alison Fragale revelou que os negociadores que têm maior poder em relação aos seus pares são capazes de obter uma parcela significativamente maior de benefícios em seus acordos.[182]

Esse tipo de vantagem pode ajudar a explicar por que a família Sackler conseguiu chegar a termos tão favoráveis no caso dos opiáceos. Eles já haviam desviado a maior parte do dinheiro da Purdue para contas *offshore*, inviabilizando o acesso das autoridades dos Estados Unidos aos fundos de que o Estado precisava desesperadamente para fazer a gestão da crise em andamento, o que naturalmente criou uma pressão significativa para que fosse tomada a repulsiva decisão de aceitar o acordo financeiro proposto, em vez de se opor à proposta, por não haver perspectiva factível de conseguir valores maiores na negociação.

Além disso, assim como podemos ser motivados a preservar as nossas relações interpessoais mais íntimas, podemos ser igualmente motivados a preservar as nossas relações com aqueles que detêm o poder. É claro que nem sempre é esse o caso, já que as pessoas possuem poder por razões diversas, incluindo a sua capacidade de infligir punições, o que não as torna necessariamente parceiros atraentes de relacionamento. Caso esse poder se baseie na capacidade de viabilizar coisas que não podemos obter, no entanto, é natural que desejemos manter o relacionamento com essa parte e os benefícios que essa relação pode proporcionar, ainda que signifique racionalizar, desconsiderar ou mesmo negar delitos que tenham sido cometidos. Isso se aplica independentemente de a parte poderosa ser um indivíduo, um grupo, uma instituição ou uma empresa.

Perceba o Facebook, por exemplo. Apesar das inúmeras transgressões e da perda de confiança que suas atitudes provocaram, essa plataforma de mídia social permaneceu viável. Mesmo antes da última onda de escândalos mencionada nos capítulos anteriores deste livro, uma pesquisa realizada em outubro e novembro de 2019 pelo Pew Research Center descobriu que 59% dos adultos disseram desconfiar da plataforma como fonte de notícias políticas e eleitorais, enquanto apenas 15% declararam confiança.[183] Outros dados do Pew, no entanto, revelam que não houve nenhuma mudança estatisticamente significativa no percentual de adultos que usaram a plataforma (69%) de 2016 até o início de 2021.[184] Isso pode fazer sentido, entretanto, quando consideramos o fato de o Facebook ter dominado o panorama das redes sociais com uma proporção muito maior de frequentadores de redes sociais que qualquer outra plataforma que não o YouTube, justificando a permanência nessa plataforma pelos benefícios trazidos pela escala nas interações.

Podemos ver essa motivação para manter relações com os poderosos da mesma forma que alguns responderam às infidelidades de Martin Luther King Jr.[185] Michael Honey, que ensina história dos direitos civis no campus de Tacoma da Universidade de Washington, diz que era de conhecimento geral que King mantinha muitos casos. Quando os alunos de Honey se mostram decepcionados com o comportamento do ativista, porém, ele ressalta que King viajava trezentos dias por ano, encontrando sua esposa apenas eventualmente e tendo de lidar com muitas brigas conjugais e estresse. Ele então diz aos alunos: "Bem, pensem nisso por um minuto. O que pessoas normais fazem? Elas fazem sexo".

Não sei se todos concordam com as tentativas de Honey de normalizar o comportamento de King. Não deveria ser tão complicado encarar a infidelidade conjugal como um comportamento errado. No entanto, pode ser mais fácil compreender essa tentativa de amenizar o significado das infidelidades de King como uma forma de negação, com base na motivação de evitar que seu legado e as suas contribuições para os direitos civis sejam diminuídos.

—

De forma mais ampla, essas observações ilustram como o poder proporciona pelo menos duas vantagens distintas para aqueles que cometeram uma transgressão: ele permite que os indivíduos poderosos não só alcancem o que pretendem, em virtude de sua maior influência sobre as maneiras de resolver as disputas, mas também motiva aqueles que dependem dos poderosos a manter essas relações, mesmo depois de cometer uma transgressão (ainda que isso signifique minimizar a importância do erro ou negá-lo). Mas os efeitos do poder não são apenas unilaterais. Seus benefícios devem ser equilibrados com a desvantagem de dificultar a restauração da confiança.

O poder pode tornar mais difícil lidar com as quebras de confiança porque, normalmente, assumimos que os poderosos têm mais controle sobre o que acontece do que eles têm de fato. Também tendemos a assumir tal controle em relação a outras pessoas, como consideraremos mais detalhadamente no capítulo 9. Como descobriram os pesquisadores corporativos James Meindl, Sanford Ehrlich e Janet Dukerich ao analisar uma combinação de estudos históricos e experimentais, no entanto, essa tendência é acentuada quando se trata de líderes.[186] Suas pesquisas sugerem que a sociedade criou e alimentou uma visão romantizada da liderança como algo grandioso, digno de glorificação. Assim, tendemos a ter uma fé irrealista naquilo que os líderes podem fazer, no que podem realizar e em como podem afetar as nossas vidas, o que nos leva a olhar para eles como a razão do sucesso ou do fracasso das coisas, independentemente da causa real do resultado, sem nem sequer considerar o impacto que eles realmente causaram.

Essa visão dos líderes como capazes de controlar tudo o que acontece também pode nos levar a atribuir mais intenção às suas ações, como pode ser observado em estudos realizados pelos psicólogos corporativos Jennifer

Overbeck, Larissa Tiedens e Sebastien Brion, que pediram aos participantes que lessem e explicassem ações de pessoas com mais ou menos poder. Por exemplo, quando apresentados a um cenário em que um funcionário foi trabalhar em um sábado, os entrevistados atribuíram a ação à motivação pessoal quando informados de que o funcionário era gerente, mas a influências externas quando o funcionário era assistente.[187] Eles também descobriram que esse efeito resultou, pelo menos em parte, de uma percepção tendenciosa em que os observadores subestimaram sistematicamente as imposições conjunturais sobre os poderosos e as superestimaram sobre os subordinados.

Essas descobertas sugerem que, embora o poder possa proporcionar vantagens importantes, também pode se tornar um sério risco quando a confiança é traída. Tendemos a considerá-los mais responsáveis pelas traições que aqueles com menos poder e a assumir que as suas transgressões foram mais intencionais. Além disso, como consideramos anteriormente, a tendência de atribuir maior intenção às transgressões dos poderosos indica que, se eles forem culpados, seus esforços para reconquistar a confiança com um pedido de desculpas ou até mesmo com respostas mais concretas têm muito menos probabilidade de funcionar.

Um exemplo disso ocorreu bem perto de mim, em 20 de agosto de 2020, e repercutiu nacionalmente. Como relatou o jornalista Conor Friedersdorf no *The Atlantic*,[188] Greg Patton, outro professor da minha universidade, estava ministrando uma aula on-line sobre comunicação que abordava a importância de evitar termos vazios, como "hum" ou "errr..". Então, para ser mais inclusivo com os estudantes internacionais, ele deu outro exemplo de um termo vazio, dizendo: "Na China, podemos citar *nèi-ge — nèi-ge, nèi-ge, nèi-ge*. Há, portanto, termos diferentes que você ouvirá em países diferentes".

Alguns alunos, no entanto, acharam que essa palavra do idioma mandarim soava muito parecida com "nigga", considerada uma *N-word* (palavra começada com N que não se fala por ser considerada um insulto racial). Eles enviaram uma carta de repúdio à direção da universidade e reafirmaram seu descontentamento em uma reunião presencial. Essa reclamação levou Patton a pedir desculpas imediatas pelo que aconteceu, o que não encerrou o assunto. Ao contrário, a reclamação resultou em uma investigação formal e no afastamento de Patton do corpo docente do curso.

Esse acontecimento pode ser compreendido examinando-se mais detalhadamente a carta de repúdio apresentada pelos alunos. Não afirmava apenas que Patton pronunciara incorretamente a palavra chinesa de maneira a agredir os alunos, mas também alegava que, a cada aula, ele "interrompia convenientemente a transmissão do Zoom logo antes de dizer a palavra, reiniciando-a logo em seguida", e que isso deixava claro "que suas ações foram calculadas". Assim, os alunos imediatamente enquadraram o delito como um ato intencional. E já salientamos como as desculpas tendem a ser muito menos eficazes na restauração da confiança após violações de caráter moral.

A alegação de que Patton interrompia as transmissões do Zoom logo antes de dizer a palavra ofensiva foi provada falsa posteriormente, já que gravações em que ele a usava surgiram rapidamente on-line. Essa evidência, no entanto, não afastou a acusação de que o professor causou danos intencionais, o que pode ser, em parte, explicado pelo fato de Patton ter ministrado esse mesmo curso durante anos, como professor de comunicação, e ser (aos olhos dos estudantes) alguém com mais experiência, conhecimento e, em última análise, poder. Todas essas considerações podem tornar mais fácil inferir que ele sabia o que estava fazendo e tinha ciência do dano que a palavra chinesa causaria.

Outros professores (bem como grande parte do público em geral e até mesmo aqueles que conduziram a investigação oficial desse incidente na universidade) interpretaram a situação de forma bastante diferente. Com a necessidade de migrar os cursos para o ambiente on-line desde 2020, em razão do início da crise da COVID-19, uma das lições muito bem aprendidas pelos professores foi como pode ser muito mais desafiador avaliar a linguagem corporal e o humor em uma aula ministrada virtualmente. Além disso, mesmo os melhores instrutores tendem a tratar seus cursos como trabalhos contínuos que envolvem ajustes, experimentação e melhorias regulares. É assim que elevamos o nível dos nossos cursos. Por isso, há momentos em que não sabemos se uma aula vai funcionar e em que fazemos anotações mentais de coisas para corrigir depois, e esse processo pode ser ainda mais difícil à medida que nos propomos a ensinar públicos maiores e mais diversificados, com diferentes gostos, sensibilidades e capacidade de atenção.

Diante de tais desafios, pode ser difícil, mesmo para os professores mais experientes e bem-sucedidos, prever todas as formas como as nossas palavras poderão ser recebidas. Nós também somos humanos e se, de alguma forma, ofendermos um aluno, tudo o que podemos fazer é tentar corrigir a transgressão por meio de nossas palavras e ações subsequentes. Assim, quando li a carta de Patton à Associação dos Estudantes de Pós-Graduação da escola de negócios, que afirmava que, quando soube que alguns alunos ficaram chateados, "meu coração murchou, e tenho me sentido péssimo desde então", acreditei que ele sentia um remorso sincero.

Vários estudos que conduzi com uma equipe internacional de pesquisadores dos Estados Unidos, dos Países Baixos e de Israel, no entanto, sugerem que os estudantes que se sentiram ofendidos teriam menos propensão a concordar com essa opinião. Minha própria avaliação do remorso de Patton levou em conta que se tratava de um colega, alguém por quem eu tinha empatia com base em minhas próprias experiências, com as muitas emoções, desafios e armadilhas que podem surgir em uma sala de aula. Mas, quando os alunos de Patton avaliaram sua demonstração de remorso, o poder do professor em relação a eles pode tê-los levado a uma interpretação bastante diferente.

Examinei essa possibilidade com meus colaboradores, pedindo aos participantes do estudo que observassem indivíduos de alto e de baixo nível de poder que foram acusados de uma transgressão, expressando uma de várias emoções (tristeza, raiva, medo, felicidade ou um comportamento totalmente neutro), e depois avaliassem essa expressão, indicando seu grau de confiança naquela pessoa.[189] Algumas das experiências incluíam fotos desses indivíduos expressando a emoção correspondente; outras, gravações de vídeo que havíamos feito ou editado. As transgressões também variavam de hipotéticas transgressões financeiras e legais a casos da vida real. Um desses casos da vida real, por exemplo, foi o testemunho do

CEO da Toyota América perante o Congresso, em 2010, sobre as mortes e os ferimentos causados pela aceleração repentina dos seus carros. O outro caso envolvia o CEO da Lululemon expressando tristeza em 2013, após um escândalo em que tentou transferir a culpa pelas queixas sobre as calças de ioga da marca serem muito transparentes, com o argumento de que os corpos de algumas mulheres não eram adequados para usar roupas esportivas. Em cada caso, apresentamos aos participantes exatamente a mesma foto ou vídeo, apenas indicando que se tratava de um CEO ou de um subordinado.

Então, embora a demonstração de cada emoção fosse idêntica, os resultados revelaram que os participantes percebiam a demonstração como muito menos autêntica quando a pessoa detinha maior poder. Isso porque as pessoas tendem a acreditar que aqueles que alcançam posições de poder têm maior controle sobre as suas emoções, o que os torna mais propensos a expressar essas emoções estrategicamente. Esse contexto leva as pessoas a desconsiderar a autenticidade das emoções que os poderosos podem expressar em resposta a uma transgressão, e, com isso, elas acabam menos dispostas a confiar neles.

Descobriu-se que marcadores de sucesso prejudicam tanto a percepção de autenticidade quanto a forma como as pessoas respondem às transgressões em outros campos. Por exemplo, no contexto da comédia stand-up, um dos perigos que os comediantes enfrentam corriqueiramente é o de ter suas piadas roubadas. O sociólogo Patrick Reilly, que conduziu uma pesquisa qualitativa como observador-participante na comunidade de comediantes stand-up de Los Angeles, descobriu, no entanto, que o fato de alguém ser acusado de roubo de piada tem pouca relação com a similaridade da anedota. A questão tem mais a ver com o suposto ladrão ser visto ou não como autêntico pelos outros comediantes.[190] Notadamente, os mais suscetíveis a serem tachados de ladrões são os comediantes que obtiveram sucesso comercial, mas gozam de pouca popularidade entre os próprios comediantes. Poucos os respeitam como pares, portanto poucos estão dispostos a conceder-lhes espaço. Assim, tal como acontece com a minha própria pesquisa, as conclusões desse estudo destacam como o sucesso pode se tornar uma faca de dois gumes. Ele pode trazer poder e outros benefícios, mas, como aconteceu com Patton em sua tentativa de pedir desculpas por usar uma palavra ofensiva, o sucesso também pode fazer com que as transgressões pareçam mais intencionais e sejam mais difíceis de reparar, em parte porque o eventual remorso demonstrado parecerá menos autêntico.

As únicas exceções que encontrei na minha pesquisa para a tendência de menosprezar a autenticidade emocional dos poderosos surgem quando a emoção é expressa em ambientes que não são estrategicamente benéficos ou quando os poderosos têm histórico de má gestão das suas emoções. Em um desses estudos, por exemplo, mostramos aos participantes uma fotografia de alguém demonstrando tristeza, apresentando-o novamente como um CEO (alto nível de poder) ou um funcionário subordinado (baixo nível de poder). Acrescentamos, no entanto, que a pessoa estava ou em uma reunião da empresa (em público) ou em seu escritório, sentada sozinha (em particular). O estudo revelou que o tipo de contextualização aos participantes fez uma diferença profunda na forma como a demonstração foi vista. Quando a demonstração foi feita em público, podendo haver uma motivação estratégica, as pessoas consideraram as emoções muito menos autênticas ao se tratar do indivíduo mais poderoso. Esse efeito de poder desapareceu, contudo, quando a demonstração ocorreu em particular, não havendo justificativas para agir estrategicamente.

Da mesma forma, em outro estudo, alteramos essas informações básicas para manipular a percepção do controle emocional daquele que se expressava, descrevendo-o como tendo "reputação de administrar habilmente suas expressões não verbais" (alto controle emocional) ou tendo "reputação de agir com o coração" (baixo controle emocional). Os resultados revelaram que, quando a pessoa era descrita como possuidora de alto controle emocional, exatamente a mesma demonstração era considerada menos autêntica quando o nível de poder era alto. Quando ela foi descrita como de baixo controle emocional, no entanto, o nível de poder não teve efeito sobre o quão autêntica a emoção era percebida.

O resultado é que, em razão de tendermos a considerar os poderosos menos emocionalmente autênticos porque cremos que a) eles são mais emocionalmente habilidosos e, portanto, b) mais propensos a expressar emoções estrategicamente, quebrar qualquer um dos elos dessa cadeia pode contornar o problema. E talvez não haja melhor ilustração desse fenômeno que a forma como Donald J. Trump é visto por seus partidários. Como alguém cuja índole foi descrita como incompatível com o cargo de presidente[191] e que se envolveu repetidas vezes em atos estrategicamente incongruentes, como admitir que a Rússia o ajudara a conquistar a presidência, mas negando isso vinte minutos depois,[192] é difícil imaginar que as explosões de Trump sejam qualquer coisa além de uma janela para sua psique. Aos olhos dos seus apoiadores, Trump pode até dar um tiro no próprio pé de vez em quando, mas ninguém duvida da sua autenticidade, o que, por sua vez, pode torná-lo muito mais confiável que políticos mais moderados (e, portanto, menos autênticos).

É importante notar, no entanto, que outros estudos revelaram que, em geral, os poderosos não só são mais qualificados emocionalmente,[193] mas também tendem a ser mais autênticos.[194] E essa maior autenticidade parece surgir precisamente porque quem tem poder tem mais liberdade para fazer o que quer. A questão é que a maioria de nós tem ciência de que os poderosos exercem mais controle sobre suas capacidades emocionais, por isso, tendemos a menosprezar demonstrações mais dramáticas. Assim como acontece com tantos outros aspectos da confiança, pode ser o equilíbrio entre a percepção e a realidade o que faz a diferença para definir se as crenças sobre a autenticidade emocional são justificadas ou não.

—

De maneira mais ampla, as conclusões destacam o campo minado de forças altamente conflituosas que podem afetar a forma como vemos os poderosos. Algumas dessas forças podem criar vantagens importantes, como a motivação para manter relacionamentos com esses indivíduos (em virtude dos benefícios que esses relacionamentos podem proporcionar), enquanto outras podem criar sérias responsabilidades, como a crença de que eles têm mais controle sobre os acontecimentos do que têm de fato. Assim, as avaliações sobre detalhes preocupantes no passado dos líderes, naturalmente, ensejarão opiniões muito diferentes. E, por isso, cabe a cada um de nós fazer nossos próprios julgamentos sobre como esses sentimentos devem ser contabilizados.

Alguns insights sobre em que essa abordagem pode implicar podem, no entanto, ser encontrados na referência da historiadora Barbara Ransby a um alerta de Ella Baker, que trabalhou ao lado de Martin Luther King Jr. durante muitos anos, sobre os perigos de colocar líderes individuais em pedestais.[195] Ransby escreveu: "Eles são seres humanos como todos nós. Podemos criticar as suas falhas e, ainda assim, valorizar as suas contribuições, desde que desejemos aprender lições, e não achar alguém para adorar".

Esse alerta aponta para o problema da contabilidade ética, que consideramos no capítulo anterior. O que fazemos quando acreditamos que alguém é culpado de um delito intencional é começar a questionar todas as coisas boas que essa pessoa fez. Essas boas ações deixam de ser consideradas pelo seu valor nominal; são contaminadas pela violação moral quando começamos a nos perguntar quais motivos nefastos poderiam explicar essas boas ações. Embora este tipo de questionamento também possa surgir quando avaliamos pessoas em geral (mesmo que não façamos isso conscientemente), é provável que seja mais problemático para os líderes, porque tendemos a acreditar que eles têm o poder de fazer o que querem, sendo suas transgressões, portanto, mais intencionais. Isso pode nos levar a considerar que apenas um mau ato de um líder é suficiente para apagar todo um legado de coisas boas que ele possa ter feito, porque esse legado atribuído a alguém que pratica atos maus estaria contradizendo a nossa visão romantizada e irrealista do líder, e, logo, a concluir que ele não é adequado para nos liderar.

Assim, confrontados com essa perspectiva, aqueles que querem manter a fé nos seus heróis muitas vezes escolhem o caminho alternativo de negar que as transgressões ocorreram. Os aliados podem tentar desconsiderar a importância do erro ou fazer o possível para negar a possibilidade de que ele tenha acontecido. Essas reações são compreensíveis se aceitarmos a noção de que ser culpado de certas transgressões eliminaria todas as coisas boas que aquela pessoa fez. Elas, no entanto, desmentem a máxima que Ransby e outros defendem, pelo menos implicitamente, quando afirmam que podemos criticar as falhas dos líderes e encontrar valor nas suas contribuições, desde que reconheçamos que são seres humanos, em vez de encará-los como mitos.

O que essa afirmação sugere é que não devemos encarar suas transgressões como suficientes para eliminar todas as coisas boas que possam ter feito. Assim, não precisaríamos nos esforçar tanto para negar as transgressões. A negação só se torna necessária se insistirmos em manter uma visão romântica e irrealista dos líderes como heróis que não podem fazer nada de errado. Se aceitarmos, porém, que esses líderes, assim como cada um de nós, podem fazer coisas boas e más, então seremos mais honestos conosco mesmos sobre quais teriam sido as implicações de cada uma dessas ações.

Isso tem se tornado especialmente importante na atualidade, à medida que temos de lidar com as muitas revelações sórdidas de tantas figuras históricas. Uma coisa que aprendemos, por exemplo, é que George Washington possuía e comprava pessoas escravizadas. Como detalha a historiadora Mary V. Thompson em seu livro *The Only Unavoidable Subject of Regret*, há, inclusive, registros de Washington ordenando que um homem escravizado fosse chicoteado por andar no gramado, perseguindo agressivamente escravizados fugitivos e também tomando medidas para evitar a libertação de seus escravizados enquanto visitavam estados livres.[196] Deveríamos ser capazes de reconhecer essa parte do seu legado, ao mesmo tempo que reconhecemos a sua liderança extraordinária durante a Guerra Revolucionária e como o primeiro presidente dos Estados Unidos. Tudo pode ser verdadeiro ao mesmo tempo.

Essa máxima também pode ser aplicada a Franklin D. Roosevelt, a quem sempre admirarei como um farol de esperança para os pobres, não privilegiados e vulneráveis durante alguns dos tempos mais sombrios do século XX. Também me lembrarei, no entanto, de que, ao emitir a Ordem Executiva 9.066, determinando a prisão de nipo-americanos inocentes em campos de concentração, ele ratificou a premissa de que os americanos de ascendência asiática seriam indignos e não merecedores de direitos civis. As suas ações revelaram que ele ainda enxergava essa comunidade como o "outro", não importando há quanto tempo tivesse feito dos Estados Unidos a sua casa.

Quanto a Martin Luther King Jr., fica claro, com base nos relatos da sua vida, como observou um perfil da revista *Time*,[197] que, "desde os primeiros anos, King desenvolveu uma sensibilidade nervosa que beirava a autodestruição", que ele tentou o suicídio por duas vezes antes dos treze anos e traiu a esposa em diversas ocasiões.[198] Nada disso deve diminuir o fato de que ele também atendeu ao chamado da história quando foi necessário, que sua eloquência e sua visão ajudaram a inspirar uma nação e que várias gerações devem a ele suas conquistas.

Reconhecer o que é bom e o que é ruim não exige que nos tornemos indiferentes. Ainda podemos pesar os fatos como acharmos mais adequado e utilizá-los para chegar a um julgamento abrangente, e há muitos casos em que o dano claramente supera os feitos positivos, como no caso da família Sackler. Mas, se não tentarmos explicar primeiro cada lado do livro-razão, se negarmos a premissa básica de que "em todo bem está a possibilidade do mal e em todo mal a possibilidade do bem",[199] então os julgamentos que fazemos serão baseados em caricaturas distorcidas, e não em seres humanos com limitações e falhas reais.

Essa confiança nas caricaturas parece estar no cerne da razão pela qual a nossa confiança nos poderosos pode chegar a tais extremos. Essas tendências também podem ajudar a explicar por que tantos líderes vivenciam ascensão e queda de modo tão dramático. Tendemos a exibir uma fé irrealista nos líderes até que algo que não podemos descartar destrua essa ilusão. Então, quando isso ocorre, a reparação da confiança se torna quase impossível, porque é provável que acreditemos que a transgressão foi intencional e que o seu remorso não foi sincero. Assim, a saída que encontramos é concluir que, afinal, eles não eram aptos a nos liderar e, quando possível, simplesmente os deixar de lado em favor de outra pessoa que se enquadre melhor nos moldes heroicos. É nesse sentido que podemos ser culpados, pelo menos parcialmente, quando a nossa confiança nos líderes se altera de forma drástica. Porque a dificuldade de encontrar alguém que a mereça decorre da nossa ânsia de nutrir visões altamente romantizadas das nossas lideranças.

8
CUIDADO COM A MENTALIDADE DO BANDO

Era uma noite de quinta-feira, 11 de agosto de 2017. Um grupo de manifestantes, formado em sua maioria por jovens brancos, começou a avançar pelo campo atrás do Memorial Gymnasium, na Universidade da Virgínia, em Charlottesville. Levavam tochas de querosene e marchavam a passos acelerados em direção à estátua do fundador da escola, Thomas Jefferson, entoando gritos de guerra como: "Sangue e solo!", "Não seremos substituídos!", "Judeus não tomarão nosso lugar!". Próximo à estátua, outro grupo formado por cerca de trinta alunos da universidade, brancos e não brancos, abraçaram a base da estátua para enfrentar as centenas de pessoas que se aproximavam com tochas. Eles foram cercados pelos manifestantes, que imitavam macacos e gritavam: "Vidas brancas importam!". Em questão de minutos, o caos se espalhou. Houve troca de empurrões e socos; manifestantes de ambos os lados usaram spray de pimenta e outras substâncias lacrimogêneas.

Os confrontos aumentaram na manhã do dia seguinte, com membros que se proclamavam da direita alternativa, neoconfederados, neofascistas, nacionalistas brancos, neonazistas, simpatizantes da Ku Klux Klan e vários outros contingentes de milícias de direita chegando com cartazes nacionalistas. Muitos carregavam escudos de proteção, tacos e armas. Moradores, membros da igreja, líderes dos direitos civis e curiosos se uniram ao grupo contrário à manifestação logo cedo pela manhã, e alguns também tinham tacos e escudos. Quando a manifestação Unite the Right

(Unir a Direita) terminou, menos de 24 horas depois, três pessoas haviam morrido e pelo menos 33 ficaram feridas, sendo que dezenove feridos e uma morte foram causados por um motorista que jogou o carro contra a multidão deliberadamente.[200]

Esse tipo de confronto, tanto entre grupos de manifestantes como entre a polícia e manifestantes, tem se tornado bastante comum, e é desnecessário mencionar a enorme repercussão subsequente. É preciso, porém, examinar quais são as causas mais profundas dos conflitos intergrupais que alimentaram essa manifestação para descobrir quais são os desafios impostos à questão da confiança e da sua recuperação.

Nosso entendimento sobre os conflitos intergrupais se baseia em décadas de pesquisa na área das ciências sociais que oferecem insights importantes sobre como eventos como o de Charlottesville acontecem. Sabemos que diferenças arbitrárias, como a cor dos olhos ou a preferência por arte abstrata, podem se transformar facilmente em um motivo para as pessoas se classificarem em grupos diferentes e fazerem uma diferenciação entre "nós" e "eles". Também sabemos que, por meio dessas diferenciações, as pessoas favorecem os membros de seu próprio grupo à custa dos outros.[201] Isso afeta não apenas a forma como recursos e benefícios são distribuídos, mas também a nossa percepção de mundo, o que faz com que a mesma situação seja vista de formas diferentes e cada lado culpe o outro pelos confrontos.[202]

Essas tendências facilitam a construção da confiança dentro dos grupos, e o mesmo acontece no caso de haver uma quebra de confiança que demanda esforços para a sua recuperação. Há alguns anos, quando apresentava os resultados das minhas pesquisas em uma palestra para uma escola de negócios, a reitora relatou a sua própria experiência com um grupo de CEOs e executivos de alto nível de todo o país. Ela falou que o sentimento predominante entre eles era de que a melhor forma de tratar uma crise era se desculpar e assumir total responsabilidade pelo acontecido. Sabemos que essa abordagem do tipo "tamanho único", que serve para todos, pode ser desastrosa quando lidamos com questões que envolvem quebras de confiança, e usei os resultados da minha pesquisa para convencer tanto a reitora quanto a plateia a repensar suas convicções. Existe, no entanto, uma razão pela qual os executivos podem resistir a essa ideia, algo intrínseco à natureza dos grupos.

A questão é que as discussões entre executivos de alto nível sobre a melhor forma de tratar uma falha grave acontecem entre pessoas muito parecidas entre si, que formam um grupo de indivíduos que compartilham as mesmas opiniões. São líderes de grandes empresas e têm um interesse comum em aperfeiçoar suas habilidades por meio da educação continuada. Por isso, a tendência natural é enxergar os companheiros de maneira favorável, inferindo que, se algum deles cometeu um erro, foi por engano. E, como sabemos, os pedidos de desculpa podem realmente ser eficazes nos casos de falhas que envolvem questões de competência.

O problema, no entanto, é que a maioria das pessoas que avaliam tais falhas não faz parte desse seleto grupo. São funcionários, clientes, a mídia, o público em geral, ou seja, pessoas que provavelmente acham que esses executivos são muito diferentes delas, por isso, estarão muito mais propensas a achar que a falha ou a transgressão foi deliberada (muito mais do que os executivos imaginam). Como mostram as evidências, a tendência é sermos menos benevolentes com aqueles que são diferentes de nós. Por isso, o ato de pedir desculpas e aceitar total responsabilidade pelo erro pode não ser útil e até mesmo piorar as coisas, pois os outros veem essas atitudes simplesmente como uma confirmação de falta de integridade da parte desses executivos.

Essas tendências compõem os efeitos do poder descrito no capítulo anterior e sugerem que é mais provável que as pessoas acreditem que a falha foi intencional se a pessoa que a cometeu tem mais poder e representa um grupo diferente. Se quem cometeu a transgressão ou a falha atende a essas duas condições, esses executivos provavelmente têm poucas chances de alterar essa percepção.

A tendência a favorecer os membros do grupo, chamada pelos psicólogos de *viés intergrupal*, cria uma complicação adicional. Esse viés pode ser ampliado quando percebemos o outro grupo como uma ameaça. Essa dinâmica pode assumir algumas formas relativamente benignas. Por exemplo, todos os anos, na universidade, o campus assiste a um tipo de guerra simbólica, quando nosso time enfrenta o time de futebol americano da universidade vizinha, a Universidade da Cidade de Los Angeles. Esse evento é um entretenimento que esquenta os ânimos em ambos os campi e nos faz sentir bem, torcendo por um time e compartilhando a camaradagem criada por uma rivalidade relativamente inofensiva.

A história, porém, ensina que diferenças a princípio pouco importantes podem facilmente ganhar outro significado e levar as pessoas a cometer atrocidades terríveis. Tenhamos como exemplo o que aconteceu em agosto de 1947, quando o domínio britânico sobre a Índia finalmente terminou. Mahatma Gandhi acreditava que o domínio britânico era um dos maiores males que afligia seu país e liderou por décadas um movimento não violento de oposição. Mas, conforme a data da independência se aproximava e o inimigo comum deixava de ser uma ameaça, hindus e muçulmanos rapidamente se voltaram uns contra os outros. Houve uma onda de saques, estupros e assassinatos que levou milhões de pessoas a sair de suas casas e cruzar fronteiras, dando a origem à Índia, de maioria hindu, e ao Paquistão, de maioria muçulmana.

Conforme escreve Nisid Hajari em seu livro *Midnight's Furies*:

> Gangues de assassinos atearam fogo nas vilas, matando homens, crianças e velhos, sequestraram e estupraram as mulheres [...] cortaram os seios de mulheres grávidas, esfaquearam bebês ainda no ventre das mães, crianças foram encontradas em espetos, assadas, literalmente.[203]

Ele conta que alguns soldados e jornalistas britânicos que viram os campos de concentração nazistas alegaram que as brutalidades que testemunharam na Índia naqueles dias foram piores. Essa conclusão é corroborada por William Dalrymple, em seu artigo para o *The New Yorker* sobre esse período na história da Partição da Índia.[204] Ele observa que:

> A comparação com os campos de concentração nazistas não é tão exagerada quanto pode parecer. A Partição é tão importante para a identidade moderna no subcontinente indiano como o holocausto para os judeus e está marcada dolorosamente na consciência daquela região por memórias de violência inimaginável.

Dalrymple também mostra como a hostilidade entre hindus e muçulmanos explodiu nas duas décadas anteriores à Partição. Antes disso, a prática das duas religiões na Índia "esteve perto de se fundir em uma só". Ele observa que, no século XIX, a "Índia era um lugar onde as tradições, línguas e culturas atravessavam os grupos religiosos e as pessoas não eram definidas por sua fé religiosa".

Os britânicos, porém, desgastaram essa integração em seu esforço de manter o controle sobre a Índia, promovendo medidas que aprofundaram as divisões religiosas (e de castas). Começaram definindo as comunidades com base em sua identidade religiosa e estabelecendo governos locais com eleitorados separados, em que cada grupo religioso votava em seus próprios políticos.[205] Os historiadores não veem essas medidas necessariamente como tentativas deliberadas de atiçar as disputas internas entre esses grupos religiosos para evitar que se unissem contra os interesses britânicos,[206] mas elas eram consistentes com a política do império britânico de "dividir e conquistar", a qual envolvia a quebra de grandes concentrações de poder em pedaços menores e mais fáceis de serem controlados.[207] Assim, isso acabou fazendo com que uma diferença religiosa relativamente pequena assumisse grandes proporções à medida que os grupos religiosos começaram a competir por poder político.

Não é nenhuma surpresa, portanto, que, à medida que os britânicos perdiam o controle da Índia e a sua opressão deixava de desempenhar o papel de inimigo comum contra quem hindus e muçulmanos se uniam, esses grupos religiosos passassem a se voltar um contra o outro, como a nova ameaça iminente. Não há maneira melhor de unir um grupo do que retratar os outros como monstros. Seja por vê-los como alguém que tenta destruir aquilo que valorizamos (crenças religiosas, direitos, ideais) seja como alguém que compete conosco para nos tirar aquilo que temos (propriedades, privilégios, poder político), as pessoas que enfrentam as mesmas dificuldades têm razões para lutar contra essas ameaças e encontrar camaradagem, orgulho e propósito em uma causa comum. Isso, no entanto, tem um preço, que é explicitar o não pertencimento do outro, a redução dos possíveis pontos em comum e, geralmente, a difamação do outro para nos convencer de que somos mais merecedores.

Essas influências intergrupais nos levam a considerar outro aspecto. Os mesmos mecanismos implícitos que podem facilitar a recuperação da confiança dentro de um grupo podem aumentar a desconfiança *entre* grupos. Isso acontece não só porque interpretamos as falhas dos membros do grupo de forma mais benevolente que as falhas dos outros, mas também porque esperamos que os membros do grupo se comportem de maneira mais benevolente conosco. À medida que as pessoas se identificam mais com determinado grupo e têm um senso maior de interdependência, o grupo desenvolve normas de cuidado entre seus membros e faz o que serve aos seus próprios interesses. Isso, por sua vez, pode criar um terreno fértil para a corrupção.

Investiguei como isso ocorre junto com os psicólogos organizacionais Priyanka Joshi e Nathaniel Fast. Em um dos estudos que realizamos, analisamos os dados do arquivo da National Collegiate Athletic Association e descobrimos que as universidades com culturas mais fortes de interdependência tinham *menos* controle sobre seus programas de atletismo e se envolviam com mais frequência em casos graves de transgressão das regras da associação. Também descobrimos que tais efeitos podiam ser explicados pelo sentimento de interdependência entre os membros do grupo, o que fazia que se protegessem por acreditarem que isso era benéfico para o grupo. O problema com esse raciocínio é que os outros provavelmente não vão considerar esse tipo de proteção algo positivo. Ao contrário, é mais provável que a considerem injustificável e um reflexo da corrupção dos membros do grupo.[208]

Uma forma particularmente preocupante de ver como as influências do grupo são importantes é analisar as diferentes reações do público e do sindicato dos policiais às mortes chocantes de Breonna Taylor e George Floyd, em 2020. Os dois casos envolveram mortes de afro-americanos nas mãos de policiais. O público reagiu a esses incidentes com indignação, exigindo que os responsáveis fossem condenados, pedindo mudanças e até mesmo a redução dos investimentos na polícia. Esses são apenas dois exemplos de violência policial contra a comunidade afro-americana e muitos achavam que, se nada fosse feito em resposta a esses dois atos revoltantes, havia algo fundamentalmente errado no sistema policial.

Os sindicatos policiais, por sua vez, viram esses incidentes de forma bem diferente. Ryan Nichols, presidente da Fraternal Order of Police, representante do Departamento de Polícia Metropolitana de Louisville, conversou com Gayle King do programa *This Morning* da CBS sobre a morte de Breonna Taylor e disse que "os policiais tiveram motivos para atirar". Quando King perguntou como era possível justificar o fato de a polícia ter disparado 32 tiros no apartamento, Nichols respondeu que, nesse tipo de situação de estresse elevado, "a polícia não sabe quantos tiros os outros policiais estão disparando nem quantos policiais estão atirando. E é possível que o policial não saiba exatamente quantos tiros disparou". Além disso, quando questionado sobre o fato de o relatório ter registrado que a entrada no apartamento não havia sido forçada, o que era mentira, e que isso poderia indicar uma tentativa de acobertar o que realmente aconteceu, Nicholas respondeu: "Posso afirmar que não houve nenhum erro no que fizeram? Claro que não. Mas não acredito que foi uma tentativa de encobrir alguma coisa".[209]

Tanto o público como os sindicatos dos policiais consideraram que a morte de Breonna Taylor foi uma tragédia, mas as interpretações sobre o acontecimento foram completamente diferentes. Enquanto a maior parte do público viu a morte como um caso de flagrante e injustificado abuso de poder que os policiais tentaram deliberadamente esconder, os representantes do sindicato dos policiais atribuíram o fato às falhas e às limitações naturais dos policiais em situações de estresse elevado — uma questão de competência, não de integridade. O representante do sindicato ainda enfatizou que "não houve nada ilegal", que seus colegas policiais "não querem que os cidadãos vivam com medo de qualquer tipo de violência" e que, quanto às mudanças, o sindicato tem interesse em reformas justas e equilibradas que melhorem o policiamento. Na sua opinião, os policiais são basicamente pessoas boas, que fazem o melhor que podem em circunstâncias muito difíceis. Por isso, segundo ele, a moral do departamento estava muito baixa e a indignação do público era "muito frustrante".

Meu objetivo não é julgar o mérito dessas opiniões, mas enfatizar como a tendência de interpretar esses crimes como atos intencionais cometidos por pessoas más (em vez de erros honestos cometidos por pessoas bem-intencionadas) pode ser o resultado natural da maneira como vemos os membros do nosso grupo em comparação com os de fora. Além disso, há outra forma de termos uma percepção distorcida desse tipo de incidente, revelada quando comparamos as reações diante da morte de Breonna Taylor e do vídeo do assassinato de George Floyd.

Diferentemente da reação do sindicato diante do papel dos policiais no episódio da morte de Breonna Taylor, a Federação dos Policiais de Minneapolis optou por não defender as ações do policial Derek Chauvin quando o vídeo da morte de George Floyd veio a público. O vídeo mostrava claramente o policial com o joelho no pescoço de Floyd por aproximadamente nove minutos, mesmo depois de ele ter gritado pela mãe e desmaiado e de os populares no local terem pedido para ele parar,[210] tornando muito difícil alegar que a morte não foi deliberada. Por isso, a federação acabou decidindo que Chauvin não deveria ser reincorporado à força policial, mesmo que fosse inocentado das acusações de homicídio doloso.[211]

A federação, porém, fez algo diferente. Os líderes do sindicato mais próximos ao presidente da federação, duas mulheres e um policial negro, declararam que o vídeo era horrível, mas não representava toda a polícia. Mais que isso, eles achavam que não se tratava de uma questão racial. Na verdade, Anna Hedberg, sargento e diretora da federação, disse: "No que diz respeito à raça, você tem um policial branco, um policial negro, um policial asiático e outro policial branco". Por isso, ela não achava que o fator racial tivesse influenciado nos acontecimentos, apesar de a morte de Floyd ser um exemplo claro da brutalidade da polícia contra homens negros.

Aos olhos da federação, Chauvin era um fruto podre nos quadros da polícia, e não um reflexo da polícia como um todo (os outros três policiais envolvidos no incidente tiveram o apoio do sindicato). Eles achavam que as exigências do público por reformas, como a redução de investimentos e a extinção da polícia, não se justificavam. Além disso, ficaram indignados quando manifestantes colocaram fogo no quartel da polícia, forçando

54 policiais não envolvidos na morte de Floyd a retirar seus pertences antes que o prédio caísse, e quando esses policiais foram posteriormente "perseguidos na rua por causa de políticos fracassados que permitiram a presença dos manifestantes lá".[212]

O que é digno de nota nas queixas do sindicato é que ele não tentou influenciar a opinião pública em relação às atitudes de Chauvin. Em vez disso, tentou usar uma estratégia de diferenciação. A federação não defendeu o assassinato de Floyd, mas deixou claro que a polícia não era um grupo homogêneo. De acordo com seu ponto de vista, a polícia era formada por oficiais com históricos raciais distintos, e a maioria não teve nenhum envolvimento com o assassinato de Floyd. Considerava injusto, portanto, que toda a polícia fosse punida pelas ações de um dos seus membros, diferentemente do público em geral, que via esse incidente como um reflexo da polícia como um todo.

Essa diferença mostra outro fenômeno dos grupos. As pesquisas demonstraram claramente que as pessoas tendem a reconhecer e valorizar as diferenças dentro do próprio grupo, mas em geral enxergam os demais como homogêneos. Em um estudo conduzido pelos psicólogos Bernadette Park e Myron Rothbart, por exemplo, foi solicitado a noventa membros de três irmandades de um campus universitário que avaliassem o grau de similaridade dos membros dentro do próprio grupo e em outros dois diferentes. Esse estudo revelou que os participantes achavam que os membros do seu próprio grupo eram mais diferentes entre si que os outros.[213] Da mesma forma, é possível observar que, enquanto a federação lamentou os esforços do público de vilanizar a polícia inteira com base nas atitudes de uma única pessoa, ela também se queixou das ações dos "políticos" como um grupo não diferenciado que não fez esforços para defender os policiais. Esse exemplo mostra que tratar os outros como um grupo homogêneo e diferenciar as pessoas de seu próprio grupo é algo tão insidioso e comum que tomamos essas duas atitudes ao mesmo tempo, sem perceber.

A tendência de ver outros grupos como mais homogêneos que o nosso impacta nas medidas corretivas consideradas apropriadas quando ocorre uma quebra de confiança. As pessoas acharão injustas quaisquer medidas que prejudiquem o grupo como um todo e que é mais razoável implementar medidas mais direcionadas (pois meus companheiros de grupo, por exemplo, podem não estar envolvidos no evento que causou a quebra de confiança e podem ter muito em comum tanto com as vítimas quanto com os agressores). Caso o delito tenha sido cometido por outro grupo, no entanto, é provável que as pessoas prefiram medidas mais amplas, por acreditarem que se trata de um reflexo do grupo como um todo, e é menos provável que acreditem verdadeiramente que algum membro seja inocente. Assim, mesmo que ambos os lados concordem que a falha ocorreu, discordam sobre o que deve ser feito, o que pode se tornar fonte de um novo conflito.

A minha própria instituição, a Universidade do Sul da Califórnia (USC, na sigla em inglês) enfrentou dificuldades com vários escândalos de grande repercussão. Conforme relatado pelo jornalista Jason McGahan na *Los Angeles Magazine*,[214] a USC teve o "mérito" de se destacar negativamente por estar mais envolvida do que outras instituições no escândalo Varsity Blues discutido anteriormente, tendo aceitado mais que o dobro de candidatos com históricos falsos do que todas as outras faculdades juntas. Além disso, em julho de 2017, o repórter Paul Pringle e sua equipe de investigadores relataram que o reitor da Deck School of Medicine, Carmen Anthony Puliafito, "andava com um círculo de criminosos e usuários de drogas que declararam que ele consumia metanfetamina e outras drogas junto com eles".[215] Isso levou a um incidente em um quarto de hotel no dia 4 de março de 2016, quando Puliafito chamou a emergência após uma jovem prostituta de 21 anos com quem ele estava ter sofrido uma overdose. Em 2017, uma investigação do FBI trouxe a público um escândalo no basquetebol universitário: o técnico do time masculino, Tony Bland, foi pego com milhares de dólares de propina paga por um agente esportivo.[216] Em seguida, houve o escândalo mais chocante de todos, quando Harriet Ryan e outros repórteres publicaram um artigo no *Los Angeles Times*, em 16 de maio de 2018, que investigava o ginecologista George Tyndall por ter abusado sexualmente de centenas de jovens ao longo de três décadas, apesar de haver queixas contra ele desde os anos 1990 (quando muitas das vítimas não eram nem nascidas).[217]

Embora pareça loucura, essa é apenas uma amostra dos incidentes que levaram o presidente da USC, Max Nikias, a renunciar ao cargo no outono de 2018. Na verdade, McGahan descreveu a extensão e a frequência dos incidentes ao longo daquele período de dois anos como "sem precedentes nos anais da educação superior estadunidense".[218] Quando McGahan entrevistou Michael Useem, professor de administração na Wharton School da Universidade da Pensilvânia, especializado em gerenciamento de riscos e governança corporativa, para seu artigo na revista *Los Angeles Magazine*, Useem declarou: "Não consigo pensar em nada que tenha chegado nem perto disso […] Existem poucos casos em que tantos departamentos diferentes de uma mesma universidade tenham sido afetados praticamente ao mesmo tempo".

Os escândalos, infelizmente, prosseguiram, apesar de a USC ter nomeado uma nova administração, com Carol Folt como presidente e Charles "Chip" Zukoski como vice. Em 13 de outubro de 2021, por exemplo, o ex-reitor da School of Social Work da USC e o político Mark Ridley-Thomas foram acusados de um esquema de corrupção. No caso, Ridley-Thomas prometera direcionar milhões de dólares em contratos para a instituição se seu filho recebesse uma bolsa e assumisse o cargo de professor na universidade.[219] Em 21 de outubro, um relatório do Departamento de Segurança Pública da Universidade revelou a ocorrência de seis casos de alunas que teriam sido drogadas quando participavam de festas da fraternidade Sigma Nu, entre os dias 27 de setembro e 20 de outubro daquele ano, e uma delas também relatou ter sido abusada sexualmente. A USC anunciou a suspensão temporária da fraternidade somente na noite anterior à publicação do registro dessas ocorrências pelo departamento de segurança pública da instituição.

Essa última sequência de incidentes levou o responsável por um grupo chamado Concerned Faculty of USC, formado originalmente para pressionar o ex-presidente da faculdade, Max Nikias, a renunciar e a escrever um artigo publicado pelo jornal *Los Angeles Times* expressando sua opinião.[220] Essa carta criticava a nova administração por manter uma cultura tóxica cuja forma de lidar com esse tipo de caso se baseava em "ocultar e negar os fatos". Tal falta de transparência foi tema de debate, e o novo presidente, Folt, respondeu prontamente a essas alegações em um artigo contendo links de vários sites noticiando suas tentativas de lidar com a questão nos últimos dois anos,[221, 222] não sendo meu objetivo opinar aqui sobre o assunto.

O que eu desejo explorar é a tentativa do artigo de enfatizar a sua alegação de que "essa administração continua a encobrir em vez de assumir" ao apontar, de maneira sarcástica, a confiança da direção nos "especialistas em ética da empresa McKinsey", que era quem prestava consultoria ao novo presidente naqueles dois últimos anos nas questões que envolviam a melhoria da cultura na USC, apesar do papel desempenhado pela empresa "na crise dos opioides, dos centros de detenção de imigrantes e do seu envolvimento com a Enron". A McKinsey havia recomendado a empresas do ramo farmacêutico, como a Purdue Pharma, que colocassem no mercado analgésicos como o OxyContin (mais tarde, fechou um acordo com as autoridades dos Estados Unidos e pagou 574 milhões de dólares em multas pelo seu papel no caso).[223] A empresa também havia trabalhado com a agência estadunidense Immigration and Customs Enforcement (ICE) no corte de custos em seus centros de detenção com medidas que o próprio pessoal da agência julgava muito duras, como a redução dos gastos com alimentação e assistência médica para os imigrantes detidos.[224] A McKinsey também elogiou as práticas contábeis fraudulentas da empresa de energia Enron que levaram à sua derrocada em 2001.[225]

A mensagem era simples. Como se pode enfrentar uma cultura tóxica confiando em consultores tão comprometidos eticamente? Em resumo, como seria possível que a USC recuperasse a sua credibilidade desse jeito? Eram questões para as quais muitos na universidade tinham uma resposta imediata: rompendo todos os vínculos com a McKinsey. Um dos professores justificou esse posicionamento em uma troca de e-mails, afirmando: "Eu acredito que, quando um fruto está podre, ele está podre, não importa qual pedaço. Os valores e a cultura de uma organização se refletem em tudo o que ela faz, e alegar que, em uma organização descentralizada, as más escolhas de um setor não podem ser usadas contra os outros é uma atitude ingênua e perigosa".

Essas declarações me impressionaram por parecerem sinceras e motivadas por um desejo real de transformar a USC em um lugar melhor.

Ao aplicarmos essa lógica à McKinsey, porém, como é possível que ela não seja aplicada também à USC? Nossos escândalos revelaram que não havia apenas um setor podre; os pedaços podres estavam presentes em todo o campus, desde os doutores até o reitor da faculdade de medicina, passando por vários programas de atletismo e por pelo menos uma das escolas de formação profissional. Ainda assim, os professores que manifestaram suas frustrações não sugeriram boicotes à instituição nem que todos os associados a ela, incluindo eles próprios, devessem ser punidos. Eles acreditavam que a culpa deveria ser atribuída de forma mais restrita — aos indivíduos que praticaram os crimes, ao ex-presidente e à nova administração. E isso seria totalmente razoável, não fosse o fato de eles terem uma posição contraditória quando analisavam outras instituições.

O ponto é que não faz sentido acreditar que medidas corretivas focadas nos indivíduos infratores são as mais apropriadas quando se trata da sua própria organização e, ao mesmo tempo, acreditar que medidas mais amplas e abrangentes são as mais adequadas quando se trata das demais instituições. Esse tipo de hipocrisia pode ser mais comum do que imaginamos e ocorre até quando achamos que estamos sendo lógicos e consistentes. Parte do meu trabalho teórico com Scott Wiltermuth e David Newman, respectivamente professor e aluno de doutorado em meu departamento, sugere que isso ocorre porque a hipocrisia nasce das motivações de cada um, mas também do fato de termos geralmente mais informações sobre nós mesmos que sobre os outros.[226]

Podemos ver isso no artigo publicado no *Los Angeles Times*, supramencionado, no qual o líder do grupo Concerned Faculty observou: "Meus alunos, o corpo docente e demais colegas da equipe estão entre as pessoas mais trabalhadoras e éticas que conheço. O lado bom de ter me envolvido nos protestos contra as atitudes da administração da USC nos últimos anos como chefe do grupo Concerned Faculty foi conhecê-los melhor". Pode parecer razoável para o autor do artigo fazer uma diferenciação entre tais funcionários éticos e os funcionários da McKinsey e da administração da USC, cuja podridão começava "no topo", segundo ele. Mas é muito provável que ele não tenha participado das discussões internas da McKinsey nas quais membros éticos daquela organização podem ter manifestado a mesma preocupação. Isso também se aplica às discussões internas da nova administração da USC. É natural, portanto, que o autor do artigo não veja motivos para fazer distinção entre bons e maus nesses dois grupos, culpando tanto a McKinsey como a administração da USC na sua totalidade.

Acreditamos firmemente que essas respostas inconsistentes diante dos escândalos do nosso próprio grupo — em comparação com os demais — podem ser justificadas pelas informações de que dispomos. Para isso, basta desconsiderar ou fazer vista grossa para o fato de que essas informações são provavelmente enviesadas. É isso o que nos permite agir como hipócritas sem perceber e acreditar que estamos sendo justos e consistentes, embora não possamos explicar distorções fundamentais nas informações de que dispomos ao aplicar nossos princípios de maneira "consistente". É por isso que esforços iguais para lidar com as quebras de confiança acabam sendo tratados de formas diferentes, dependendo de que grupo estamos tratando.

Essa reação negativa diante da maneira que julgamos inadequada de responder às falhas e às transgressões pode ser reforçada quando discutimos nossas opiniões em nosso próprio grupo. Outra descoberta bem documentada no campo das ciências sociais é que a opinião das pessoas pode se tornar mais extrema quando conversam com outras que têm as mesmas opiniões,[227] as quais se tornam mais polarizadas à medida que essas pessoas compartilham esses sentimentos entre si, fortalecendo e ampliando suas crenças iniciais.

É por isso que sites de mídia social como Facebook e YouTube podem ser tão perigosos. Eles usam algoritmos que expõem as pessoas continuamente a opiniões iguais às suas e normalmente exacerbam esses sentimentos, permitindo que os usuários endossem as opiniões alheias, mesmo quando são infundadas ou extremas. Basta um punhado de pessoas partilhando as mesmas ideias entre os bilhões de usuários do Facebook ou do YouTube para que esses indivíduos sintam que suas opiniões são legítimas, por mais absurdas que sejam, e que eles não são marginalizados, mas parte de um movimento crescente. Apoiamos, compartilhamos, embelezamos nossos argumentos e achamos que eles se tornam mais convincentes. Ignoramos ou invalidamos perspectivas diferentes, que ninguém nesse círculo de pensamento uniforme está disposto a defender. E nos sentimos pressionados a apoiar versões cada vez mais extremadas desses sentimentos, pois podemos ser considerados desleais se não o fizermos.

Esse é um terreno ideal para a radicalização, independentemente das crenças iniciais. Quando nos envolvemos nesse tipo de bolha interpretativa, de modo intencional ou levados pelos algoritmos das mídias sociais, ela pode se transformar na principal forma de dar sentido ao nosso mundo. Essas bolhas se transformam em sistemas que se autoalimentam e promovem a polarização dos seus membros, ao mesmo tempo que dependem dessa polarização. Conforme observamos no início deste capítulo, não existe maneira melhor de estimular e encontrar solidariedade dentro de um grupo do que retratar os outros como monstros. Vemos isso repetidas vezes nos discursos políticos com o aumento da linguagem de ódio e das teorias da conspiração, como o caso Pizzagate, que absurdamente afirmava que os e-mails publicados pelo Wikileaks em novembro de 2016 continham mensagens em código de membros do alto escalão do Partido Democrático envolvidos com o tráfico de pessoas e uma rede de pedofilia em uma pizzaria de Washington, D.C.[228]

Interessei-me, portanto, em saber como esse fenômeno de polarização de grupos afeta a maneira como as pessoas reagem a esforços diferentes de recuperação de confiança, o que me levou a projetar um experimento com meus colaboradores para investigar *se* essas reações diferem e *como* diferem, em função de os esforços de recuperação de confiança serem julgados individualmente ou em grupo.[229] Essa pesquisa utilizou o paradigma da entrevista de emprego mencionada em capítulos anteriores, em que o candidato é acusado de cometer uma infração relacionada à competência ou à integridade e reage com um pedido de desculpas ou negando a acusação. Em alguns casos, solicitávamos que a primeira avaliação fosse feita individualmente e a segunda, em grupos de três a seis participantes, que deveriam discutir até atingir um consenso; em outros casos, solicitávamos que os participantes fizessem a avaliação inicial em grupo e, depois, individualmente. Os participantes podiam revisar suas opiniões iniciais no momento de avaliar o candidato pela segunda vez.

Esse estudo constatou que, no geral, as pessoas eram mais duras na avaliação do candidato em grupo, pois a tendência é não confiar em quem é acusado de ter cometido alguma falha ou transgressão, sentimento esse que normalmente é fortalecido nas discussões em grupo. Uma análise mais aprofundada dos resultados, no entanto, revelou que isso só ocorria em algumas situações específicas. As avaliações em grupo não foram mais duras que as individuais nos casos em que o candidato lidou com o problema de uma forma que os membros do grupo julgaram adequada. As avaliações dos grupos se tornaram mais duras somente quando o candidato respondia de forma inadequada, mais especificamente quando se desculpava (nos casos que envolviam questões de integridade) ou quando negava sua culpa (nos casos que envolviam questões de competência). Esse efeito surgiu porque, nos grupos, um participante convencia o outro de que o candidato merecia um julgamento mais severo quando a resposta ao binômio quebra de confiança-recuperação era considerada ruim. A sequência das avaliações, portanto, fez diferença. As avaliações iniciais individuais tornaram-se mais severas quando o candidato foi avaliado pelo grupo, mas as avaliações mais duras feitas inicialmente em grupo não foram suavizadas depois, nas avaliações individuais.

O senso de inadequação pode depender de diversos fatores, não somente da resposta verbal. Também pode surgir de um conjunto mais amplo de sentimentos na sociedade sobre o que é ou não apropriado. Conforme demonstraram os repórteres Evan McMorris-Santoro e Yon Pomrenze para a CNN, esse foi o problema que o casal Kelsey e Chris Waits enfrentou em Hastings, Minnesota, quando seu filho mais velho, um menino, começou a se identificar como menina.[230] Kelsey era uma política republicana ativa localmente quando jovem e fazia parte do conselho da escola desde 2017. Foi eleita presidente do conselho em janeiro de 2020, apenas dois anos após sua primeira participação.

Quando veio a pandemia de COVID-19, os moradores se dividiram entre quem era a favor e quem era contra o uso de máscaras nas escolas. Os moradores contrários às máscaras criaram um grupo fechado no Facebook chamado Conservative Parents of Hastings, posteriormente rebatizado como Concerned Parents of Hastings, e tentaram destituir Kelsey da presidência do conselho. Kelsey declarou que estava tudo bem. "A política é assim", disse. "As pessoas podem dizer que estão frustradas comigo, eu entendo. Está tudo bem."

Hoje, porém, sabemos que o grupo não parou aí. A polarização aumentou à medida que os grupos se alimentavam das opiniões que compartilhavam e se tornavam progressivamente mais ousados. Depois que um pai publicou uma longa queixa sobre uma série de questões envolvendo Kelsey, outro pai deu um passo além e escreveu: "Ela deveria estar presa por abuso de menor [...] Sua 'filha' mais velha, na verdade, é seu 'filho'". Outros pais se juntaram a esse ataque, acusando os Waits de serem pais *woke*,* que impunham suas visões aos filhos.

Quando Kelsey soube disso, chorou. "Era meu maior segredo", disse. "O que eu mais protegi e que tinha mais medo de que fosse usado politicamente, porque, para mim, não se trata de política. Trata-se da minha família, de uma criança." Ela escreveu uma carta ao editor do jornal local apelando para a decência,[231] dizendo que:

> Os políticos locais fazem parte de uma comunidade [...] Se queremos o fim das divisões por razões políticas, devemos começar por nós mesmos. Temos de passar a nos tratar como seres humanos e a reconhecer que existem limites que não devem ser ultrapassados.

Alguns membros do grupo Concerned Parents reagiram à carta com empolgação em razão da visibilidade que deu ao grupo. O ódio só aumentou.

Para Kelsey Waits, "em qualquer contato que fazemos com gente nova, fico tentando me assegurar de que minha filha está segura". Ela tem medo de que a discriminação sofrida por uma criança tão precocemente possa aumentar o risco de suicídio. "Não se trata de como crio meus filhos. Trata-se da vida de uma criança." Kelsey não conseguiu se reeleger, mas isso não foi suficiente para pôr um fim aos abusos. Seu marido, Chris, disse que, após a eleição, outro pai lhe contou que um aluno do ensino médio foi abordado

---

* A palavra "woke" significa "despertado" em inglês. O termo, usado para denunciar a violência policial contra afrodescendentes, adquiriu um significado mais amplo e hoje descreve "alguém consciente sobre temas sociais e políticos, especialmente o racismo". (N. T.)

por outro aluno e disse: "Minha mãe falou que, agora que nós vencemos, vamos poder dar um jeito em gente doente como você". A família Wait optou por se mudar para ter mais privacidade e segurança em outro lugar, não divulgado.

Apesar do mal que provocaram, os Concerned Parents provavelmente acham que suas atitudes são justificadas. Acreditam que estão no lado certo, lutando contra a "indecência" e a "perversão", e se veem como cidadãos que se preocupam com a comunidade, as famílias e com fazer a coisa certa. A maioria provavelmente tem empregos fixos, paga suas contas em dia e é religiosa. Essas mesmas pessoas acreditam que é certo expor a vida privada de uma criança de oito anos, que é justo colocar na berlinda os mais vulneráveis mobilizando uma onda de ódio e celebrando seus feitos como marcas da própria decência. É uma versão moderna do antigo costume de amarrar pernas e braços de uma mulher e deixá-la morrer afogada para provar que não era uma bruxa.[232]

Basta que haja uma situação que desperta a ira de alguém e a capacidade de compartilhar essa opinião com outras pessoas que pensam da mesma forma para que um grupo de indivíduos vire uma turba, um monstro coletivo hipócrita que coloca uma lente de aumento nas nossas partes mais feias, que acredita que as opiniões e o bem-estar de outros seres humanos considerados marginais são menos importantes que os nossos. Isso pode ocorrer independentemente do lado do espectro político em que estamos — tanto à direita como à esquerda.* Não importa a forma que a intolerância pode assumir, os efeitos amplificadores da polarização são como gasolina no fogo.

Nesse efeito polarizador dos grupos, entretanto, também é possível encontrar a semente da solução. A chave é romper essas bolhas interpretativas e dialogar verdadeiramente com quem tem opiniões diferentes. É mais fácil falar do que fazer, é claro, em um mundo já tão polarizado e com extremistas que se recusam a pensar além dos limites dos seus próprios

---

* O caso apresentado no capítulo 7, de alunos da Universidade do Sul da Califórnia que conseguiram tirar um professor de um curso por usar uma palavra em mandarim que soou para eles como um insulto racial, é apenas um entre muitos exemplos de como essas coisas também podem acontecer com as sensibilidades da esquerda.

dogmas ideológicos. Existem, no entanto, motivos para acreditarmos que o diálogo entre pessoas com opiniões diferentes pode fazer diferença, pelo menos para quem está disposto a se envolver e escutar.

Realizei um estudo com os psicólogos organizacionais Deborah Gruenfeld e Melissa Thomas-Hunt que examinava como expor um grupo a pontos de vista diferentes pode impactar o que pensamos sobre tópicos controversos como *school busing*.[*,233] Para isso, fizemos uma pesquisa perguntando aos participantes quais eram suas opiniões iniciais sobre o assunto e depois criamos dois tipos de grupos, alguns com opiniões unânimes e outros, não. Em seguida, pedimos que os participantes discutissem esse assunto nos grupos, chegassem a uma conclusão e preparassem uma justificativa por escrito, que poderia ser compartilhada com o grupo ou não.

O estudo revelou que, nos grupos unânimes, havia uma tendência de se pensar de forma mais simplista, unidimensional, como a que se esperava dos grupos polarizados. O mesmo ocorria nos grupos em que havia uma minoria de opiniões divergentes. A maioria que foi exposta às opiniões da minoria divergente, no entanto, mostrou formas muito mais sofisticadas de se pensar sobre o problema, reconhecendo as outras perspectivas e conseguindo integrar as diferentes opiniões em um todo coerente. Os grupos em que a maioria não era unânime demonstraram aquilo que os psicólogos chamam de uma maior *complexidade integrativa*, a despeito de se eram contra ou a favor da política de *school busing*. Além disso, essa maior complexidade não era apenas aparente. Esse efeito foi encontrado quando os membros acreditavam que seu raciocínio, após as discussões, seria mantido em segredo. Isso sugere que ter uma oportunidade de interagir com pessoas de opiniões diferentes pode modificar as opiniões para melhor.

Essas descobertas sugerem que o problema não está nos grupos em si, mas na maneira como eles são gerenciados. Em vez de formá-los de modo a refletir a diversidade de opiniões, filtramos essa riqueza para encontrar aqueles que compartilham dos nossos mesmos pontos de vista.

---

* Política adotada nos anos 1970 nos Estados Unidos cujo objetivo era diminuir a segregação racial nas escolas públicas enviando-se alunos para escolas de outros bairros para que brancos e negros frequentassem os mesmos estabelecimentos de ensino. (N. T.)

Cortamos tudo aquilo que pode formar um bom grupo, como a riqueza de informações e os diferentes pontos de vista que um grupo com mais diversidade pode oferecer, e fazemos isso para simplificar nossas decisões e encontrar um propósito compartilhado que serve para nossa própria validação.[234] Essas são tendências naturais que certamente aumentam a confiança dentro dos grupos, mas o preço alto que pagamos por esse privilégio é uma desconfiança maior e mais dificuldade de recuperar a confiança entre todos os demais.

9

JOGANDO COM AS REGRAS ERRADAS

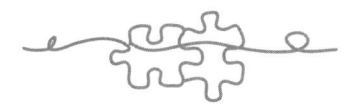

No extremo do parque Hibiya, em Tóquio, um lugar tranquilo e exuberante, com fontes e jardins planejados, existe um pequeno edifício de tijolos de quatro andares que abriga uma biblioteca frequentada por homens de meia-idade. Normalmente esquivos e difíceis de encontrar, eles levantam cedo todos os dias, vestem uma camisa branca, dão o nó na gravata e saem de casa, voltando só à noitinha, na hora do rush. Um deles, com um terno azul e sapatos pretos bem lustrados, frequenta a biblioteca toda terça-feira. Não se sabe aonde ele vai nos outros dias da semana. Ele pode passear e conhecer outros lugares, mas nunca vai muito longe. Tem dinheiro para viajar, "mas, se começar a passar muito tempo fora, os vizinhos vão suspeitar". Ele estabeleceu uma rotina fixa, quase como a de um prisioneiro. O que parece muito adequado, pois é culpado de um crime do qual provavelmente nunca vai se recuperar.[235]

Seu crime, como o de outros homens de meia-idade, foi ter se tornado uma vítima da vida profissional moderna. Homens que perderam o emprego ou faliram. Em uma sociedade que trata esses eventos como um enorme fracasso, quase todos perderam as esperanças de se redimir. Estão envelhecendo num país que contrata basicamente trabalhadores mais jovens para toda a vida (pelo menos, tem sido assim historicamente). Alguns, como esse homem de terno azul, acham difícil até procurar trabalho em agências de emprego governamentais, porque, caso algum conhecido o veja, seria muito complicado explicar. Para muitos, a solução mais honrosa é cometer suicídio,[236] enquanto outros estão destinados a passar o resto da vida em uma prisão — não de concreto e aço, tampouco limitada à biblioteca, mas uma prisão feita da necessidade de manter a ilusão de estarem empregados para preservar um pouco da sua dignidade. Uma prisão feita de vergonha.

A maioria das pessoas nos Estados Unidos provavelmente tem dificuldade de compreender essa situação. Sim, elas também enfrentam o desemprego e a falência, na verdade até com mais frequência que os japoneses. Mas é mais provável, porém, que se recuperem desses eventos e até falem abertamente sobre eles nas suas narrativas públicas de sucesso. Steve Jobs, fundador da Apple, foi forçado a deixar a empresa em 1985 e retornou em 1997 como CEO, conduzindo-a novamente ao sucesso. Oprah Winfrey trabalhava como repórter em um noticiário noturno no início da carreira e foi demitida por "não se encaixar no trabalho de jornalista televisivo" antes de estrear o seu famoso talk show e construir um conglomerado na área da mídia. Walt Disney foi demitido por não ser suficientemente criativo antes de criar algumas das histórias e personagens de desenho animado mais amados do mundo, sem falar dos parques de diversão.[237] Assim como ele, vários magnatas famosos faliram ao longo de sua trajetória até conseguirem ser bem-sucedidos, como Henry Ford e Milton Hershey,[238] por exemplo, tendo este último falido duas vezes antes de criar seu império do chocolate.[239]

Como mostram esses exemplos, embora os estadunidenses vejam a perda do emprego e a falência como fracassos pessoais, eles não encaram essas situações como eventos estigmatizantes, como muitos fazem no Japão. Nos Estados Unidos, a oportunidade de os indivíduos e as empresas recomeçarem do zero é considerada um ativo do sistema capitalista. A capacidade de encontrar um novo emprego após uma demissão permite que o indivíduo mantenha um papel produtivo na economia, e um sistema que perdoa as falências encoraja as pessoas a correr riscos, o que é necessário tanto para a atividade empresarial como para o crescimento econômico. Ambos servem a um objetivo maior, que é manter os atores econômicos vivos, ativos e produtivos. Essa é uma característica que outros países ao redor do mundo, incluindo o Japão, tentam imitar para estimular a economia de mercado.[240]

Conforme nos mostra o homem de meia-idade do início deste capítulo, no entanto, os esforços para adotar leis e sistemas formais estadunidenses não surtem efeito se não forem amparados pelas atitudes culturais em relação ao desemprego e à falência. Agências de emprego governamentais e leis de falência semelhantes às do modelo estadunidense são inúteis se as pessoas não estiverem dispostas a fazer uso delas ou se sentirem que ficarão irremediavelmente marcadas se o fizerem.[241] Por isso, devemos admitir que, por mais difícil que seja para os estadunidenses encarar a incapacidade de cumprir compromissos e corresponder às expectativas, no Japão é ainda pior, pelo menos no que diz respeito à vida profissional. E existem motivos para acreditarmos que a cultura de um lugar afeta a maneira como as pessoas encaram as questões que envolvem culpa e reparação também no caso de outros "crimes".

Um dos motivos que fazem a experiência de passar por uma demissão ou falência no Japão ser mais difícil de superar que nos Estados Unidos se deve ao fato de que se trata de uma cultura coletivista. Evidências revelaram que os membros de culturas coletivistas como a japonesa têm a tendência de se sentirem conectados aos demais e de focar nas necessidades e nos objetivos do grupo em detrimento das necessidades e dos desejos individuais. Isso contrasta com culturas individualistas, como a estadunidense, cujos membros tendem a se ver de forma mais isolada e a se definir com base em características pessoais, dando mais importância aos direitos e aos objetivos individuais.

Ao contrário do que os psicólogos culturais pensavam inicialmente (talvez porque a maioria seja proveniente dos Estados Unidos e da Europa), um coletivismo maior não implica necessariamente mais confiança.[242] Os coletivistas se veem como uma família que compartilha uma mesma identidade, e isso os torna mais cooperativos. Em contrapartida, essa orientação faz com que enfatizem as obrigações e as responsabilidades que têm entre si e se tornem mais vigilantes, buscando assegurar que as normas sejam respeitadas e punindo seus membros mais severamente quando isso não ocorre.[243] Nesse sentido, os japoneses que perdem seus empregos ou vão à falência são punidos não pela falta de sucesso individual, mas por decepcionarem todos ao seu redor — por não serem capazes de se manter economicamente produtivos, por não pagarem suas dívidas, por não conseguirem sustentar suas famílias e por se tornarem motivo de vergonha para elas.

Na verdade, as evidências sugerem que as transgressões nas culturas coletivistas são uma mácula não somente para o indivíduo, mas para todo o grupo ao qual ele pertence. Por exemplo, algumas pesquisas feitas por Tanya Menon, com a colaboração de outros colegas, compararam como os jornais estadunidenses e japoneses cobriam escândalos corporativos de grande repercussão. As pesquisas mostraram que, nos Estados Unidos, as reportagens procuram relatar como os indivíduos cometeram determinado crime, enquanto os japoneses se concentram em como a organização permitiu que tal coisa acontecesse.[244]

Essa descoberta sugere que, enquanto os estadunidenses responsabilizam o indivíduo, os japoneses tendem a colocar a culpa no coletivo. Isso ocorre porque os estadunidenses tendem a acreditar que as pessoas têm controle sobre suas próprias ações, enquanto os japoneses estão mais preocupados com os fatores alheios ao seu controle que afetam o seu comportamento (incluindo as regras e as pressões para que atendam às necessidades e aos objetivos do grupo).

Curiosamente, essas diferenças culturais fazem com que os japoneses se desculpem por erros que não cometeram. Lembro-me de ter conversado com uma jovem japonesa em 2011 sobre o desastre nuclear de Fukushima, ocorrido no início daquele ano. Ela não trabalhava na usina, não tinha nenhuma conexão com a indústria nuclear e não morava perto do local. Fiquei surpreso quando, no final da nossa conversa, ela se desculpou pelo desastre.

Pode ser que eu tenha um dom estranho de fazer as pessoas se sentirem mal, mas acho mais provável que ela tenha se desculpado por outro motivo. Creio que estava se desculpando em nome da coletividade e sentia que a responsabilidade pelo que tinha acontecido era compartilhada entre todos eles.

Isso pode soar estranho e desnecessário. Não faria mais sentido culpar os verdadeiros responsáveis e, assim, evitar novos acidentes desse tipo? O problema com essa pergunta aparentemente lógica é que ela se baseia em uma premissa errada — a ideia de que as ações dependem fundamentalmente do indivíduo, e não das forças sociais e ambientais que agem sobre ele.

Conforme já discutimos anteriormente, as pessoas acham que os líderes têm mais controle sobre os acontecimentos do que de fato têm, e, embora essa tendência seja mais acentuada quando envolve pessoas em posição de liderança, os ocidentais tendem a acreditar que ela é válida para todos, superestimando a ideia de que os indivíduos determinam as suas próprias ações. Na verdade, essa é uma tendência tão conhecida que os psicólogos sociais passaram mais de meio século demonstrando, de várias maneiras, como essa crença pode ser equivocada. As culturas do leste da Ásia, por sua vez, são menos suscetíveis a esse erro por serem mais conscientes das influências situacionais que interferem nas ações dos indivíduos.[245]

Assim, quando os jornais japoneses se perguntam como uma organização pôde ter permitido que um de seus funcionários cometesse determinada transgressão, em vez de se perguntar por que aquele indivíduo o fez, os dados lhes são favoráveis. Vejamos o caso, por exemplo, do escândalo do Wells Fargo Bank que veio a público no final de 2016, no qual alguns funcionários do banco criaram milhões de contas falsas usando o nome dos clientes sem o seu consentimento. Encontramos relatos que apontam que o banco, de certa forma, promoveu essas ações. A repórter Emily Flitter, do *The New York Times*, descreve como o escândalo foi causado por um

> ambiente de panela de pressão, em que os funcionários dos escalões mais baixos da organização eram pressionados a atingir metas de vendas cada vez mais altas, ano após ano, impostas metodicamente pelos executivos seniores, que, ao mesmo tempo, ignoravam os sinais de que essas metas simplesmente não eram realistas.[246]

Quando o escândalo veio a público, a culpa recaiu totalmente sobre os funcionários das agências, e não sobre as demandas irrealistas com as quais eles tinham que lidar. O público estadunidense errou, como de costume, ao colocar a culpa em quem cometeu as fraudes, em vez de culpar as pressões, os incentivos e as falhas dos superiores, que deveriam ter tido mais discernimento e que, apesar de não terem se envolvido diretamente nos atos fraudulentos, promoveram tais ações. Pensar de maneira mais ampla sobre a causa das fraudes, como fazem os japoneses, pode ser algo positivo se queremos realmente entender como incidentes assim acontecem e como poderiam ser prevenidos.

Esse tipo de diferença cultural também afeta as atitudes dos indivíduos no que diz respeito à confiança. Já vimos no capítulo 1 a diferença entre

a) pessoas que aceitam a vulnerabilidade apesar do risco envolvido e b) pessoas que o fazem porque os riscos associados à vulnerabilidade foram removidos. Enquanto o primeiro caso pode ser considerado uma demonstração de confiança, o segundo permite que as pessoas simplesmente ajam como se confiassem nas outras, mesmo quando isso definitivamente não é verdade. Nesse sentido, evidências obtidas em uma pesquisa da qual participaram 1.136 japoneses e 501 estadunidenses, realizada pelos pesquisadores em confiança intercultural Toshio Yamagishi e Midori Yamagishi, sugerem que os japoneses tendem a se manter mais próximos da segunda situação — redução do risco e da vulnerabilidade — que os estadunidenses.[247] Eles descobriram que os japoneses são menos inclinados a confiar e a abandonar suas redes de relacionamentos (que freiam potenciais violações) do que seus pares estadunidenses.

Essas diferenças culturais ajudam a explicar por que os pedidos de desculpa podem ser mais comuns e, ao mesmo tempo, menos significativos no Japão que nos Estados Unidos.[248] Como os coletivistas enxergam a si próprios em função dos seus relacionamentos com os outros membros do grupo, a vigilância maior que exercem contra o desrespeito às normas pode incitá-los a se desculpar com mais frequência nas interações sociais diárias. Isso serve como um "lubrificante social" que demonstra a sua sensibilidade a qualquer falha em potencial que possa perturbar a harmonia do grupo. Por serem mais conscientes de como as influências sociais e ambientais têm impacto sobre as ações individuais, porém, os coletivistas não encaram pedidos de desculpas como um reconhecimento explícito da culpa de um indivíduo, mas como uma expressão geral de remorso.

A pesquisa transcultural que fiz em parceria com os psicólogos organizacionais William Maddux, Tetsu Okumura e Jeanne Brett fornece evidências que servem de base para esse raciocínio.[249] A pesquisa contou com participantes do Japão e dos Estados Unidos, fornecendo apoio empírico para a premissa de que os japoneses se desculpam com mais frequência e tendem a se desculpar por atos em que não estiveram pessoalmente envolvidos. Já os estadunidenses se desculpam com menos frequência e tendem a relacionar esses pedidos com a culpa individual. Fizemos um experimento para investigar como essas diferenças podem impactar a confiança das pessoas nos indivíduos que pedem desculpas após cometerem um delito envolvendo questões de competência ou de integridade, e usamos o paradigma da entrevista de emprego já utilizado em pesquisas anteriores.

No caso dos delitos que envolviam questões de integridade (como preencher uma declaração falsa de impostos para agradar a um cliente importante), os resultados revelaram que os pedidos de desculpa foram mais eficazes no Japão que nos Estados Unidos, pois os japoneses não interpretam os pedidos de desculpas como uma confirmação de culpa. Já no caso dos pedidos de desculpa relacionados a questões de competência (erro no preenchimento da declaração de impostos por falta de conhecimento), os pedidos de desculpa foram menos eficazes no Japão que nos Estados Unidos, possivelmente porque os japoneses acreditam que os indivíduos têm menos controle sobre suas próprias ações e, presumivelmente, menos possibilidades de corrigir pessoalmente o problema. Essas descobertas mostram como as perspectivas culturais fazem uma diferença significativa não só em como interpretamos as causas e as consequências de uma falha ou um delito, mas também em como reagimos aos esforços posteriores de recuperação da confiança.

Embora eu tenha começado este capítulo descrevendo como os países têm perspectivas culturais diferentes, é importante reconhecer que também pode haver variações culturais entre subgrupos em uma mesma nação. Regiões geográficas, empresas, organizações e até grupos políticos distintos podem fazer com que os indivíduos atribuam importância distinta a valores individualistas ou coletivistas, além de a uma série de outras crenças e normas. Quando uma transgressão ocorre, essas diferenças influenciam quem culpamos, a frequência com que pedimos desculpas e até o nosso próprio entendimento do que constitui uma falta de integridade.

A questão da integridade tem a ver com a crença de que os outros seguem os mesmos princípios que consideramos aceitáveis. O que é aceitável para um grupo, no entanto, pode ser inaceitável para outro. Os psicólogos Jesse Graham, Jonathan Haidt e alguns outros colegas, por exemplo, observaram que esses julgamentos se baseiam em cinco princípios morais:[250]

1. **Cuidado:** refere-se à habilidade de sentir e de se sensibilizar com a dor do outro. Inclui as virtudes da bondade, da gentileza e do acolhimento.
2. **Justiça:** refere-se ao valor que damos à cooperação, exemplificado pelo conceito de fazer para o outro aquilo que faríamos para nós mesmos e compreendendo as virtudes da justiça e da confiabilidade.
3. **Lealdade:** está relacionada à nossa história como criaturas tribais e envolve as virtudes de patriotismo e autossacrifício.
4. **Autoridade:** baseia-se nas nossas interações sociais hierárquicas como primatas; inclui as virtudes da obediência e do respeito.
5. **Santidade:** refere-se às questões de repulsa e contaminação, compreendidas na ideia de que devemos viver de maneira mais elevada e nobre; inclui as virtudes da caridade, da piedade e da pureza.

Essa pesquisa também apontou que grupos culturalmente diversos (em países diferentes ou não) priorizam esses cinco aspectos morais de maneira um tanto distinta. Por exemplo, a cultura oriental tende a atribuir mais importância aos princípios da lealdade e da santidade que a ocidental. As mulheres, por sua vez, preocupam-se mais que os homens com o cuidado, a justiça e a santidade. Além disso, comparações entre liberais e conservadores nos Estados Unidos revelaram que os liberais tendem a priorizar os princípios do cuidado e da justiça, enquanto os conservadores (especialmente os conservadores religiosos) tendem a priorizar os princípios da lealdade, da autoridade e da santidade.[251]

Essas diferenças são importantes porque podem alterar radicalmente a maneira como vemos nossas próprias atitudes. Por exemplo, politicamente, não me considero liberal nem conservador; prefiro ter uma abordagem mais cuidadosa em relação às políticas públicas com base naquilo que consigo deduzir a partir dos dados, o que provavelmente me faz uma pessoa de centro. Imigrei para os Estados Unidos ainda criança, e, no entanto, é particularmente difícil para mim não reagir com indignação e horror à política do governo Trump de separar as crianças dos seus pais na fronteira dos Estados Unidos com o México. Quando penso no trauma que essa política causou às famílias e o dano provavelmente permanente imposto às crianças, minha reação imediata é considerá-la um desrespeito deliberado aos princípios mais básicos da decência humana e a enxergar as pessoas que defendem essa política como imorais.

Mas, no papel de cientista social, eu seria obrigado a reconhecer que minha reação se baseia na premissa de que o princípio de não fazer mal a ninguém (e cuidar dos necessitados) é muito importante e que os outros não necessariamente compartilham dessa opinião. Quem apoia a política de separação de famílias poderia argumentar, por exemplo, que, embora os danos causados sejam lamentáveis, eles são contrabalançados pelos objetivos de proteger os interesses dos cidadãos americanos (princípio da lealdade), fazer com que outros países colaborem para solucionar esses problemas (princípio de justiça), assegurar que os Estados Unidos não sejam tomados por "criminosos" e outros elementos "indesejáveis" (princípio da santidade, pureza) e se fazer respeitar a vontade do governo, porque "as eleições têm consequências" (princípio da autoridade). E, embora eu possa argumentar que esses objetivos poderiam ser alcançados de outras maneiras, com métodos que não prejudicassem tanto as vítimas, não está claro se esses argumentos seriam eficientes. Isso exigiria que eu me aventurasse no campo dos "especialistas" em política, gente que analisa e debate essas questões como um meio de vida, provavelmente sem que ninguém preste muita atenção.

De forma mais ampla, essa análise nos mostra como nossos princípios podem se transformar em uma faca de dois gumes. Princípios são regras ou parâmetros que nos permitem distinguir entre o certo e o errado. Geralmente, vemos os princípios como algo positivo, uma maneira de julgar a integridade, a confiabilidade e a pertinência das nossas ações. Mas, como as reações altamente polarizadas demonstram, nossos princípios podem nos levar a acusar os outros, acreditando firmemente que estamos certos. Esse sentimento foi capturado por Dorothy Sayers em seu romance *Gaudy Night*,[252] no qual afirma: "A primeira coisa que um princípio faz é matar". Se queremos tratar de divisões sociais e políticas, bem como da desconfiança que elas geram, torna-se necessário entender como os princípios têm implicações distintas.

Analisemos o discurso que Pat Buchanan fez na Convenção Nacional Republicana em 1992,[253] no qual declarou que os Estados Unidos estavam imersos em uma "guerra cultural [...] tão importante para o tipo de nação que seremos quanto a própria Guerra Fria". Alimentando a tese defendida inicialmente por James Davison Hunter em seu livro *Culture Wars*,[254] Buchanan contrastou duas visões morais dos Estados Unidos. De um lado, situavam-se aqueles que abraçam as virtudes do excepcionalismo estadunidense, as famílias e instituições tradicionais e o decoro sexual judaico-cristão; do outro, aqueles que Buchanan caracterizava desdenhosamente como gente determinada a minar as instituições e os valores, apoiando o "aborto irrestritamente", os direitos dos homossexuais, o direito de discriminar os colégios religiosos, de processar os pais, de as mulheres se alistarem no exército, e as tentativas de "colocar pássaros, ratos e insetos à frente das famílias, dos trabalhadores e dos empregos".

Essa divisão cultural entre as sensibilidades morais de conservadores e liberais (entre visões de mundo que Hunter chamou de "ortodoxas" ou "progressistas") se aprofundou e se entranhou cada vez mais na política nas décadas que se seguiram ao discurso de Buchanan. Essa demarcação evidenciou para ambos os lados que os princípios do outro não eram aceitáveis e, portanto, careciam de integridade. Isso alimenta a desconfiança e amplia os conflitos, uma vez que cada lado defende as políticas que considera razoáveis, mas que o outro lado considera equivocadas e inapropriadas. Mais que isso, os esforços para resolver essas disputas por meio da razão e do debate são ignorados, pois cada lado defende seu ponto de vista com argumentos cada vez mais apaixonados, que o outro lado parece não ter capacidade nem disposição para entender.

Isso ocorre porque, quando princípios competem entre si, não estamos mais escolhendo entre o certo e o errado, mas entre o certo e o certo, entre padrões morais alternativos que têm cada qual o seu mérito. E, embora tenhamos esperança de conciliar essas diferenças persuadindo o outro lado da superioridade das nossas posições, essa abordagem parece não considerar como nossas visões e nossos princípios são formados. Geralmente, acreditamos que nossos princípios morais se baseiam na racionalidade e na lógica. Mas, como vimos no capítulo 6, no que diz respeito às nossas visões sobre justiça retributiva, as evidências sugerem que nossos princípios morais não são tão fundamentados na razão como acreditamos.

O psicólogo Jonathan Haidt ilustrou esse ponto ao solicitar aos seus leitores que considerassem o seguinte cenário:[255]

> Julie e Mark são irmãos. Estão viajando juntos pela França durante as férias de verão da faculdade. Certa noite, estão sozinhos em uma cabana perto da praia. Eles decidem que seria interessante e divertido se tentassem fazer amor. Na pior das hipóteses, seria uma experiência nova para eles. Julie já toma pílula anticoncepcional, mas Mark usa camisinha, só por garantia. Eles gostam da experiência, mas decidem não fazer de novo. Eles guardam essa noite como um segredo especial, que os faz sentir ainda mais próximos. O que você acha? Há algum problema com essa situação?

Haidt relata que a maioria das pessoas imediatamente afirma que os irmãos erraram ao fazer sexo, mas têm dificuldade de explicar o motivo. Elas apontam os riscos da endogamia, por exemplo, mas então se lembram de que os irmãos usaram dois métodos contraceptivos. Argumentam que a experiência poderia trazer sofrimento a eles, mas a história deixa claro que isso fortaleceu o relacionamento. Especulam que poderia causar sofrimento a outras pessoas, se soubessem do incidente, mas os irmãos decidiram manter segredo. Por último, chegam ao ponto de dizer algo do tipo: "Não sei, não consigo explicar, só sei que é errado".

Essas descobertas sugerem que o raciocínio moral deliberado não serve de base para o julgamento moral (isto é, para os princípios que escolhemos respeitar). Ao contrário, o raciocínio tende a ocorrer depois do julgamento moral que se baseia na nossa intuição. As pessoas que participaram do estudo de Haidt fizeram seu julgamento moral imediatamente — e é provável que você também — e depois tiveram dificuldade de encontrar um motivo plausível para a sua intuição.

Isso significa que os esforços que fazemos para usar argumentos racionais ao desafiar princípios morais provavelmente não funcionam porque focam apenas nas consequências dos julgamentos morais, não em suas causas. A questão é que, em geral, é inútil argumentar que as sensibilidades morais dos outros estão erradas. Elas tendem a se basear em reações usualmente viscerais e automáticas que estão gravadas na nossa história evolutiva, tendo sido moldadas pela maneira como fomos criados em nossas respectivas culturas. Isso faz com que grupos culturais diferentes defendam conjuntos de valores muito distintos e que acreditem que seus valores são plenamente razoáveis, ao mesmo tempo que menosprezam as sensibilidades morais dos outros. Isso cria grandes problemas quando lidamos com temas controversos na vida real, pois leva algumas pessoas a achar que um delito grave foi cometido de forma deliberada (de acordo com sua própria intuição moral), enquanto outras acham que estão sendo criticadas de forma injusta por um comportamento que, para elas, é totalmente justificável, o que torna particularmente difícil recuperar a confiança nessas situações, pois os envolvidos podem discordar até mesmo do fato de ter havido efetivamente um delito ou não.

Os efeitos da polarização dos grupos que analisamos no capítulo 8 também fazem parte desse problema. À medida que os indivíduos fortalecem suas opiniões quando estão entre os membros do seu próprio grupo, seus princípios se tornam mais extremos e se transformam progressivamente em marcas da sua identidade. Por essa razão, as pessoas ficam cada vez mais intransigentes, tratando seus valores como verdades absolutas e reagindo à possibilidade de esses princípios serem desrespeitados com indignação moral. Elas começam a achar que seus valores são não só importantes como até mesmo sagrados e não estão dispostas a resolver as suas diferenças, até em questões práticas, por meio da negociação e das concessões.

A semente da solução, porém, pode estar no próprio problema. O que conduz a essas divergências é a premissa de que, se nossos valores estão certos, os valores dos outros devem estar errados. Partimos da ideia de que quem compartilha nossos princípios é altamente íntegro e, portanto, quem não os compartilha não deve ser. O desafio que com frequência enfrentamos quando nos confrontamos com princípios que competem entre si, porém, surge da necessidade de escolher — não entre o certo e o errado, mas entre o certo e o certo, entre padrões morais alternativos que podem ter cada qual o seu mérito.

Podemos perceber isso nos cinco fundamentos morais que analisamos antes: cuidado, justiça, lealdade, autoridade e santidade. Ainda que possamos considerar alguns desses princípios mais importantes que outros, é provável que poucos de nós diriam que são irrelevantes. Simplesmente priorizamos os princípios de maneira diferente, com base na nossa cultura e nas nossas experiências. Isso nos leva a crer que é possível haver uma oportunidade para a reconciliação das diferenças, ao demonstrarmos que a escolha entre princípios não é tão simples — por exemplo, se temos de enfrentar situações que nos obrigam a fazer escolhas inaceitáveis, como abrir mão de um princípio sagrado em favor de outro princípio que defendemos.

O psicólogo Philip Tetlock relata que esse tipo de abordagem pode mudar o posicionamento das pessoas em relação a temas que elas consideram sagrados, por exemplo, a compra e a venda de órgãos para a realização de transplantes.[256] Ele descobriu que, embora uma maioria — composta tanto de democratas liberais como de republicanos conservadores — repudiasse essa ideia inicialmente, 40% mudavam de opinião quando eram convencidos de que essa era a única forma de salvar uma vida que, de outra forma, seria perdida. A ideia da venda de órgãos é rejeitada com base no princípio da justiça, por causa da preocupação de que esse comércio possa impedir os mais pobres de terem acesso aos transplantes ou de que eles possam ser forçados a vender seus órgãos em situações de desespero. Uma parcela significativa das pessoas, portanto, passou a se opor à ideia de forma menos apaixonada quando um segundo princípio importante para elas era levado em consideração; nesse caso, o princípio do cuidado, a possibilidade de salvar uma vida.

É possível encontrar também exemplos de como as pessoas podem moderar seus posicionamentos mesmo nas questões que Pat Buchanan identificou como cruciais na "guerra cultural" dos Estados Unidos em seu discurso na Convenção Nacional Republicana em 1992. Consideremos a posição conservadora tradicional de oposição ao casamento entre pessoas do mesmo sexo. Quando o ex-presidente George W. Bush quis introduzir uma emenda constitucional para banir o casamento homossexual em agosto de 2004, o então vice-presidente, Dick Cheney, decidiu de maneira inusitada se distanciar dessa questão.[257] Cheney explicou seu apoio aos relacionamentos homossexuais em um evento de campanha no Mississippi, dizendo: "Minha mulher, Lynn, e eu temos uma filha homossexual, é uma questão com a qual minha família está bastante familiarizada". Em 2013, quando sua outra filha, Liz Cheney, manifestou-se contrariamente ao casamento entre pessoas do mesmo sexo durante sua campanha ao Senado pelo Partido Republicano, causando uma discussão pública com sua irmã lésbica, Mary, seu pai publicou a seguinte declaração: "Liz sempre acreditou na definição tradicional do casamento" e "sempre tratou sua irmã e a família dela com amor e respeito, exatamente como deveria".[258] Finalmente, em uma entrevista concedida em 2021 para o programa *60 Minutes*, a própria Liz Cheney declarou se arrepender de ter se posicionado contra o casamento entre homossexuais.[259] Disse ela: "Eu estava errada. Eu estava errada. Amo muito a minha irmã. Amo muito a família dela... E minha irmã e eu conversamos sobre isso".

O que podemos ver nesse exemplo é como a família Cheney foi forçada a enfrentar uma escolha entre o posicionamento conservador de apoio aos valores da família tradicional e o amor e a compaixão por um membro da sua própria família. Foi isso que levou Dick Cheney, um republicano que ocupava o segundo cargo mais poderoso dos Estados Unidos, a tomar a atitude extraordinária de se opor à ortodoxia do próprio partido e ao presidente a quem servia. No seu devido tempo, essa escolha foi suficiente para convencer sua filha Liz, de ideologia conservadora, a mudar seu próprio posicionamento sobre o assunto, apesar de ela ocupar uma cadeira na Câmara dos Deputados dos Estados Unidos como representante dos republicanos.

É claro que isso não significa que esse tipo de mudança envolvendo as nossas sensibilidades morais seja fácil ou frequente. Se não há pressão para que as pessoas encarem essas escolhas, a tendência é que elas sejam ignoradas. Por isso, é fácil se deixar levar por nuvens de fumaça retóricas que permitem que as pessoas mantenham suas posições dogmáticas. É importante observar que, para a família Cheney, o apoio ao casamento entre pessoas do mesmo sexo aconteceu porque um de seus membros era homossexual, tornando difícil ignorar as consequências negativas de defender a posição política tradicional do partido. É necessário observar também que, mesmo com um membro homossexual na família, Liz Cheney levou oito anos para mudar sua postura política sobre esse assunto.

Para a resolução de conflitos que envolvem princípios adotados por grupos diferentes que competem entre si, é necessário um conjunto similar de condições. O professor de relações internacionais I. William Zartman observou que as pessoas só resolvem seus conflitos quando se sentem prontas, "quando outras alternativas, normalmente unilaterais, de atingir um resultado satisfatório estão bloqueadas" e quando o impasse as coloca em uma posição ao mesmo tempo difícil e custosa. Isso cria o que ele chama de um "momento de amadurecimento", em que ambos os lados do conflito se tornam mais abertos a propostas que podem já ter sido sugeridas anteriormente, mas que somente nesse momento parecem constituir uma maneira interessante de resolver um impasse doloroso.[260] Isso não significa que o sofrimento de cada lado tenha de ser igual nem que se chegará a um acordo perfeitamente equilibrado. É evidente, porém, que a intensificação do conflito só tornará a situação pior, o que reforça a necessidade de acomodar as visões de ambos os lados, motivando-os a buscar uma solução melhor.

Quando ocorrem impasses, os custos inaceitáveis que as pessoas enfrentam provavelmente envolvem princípios que são defendidos por ambos os lados, mas em graus diferentes. Esse ponto em comum pode levar cada lado a ampliar o seu conceito de integridade, reforçando a ideia de que a preocupação com princípios morais que competem entre si não significa, necessariamente, que o outro lado seja menos íntegro. Pode significar apenas que as pessoas priorizam o mesmo conjunto de princípios, porém de formas distintas. E, uma vez que todos querem atingir os mesmos fins, isso nos permite focar nos meios, isto é, em como podemos manter nossos princípios evitando fazer concessões inaceitáveis.

Zartman observa, também, que esse tipo de mudança depende do equilíbrio de poder. Enquanto um lado achar que pode impor suas sensibilidades morais ao outro por meio da persuasão racional ou da força, essa será sua opção preferida. Só quando ambos os lados acreditam que atingiram um impasse doloroso que não pode ser resolvido por meio de medidas mais duras, eles consideram a possibilidade de tentar uma abordagem mais conciliadora. Isso indica que provavelmente haverá longos períodos de conflito em que os esforços de usar a retórica para convencer o outro de que seus julgamentos de integridade estão corretos serão inúteis, assim como as tentativas de impor suas opiniões por meio da coerção. Mesmo quando se atinge um momento de maturidade mais propício para a reconciliação, esse momento é frágil, pois ambos os lados serão tentados a retornar a seu posicionamento draconiano preferido. No próximo capítulo, esse tipo de desafio ficará mais evidente, pois iremos comparar os esforços feitos para lidar com alguns casos de desrespeito aos direitos humanos mais terríveis do mundo.

10
ALÉM DAS DEVASTAÇÕES HISTÓRICAS

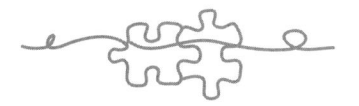

A casa da sua família foi incendiada nas primeiras semanas do genocídio. Então, assim como milhares de outros tútsis, eles buscaram refúgio no estádio Gatwaro, onde lhes fora prometido que a polícia os protegeria. Só que a realidade foi bem diferente.

"Ouvimos tiros vindos de longe e vimos a Interahamwe, uma milícia extremista hutu, ostentando facões fora do estádio e gritando: 'Amanhã é a vez de vocês!'", contou Mukakamanzi. "Foi aí que percebemos que iríamos morrer".[261]

Na tarde de 18 de abril de 1994, a Interahamwe foi ao estádio e começou a matar as pessoas usando armas de fogo, machetes, facas e granadas. O irmão mais velho de Mukakamanzi foi um dos primeiros a morrer. O pai e a irmã caçula ficaram gravemente feridos por estilhaços de granada. Seu outro irmão e dois sobrinhos desapareceram. Ela achou que eles já deviam estar mortos. Então, Mukakamanzi chorou e implorou à mãe: "Eles vão morrer. Temos sorte de estar vivas. Precisamos sair daqui". Mas a mãe, que era muito devota, disse ter jurado por Deus que nunca deixaria o marido para trás, nem nos bons nem nos maus momentos.

Ela conta lentamente, com grande emoção, como deixou a mãe ajoelhada, em oração, ao lado do pai ferido e da irmã caçula: "Eu disse a ela: 'Adeus, mamãe. Nos encontramos no céu'".

A Interahamwe invadiu o estádio novamente aquela noite para terminar o serviço. Na manhã seguinte, 10 mil pessoas que procuraram refúgio no local estavam mortas. Elas fazem parte das 800 mil que foram massacradas em uma cruel onda de assassinatos que aconteceu durante os cem dias do genocídio em Ruanda.[262] Mukakamanzi foi a única de sua família a sobreviver.

Para muitos dos que sofreram tais atrocidades, as lembranças do que aconteceu estão marcadas para sempre em seus próprios corpos, nas cicatrizes das facadas, dos explosivos ou dos tiros. Alguns ficaram gravemente desfigurados por queimaduras ou tiveram membros cortados. A maioria provavelmente manifesta algum tipo de trauma psicológico e continua a reviver os horrores do ocorrido em seus sonhos. São pessoas que viram os vizinhos se transformar em monstros e atacar pessoas de sua etnia, que testemunharam os amigos serem brutalmente atacados e mortos, que constataram que as instituições (polícia, forças armadas e governo) não as protegeram e que perceberam que alguns dos membros de tais instituições até facilitaram e participaram dos crimes.

Não é de se admirar que, quando os massacres finalmente cessaram, aqueles que sabiam o que tinha acontecido se perguntassem como a sociedade poderia um dia se recuperar. Como a população poderia aceitar tamanha injustiça? Como recuperar a confiança perdida, justamente a única coisa que permitiria que as pessoas vivessem lado a lado em algo que se assemelhasse a uma comunidade outra vez? Foram essas perguntas que o mundo se viu forçado a fazer quando alguns dos crimes mais terríveis contra a humanidade na história moderna foram cometidos. Neste capítulo, consideraremos três tipos de tentativas para enfrentar tais desafios ao comparar o que se fez para resolver os graves abusos dos direitos humanos após o nazismo na Alemanha, o apartheid na África do Sul e o genocídio em Ruanda, com o objetivo de aprender tudo o que for possível com essas experiências.

—

Foi só após a repulsa coletiva do mundo inteiro aos horrores da Segunda Guerra Mundial e às atrocidades cometidas no Holocausto que começamos a nos esforçar com mais afinco para aplicar padrões internacionais ao tratar dos crimes contra a humanidade. Seja por meio da Carta de Nuremberg, de 1945, que estabeleceu as regras e os procedimentos para os Aliados levarem os líderes nazistas a julgamento entre 20 de novembro de 1945 e 31 de agosto de 1946,[263] do Estatuto do Tribunal Penal Internacional para a ex-Iugoslávia, de 1993, do Estatuto do Tribunal Internacional para Ruanda, de 1994, e do Estatuto de Roma do Tribunal Penal Internacional, de 1998, esses esforços procuraram definir, investigar e julgar, quando justificado, indivíduos por tais crimes. E é no tribunal de justiça onde tudo acontece. Apesar da grande variedade de crimes considerados pelos tribunais, as questões básicas a serem decididas não são muito diferentes da maioria dos outros crimes, como roubo ou fraude. Basicamente, o processo envolve o uso de provas para determinar quem cometeu o quê e como deve ser punido.

Mas as limitações desse tipo de abordagem logo se tornaram evidentes. Em relação à praticidade, o grande número de crimes associados a esses incidentes impossibilitou que os tribunais internacionais investigassem e processassem todos eles. Acabaram se concentrando, portanto, nos casos de maior destaque. Os julgamentos de Nuremberg, por exemplo, indiciaram somente 24 militares de alto escalão e líderes políticos e industriais. E, embora outros julgamentos de mais de 1.500 criminosos de guerra nazistas tenham sido realizados na Europa[264] e centenas tenham sido condenados, esses tribunais não forçaram a população da Alemanha a confrontar o envolvimento de seus compatriotas nos crimes de guerra ou no Holocausto.[265]

Outro problema na busca por justiça advém das preocupações sobre a legitimidade dos próprios tribunais. O sistema judicial preexistente de uma sociedade não costuma ser adequado para processar crimes contra a humanidade, pois, muitas vezes, a lei e os responsáveis por sua aplicação podem ter sido as principais fontes das atrocidades que ocorreram, como na Alemanha, durante o Holocausto, e na África do Sul, durante o apartheid.[266] Além disso, quando outros sistemas judiciais são utilizados para desempenhar essa função, como nos julgamentos de Nuremberg após a Segunda Guerra Mundial, eles são frequentemente criticados por representar uma espécie de "justiça do vencedor", de acordo com a qual as punições, para os derrotados, são excessivas e injustificadas, e os vencedores recebem uma punição leve ou clemência pelos crimes cometidos.

Embora os Aliados tenham se esforçado para evitar esse tipo de crítica durante os julgamentos de Nuremberg, tendo, inclusive, dado aos réus a chance de escolher seus advogados e absolvido 3 dos 24 que foram processados,[267] alguns alemães os acusaram de realizar julgamentos injustos com resultados predeterminados. E as acusações de "justiça do vencedor" não eram totalmente infundadas. Os Aliados também cometeram crimes graves durante a guerra, e o fato de não terem sido processados com igual vigor resultou em distorções notáveis nos procedimentos. Isso incluiu as tentativas dos promotores soviéticos de acusar os nazistas de cometerem o Massacre da Floresta de Katyn, no qual soldados soviéticos executaram cerca de 22 mil oficiais e intelectuais poloneses, em 1940, com tiros na nuca.[268] Embora os julgamentos de Nuremberg tenham, portanto, representado um avanço importante no esforço de responsabilização dos crimes, sobretudo se considerarmos os apelos iniciais do primeiro-ministro britânico Winston Churchill para a execução sumária dos principais criminosos de guerra nazistas e a proposta do líder soviético Joseph Stalin de que fossem realizadas mais execuções em larga escala, essas distorções acabaram diminuindo a legitimidade dos esforços.

Finalmente, como já considerado no capítulo 6, o foco dos tribunais de justiça na responsabilização e na punição ignora, em especial, o desafio da reconciliação e a necessidade da sociedade de superar o passado terrível, de reintegrar criminosos e de encontrar uma forma de eles e as vítimas voltarem a conviver entre si. O historiador alemão Norbert Frei, por exemplo, relata que, logo após a Segunda Guerra Mundial, os Aliados não só julgaram os principais líderes políticos e militares nazistas por crimes de guerra, mas também realizaram o processo de desnazificação, mediante o qual ex-nazistas e simpatizantes do nazismo poderiam ser demitidos de seus empregos, pagar multa ou ser presos.[269] Esse programa enfrentou, no entanto, resistência quase desde o início. Quando o chanceler Konrad Adenauer se tornou o primeiro chefe de governo da República Federal da Alemanha Ocidental, em 1949, ele rapidamente implementou leis de anistia, que absolveram muitos culpados de cometer crimes graves na era nazista, e aprovou uma lei de restituição, que determinou a reintegração de milhares de antigos simpatizantes do nazismo, incluindo membros da Gestapo e da Waffen-SS, a seus antigos empregos, dos quais tinham sido demitidos.

Frei observa que isso aconteceu porque a exclusão de milhares de ex-nazistas e de simpatizantes do nazismo privara o país dos seus principais profissionais, criando níveis perigosos de descontentamento em potencial. Rapidamente ficou claro, por exemplo, que não haveria uma quantidade suficiente de médicos, advogados, juízes, professores ou funcionários públicos qualificados se os antigos membros do Partido Nazista não pudessem exercer suas profissões. As demissões também provocaram uma resistência da população aos esforços de Adenauer para que a Alemanha Ocidental se integrasse à Organização do Tratado do Atlântico Norte (OTAN). Oferecer aos condenados a oportunidade de apagar o passado e recomeçar fez o povo confiar no novo governo e apoiar a participação do país em tratados internacionais. Frei acrescenta que a maioria dos alemães ocidentais também era a favor do esquecimento de tudo o que tinha a ver com o nazismo, de que políticos e líderes religiosos fizessem o possível para interceder pelos que foram condenados por crimes de guerra e de que o governo pagasse por sua defesa. Assim, em 1958, quase todos os réus de Nuremberg foram absolvidos e libertados.

Essas limitações do sistema de justiça levaram a comunidade internacional a defender uma abordagem mais restaurativa, que consistiria em reunir criminosos e vítimas para reconhecer e reparar os danos. Em 1990, o Chile foi o primeiro país a instituir a Comissão Nacional da Verdade e Reconciliação. O recém-eleito presidente do país, Patricio Aylwin, não podia fazer muita coisa ao abordar a questão dos abusos dos direitos humanos no país, pois Augusto Pinochet, seu antecessor, reassumira o posto de comandante supremo do exército chileno após renunciar ao cargo de presidente e ameaçou com represálias quem tentasse levar seus soldados a julgamento.[270] Assim, Aylwin procurou um caminho mais prático: a comissão chilena não mencionaria os nomes dos autores dos crimes, mas, sim, das vítimas, descreveria a forma como foram mortas, deixaria claro que os assassinos eram membros das forças armadas e possibilitaria que as vítimas recebessem benefícios compensatórios.[271]

Já em 1995, com o fim do apartheid, a África do Sul aprimorou essa abordagem ao formar uma comissão que entendeu que era possível alcançar a reconciliação por meio da verdade. Ao proceder dessa maneira, tornou-se um exemplo para o mundo todo.[272] Tal como ocorre hoje com outras comissões da verdade, a Comissão da Verdade e Reconciliação (CVR) da África do Sul foi autorizada a investigar violações dos direitos humanos, colher depoimentos e fazer um registro do passado. Ela, no entanto, também tinha o poder de conceder anistia a qualquer um que confessasse integralmente os seus crimes; oferecia anistia em troca da verdade. Os defensores da justiça restaurativa, como o falecido arcebispo Desmond Tutu e outros cristãos sul-africanos, insistiram que valia a pena fazer essa troca e entrar em acordo com o sistema judicial formal em prol da reconciliação.[273] Eles acreditavam que as confissões dos crimes e a clemência da anistia facilitariam a reconciliação não só para as vítimas (que, no mínimo, queriam que os nomes e os crimes dos seus algozes fossem divulgados), mas também para os criminosos, que, ao serem absolvidos em vez de presos, poderiam resgatar parte de sua dignidade e de seus valores.

Esse caminho para a anistia, porém, teve um preço. A confissão dos próprios crimes expôs a maioria dos criminosos a duras críticas públicas. Além disso, como a concessão de anistia não era automática, o processo legal subsequente era sempre uma possibilidade para os criminosos que mentiam. Portanto, acreditar que esse sistema equilibra adequadamente os interesses da sociedade por punição e redenção depende de como cada indivíduo enxerga as consequências de sanções informais como desaprovação e ostracismo — e de se a comunidade é capaz de perdoar o criminoso completamente, mesmo sem que ele seja preso.

Também é natural, dada a natureza vingativa das pessoas, conforme analisado no capítulo 6, que pelo menos algumas sociedades prefiram uma abordagem mais punitiva. Em 2001, por exemplo, quando o governo de Ruanda decidiu punir os crimes contra a humanidade cometidos durante o genocídio de 1994, tinha ciência do que a África do Sul alcançara com a sua CVR. Mesmo assim, o governo ruandês optou por seguir um caminho diferente, que ficava entre o tribunal de justiça tradicional e a oferta de anistia em troca da verdade, como fez a África do Sul.

O sistema judicial formal de Ruanda estava sobrecarregado de casos e os presídios, superlotados de suspeitos de genocídio que esperariam anos ou décadas pelo julgamento. A Human Rights Watch relata que, em 1998, havia cerca de 130 mil prisioneiros amontoados, aguardando julgamento, em locais feitos para acomodar somente 12 mil, o que resultou em condições desumanas e levou milhares de presos à morte.[274] Embora o Conselho de Segurança da ONU tenha criado o Tribunal Penal Internacional para Ruanda, em 1994, para julgar funcionários do alto escalão do governo e do exército acusados de crimes relacionados ao genocídio, só 93 pessoas foram indiciadas, com 62 condenações ao longo de dezessete anos.[275]

O governo de Ruanda, portanto, criou um novo sistema de justiça comunitária, conhecido como "tribunais Gacaca", para acelerar esses julgamentos. Os 12 mil tribunais Gacaca, cujo nome deriva da palavra da língua quiniaruanda que significa "grama" — em referência ao espaço público onde as comunidades se reúnem para resolver disputas —, julgaram cerca de 1,2 milhão de casos entre 2005 e 2012, dando autoridade à população para fazer justiça e promover a reconciliação. A categoria de criminosos mais perigosos — assassinos em massa, estupradores e líderes que incitaram matanças — ainda era de responsabilidade dos tribunais convencionais.[276] O sistema Gacaca, no entanto, permitiu que as comunidades elegessem os próprios juízes locais para conduzir julgamentos de outros crimes relacionados ao genocídio e criassem um fórum para colocar os acusados frente a frente com as vítimas. As punições variavam de serviço comunitário à condenação a muitos anos de prisão. Contudo, esses julgamentos também davam às vítimas e aos espectadores a oportunidade de falar publicamente sobre o que vivenciaram, e, aos criminosos, o incentivo para que confessassem seus crimes, demonstrassem remorso e pedissem perdão perante a comunidade em troca de penas mais brandas. Era também um meio que as vítimas tinham de saber a verdade sobre as mortes de seus familiares.

—

Os julgamentos de Nuremberg e outros conduzidos pelos Aliados, a CVR da África do Sul e os tribunais Gacaca, em Ruanda, demonstram três tipos de tentativas de implementar o que é conhecido como "justiça de transição": uma forma de os países abordarem violações sistemáticas ou em grande escala dos direitos humanos para as quais os sistemas judiciais tradicionais não conseguem dar uma resposta adequada.[277] Os processos de Nuremberg e outros tribunais internacionais usavam o modelo tradicional de julgamento para a punição, mas a CVR da África do Sul se voltou, em vez disso, para a reconciliação. Já em Ruanda, optou-se pela justiça restaurativa, por meio dos tribunais Gacaca, que foram uma tentativa de implementar uma mistura de todos. Os estilos de julgamento da África do Sul e de Ruanda, no entanto, assemelham-se no sentido de buscar descobrir a verdade sobre o que aconteceu e torná-la parte da consciência e do registro histórico da população.

A necessidade de se chegar à verdade em todos esses casos é enfatizada pelo fato de que os responsáveis pelas atrocidades normalmente querem que seus atos continuem ocultos, encobertados e esquecidos pela população. Os nazistas, por exemplo, desmantelaram e dinamitaram seus campos de concentração em Auschwitz. Quando abandonaram as instalações, só restavam tijolos quebrados, pedaços de concreto, metal retorcido, sapatos, malas, talheres e cabelos dos que foram exterminados.[278] Na África do Sul, milhares de pessoas não sabiam onde estavam seus entes queridos ou os seus restos mortais, pois haviam sido detidos durante o apartheid.[279] E, em Ruanda, após o genocídio de 1994, muitos não tinham conhecimento do paradeiro dos familiares desaparecidos, pois foram enterrados nas valas comuns espalhadas por todo o país.[280]

Em cada um desses casos, a justiça de transição desempenhou um papel importante no esclarecimento dos crimes. Os julgamentos de criminosos de guerra nazistas, no Tribunal de Nuremberg e em outras cortes, proporcionaram um reconhecimento judicial claro dos crimes cometidos por oficiais durante o regime de Hitler. Em Ruanda, os depoimentos de criminosos, vítimas e espectadores durante os tribunais Gacaca serviram para aumentar a quantidade de provas e informações disponíveis. Além disso, na África do Sul, as histórias das vítimas e dos criminosos ampliaram a rede de culpabilidade, o que permitiu que se identificassem criminosos com vários graus de responsabilidade por atos injustos, e ajudaram a entender melhor quem, dentre os acusados, era mais culpado, quem era parcialmente culpado e quem era inocente, apesar de todos pertencerem a grupos e sistemas que cometeram atrocidades.

A CVR da África do Sul, assim como as demais CVRs que ela inspirou, também buscava descobrir mais que a verdade factual ou a verdade forense. O seu relatório final apresentou três variações da verdade, que foram chamadas de "pessoal" (narrativa), "social" (dialógica) e "de cura" (restauradora), as quais a CVR também considerou essenciais.[281] A verdade pessoal permitia que as vítimas e os criminosos compartilhassem suas verdades tal como as viam e, assim, dessem significado às experiências multifacetadas da história sul-africana. Portanto, em vez de ser restringida pelas regras estritas de um sistema judicial contraditório, que escolhe quais provas podem ou não ser consideradas, a CVR deu às vítimas do apartheid um amplo espaço para compartilhar suas histórias com suas próprias palavras. Como a escritora sul-africana Antjie Krog relata eloquentemente em seu livro *Country of My Skull*:

> Para mim, o microfone da Comissão da Verdade, com a sua luzinha vermelha, foi o maior símbolo de todo o processo. Nele, a voz marginalizada falava para todos ouvirem. O indizível era dito e traduzido. A história de cada um vinha do âmago e nos ligava novamente ao coletivo.[282]

A verdade social, em contraste, representa a verdade da experiência que é estabelecida por meio da interação, da discussão e do debate. É o que surge quando as pessoas conciliam diferentes verdades pessoais para formar uma compreensão coletiva do que aconteceu. A esse respeito, o especialista em ética Donald Shriver observou que uma das grandes contribuições da CVR da África do Sul para a formação de uma nova cultura política nacional foi "o diálogo entre vítimas e criminosos, que, juntos, reuniram provas do mal no sistema do apartheid".[283] Ele observou que, mesmo quando os criminosos se defenderam ao alegar que obedeciam a ordens legais, isso serviu para ressaltar os males da própria lei e das instituições que as aplicavam. Assim, embora muitos cidadãos se recusassem a aceitar qualquer responsabilidade, incluindo funcionários de alto escalão do governo do Partido Nacional, o resultado dessas audiências da CVR expôs publicamente os malefícios de todo o sistema do apartheid.

Como muitos sul-africanos brancos afirmaram: "Antes da CVR, podíamos dizer que não sabíamos de nada. Agora, não temos desculpa para não saber".

E, por fim, a CVR descreveu a "verdade de cura" como o tipo de verdade que organiza os fatos e o que eles significam no contexto das relações humanas, tanto entre os próprios cidadãos quanto entre o Estado e seus cidadãos. É o tipo de verdade que contribui para reparar os danos que aconteceram no passado e para prevenir que abusos graves semelhantes não ocorram no futuro. Isso levou a comissão a enfatizar o papel do *reconhecimento*, a colocar o que é ou o que se torna conhecido no registro público nacional e a afirmar que a dor de uma pessoa é real e digna de atenção. A CVR considerou esse aspecto fundamental para restaurar a dignidade das vítimas.

Esses quatro aspectos da verdade (forense, pessoal, social e de cura) podem ajudar a mitigar alguns dos desafios identificados nos capítulos anteriores deste livro que atrapalham nossos esforços para superar as quebras de confiança. A percepção obtida por meio do acúmulo de fatos, narrativas pessoais e pontos de vista alternativos pode colaborar para neutralizar a nossa tendência de fazer atribuições automáticas e simplistas para o que aconteceu, conforme observado no capítulo 5, suavizando-se, assim, a culpa e a intencionalidade. Tais esforços para ir além da história básica revelaram, por exemplo, que a Alemanha nazista e o Holocausto resultaram da raiva e do ressentimento dos alemães por terem sido forçados a aceitar os termos draconianos estabelecidos pelo Tratado de Versalhes, em 1919, que pôs fim à Primeira Guerra Mundial. Esse tratado essencialmente culpava a Alemanha pela guerra e exauria o país com a imposição de grandes reparações que nunca poderiam ser cumpridas.[284] Assim, o nazismo teria sido uma resposta à justiça do vencedor. Esse tipo de reconhecimento não pressupõe que absolvamos os nazistas dos seus crimes. No entanto, pode ser fundamental que vítimas e criminosos desenvolvam uma melhor compreensão de como essas violações surgiram e de como é possível abordá-las.

Mais verdades também podem ajudar a mitigar a tendência que temos de ver nossos próprios grupos de forma mais favorável que outros e de tratar os membros desses outros grupos como homogêneos, conforme observado no capítulo 8. Tais verdades podem mostrar como os membros dos outros grupos são diferentes em termos de culpabilidade: alguns são claramente culpados, outros são parcialmente culpados e alguns até se colocam em risco para proteger possíveis vítimas. Elas também podem revelar crimes horríveis que foram cometidos pelo próprio grupo, como foi o caso nos três exemplos de graves violações dos direitos humanos dos quais estamos tratando. Algumas forças aliadas cometeram crimes contra os nazistas, alguns membros da minoria tútsi, alvo do genocídio em Ruanda, contra-atacaram violentamente e alguns integrantes do Congresso Nacional Africano (CNA) se vingaram dos sul-africanos brancos durante o apartheid.

As verdades, além disso, levam-nos a repensar com mais cuidado sobre as intuições morais do capítulo 9, que, em outros momentos, tomamos como certas. Nós podemos defender a intuição moral da autoridade sem questionamentos, por exemplo, até nos depararmos com a falsidade de algozes militares nazistas ou de policiais torturadores do apartheid que tentaram justificar seus crimes alegando que só estavam cumprindo ordens.[285,286] Ou podemos ter defendido a intuição moral da lealdade até testemunharmos atrocidades que eram inimagináveis anteriormente e que só ocorreram em virtude desse princípio contra vítimas inocentes que, por acaso, eram diferentes. Podemos ter considerado a intuição moral da justiça incontestável até perceber a facilidade com que muitos criminosos usaram concepções egoístas de justiça para justificar suas ações odiosas. Ou podemos ter achado que a intuição moral do cuidado era de suma importância até entendermos que o dano cometido por causa da vitória militar dos Aliados contra os nazistas ou da Frente Patriótica de Ruanda (FPR) contra os hutus desempenhou um papel fundamental no fim dessas atrocidades. Então, podemos até começar a reconsiderar o nosso ponto de vista em relação à intuição moral da santidade, pois a verdade revelou o envolvimento de toda a sociedade nas atrocidades cometidas durante o nazismo na Alemanha e o apartheid na África do Sul.

Como observou Donald Shriver, "os princípios éticos são múltiplos e relacionados, primeiro entre si e, depois, nas situações que podem mudar as prioridades comportamentais de um princípio para outro".[287] Ou seja, a importância de cada princípio depende, basicamente, dos custos impostos aos nossos outros princípios, se fossem seguidos, e das particularidades de cada situação. Assim, ele argumentou que "mais justiça quase sempre resulta de decisões que respeitam a complexidade da justiça" ao tentar dar conta desses diferentes acordos e contingências. Essa abordagem pode ajudar a mitigar a tendência que temos de supor que nossas próprias intuições morais são indiscutíveis. Ela nos previne de manter visões estreitas demais a respeito de como o mundo deve funcionar, ao fazermos vista grossa ou desconsiderarmos as consequências trágicas de assumir tais posições dogmáticas, uma vez que abre os nossos olhos para os difíceis acordos que as nossas intuições podem enfrentar na prática. Em contrapartida, isso pode estimular um diálogo mais substancial sobre como diferentes grupos aprendem a trabalhar com os sistemas de valores uns dos outros e sobre o que constitui os valores comuns mais fundamentais da sociedade, ou seja, um conjunto de princípios primordiais que pode unir esses grupos e proporcionar a base para que avancem.

—

Uma forma de compreender a necessidade de reconhecer, lembrar e conciliar os diferentes aspectos da verdade que costumam surgir logo após graves violações dos direitos humanos se encontra na investigação sobre os efeitos do trauma individual que observamos no capítulo 2. Centenas de artigos sobre esse tema atestaram que as pessoas podem reprimir a lembrança do trauma, mas essa lembrança acaba ressurgindo anos ou décadas depois.[288] Além disso, em um estudo que comparou a diferença entre as experiências boas e traumáticas, o especialista em traumas Bessel van der Kolk e seus colegas descobriram que, quando as pessoas se lembravam de experiências boas, as lembranças tinham começo, meio e fim claros, e nada era esquecido. No entanto, quando se lembravam de experiências traumáticas, essas lembranças eram muito mais desorganizadas. Alguns detalhes eram lembrados com muita clareza (como o cheiro do estuprador ou o corte na testa de uma criança morta), mas as pessoas esqueciam-se de outros detalhes importantes (quem foi o primeiro a ajudar ou como chegaram ao hospital) e da sequência de acontecimentos.[289]

Esse é um tipo prejudicial de esquecimento. De acordo com Bessel van der Kolk, mesmo quando não temos consciência de nosso trauma, por causa da repressão de tais lembranças, o subconsciente, o cérebro e o corpo mantêm um registro dessas experiências horríveis e podem nos fazer lembrar das piores partes com apenas alguns flashes, gerando graves distúrbios psicológicos e fisiológicos.[290] Os esforços para curar traumas individuais ressaltaram a necessidade de as lembranças traumáticas serem integradas por meio da construção de uma narrativa da experiência e de esforços ativos para conciliar todos os elementos do que aconteceu, de modo que as vítimas possam diferenciar entre passado e presente.

 O desafio de curar o trauma individual é bem diferente das dificuldades que as sociedades enfrentam para superar a devastação das graves violações dos direitos humanos. Não existem necessariamente equivalentes sociais diretos para todas as marcas fisiológicas que o trauma individual pode deixar no cérebro e no corpo das pessoas, por exemplo. No entanto, é quase certo que tais marcas ficarão evidentes em muitas pessoas que passaram por tais atrocidades. Além disso, alguns sintomas do trauma, como a repressão de lembranças, podem piorar quando se manifestam em nível social, à medida que os criminosos e outros membros da sociedade fazem de tudo para reprimir, desconsiderar ou esquecer certos elementos dessas histórias.

 É por isso que as tentativas de estabelecer a verdade sobre o que aconteceu e torná-la parte da conscientização pública e do registo histórico da Alemanha, de Ruanda e da África do Sul foram tão decisivas. Somente com a neutralização da tendência de lembrar de forma mais seletiva e de reprimir ou esquecer o restante, com o esforço conjunto para trazer à tona toda a extensão das atrocidades e com a luta para encontrar um jeito de juntar todos esses elementos em um todo coerente, é que as pessoas poderão chegar a uma compreensão mútua de como a confiança, que é tão fundamental para a sociedade, foi quebrada. Como já observado nos capítulos 2 e 9, se os envolvidos não conseguirem nem sequer chegar a um acordo sobre como se deu a quebra dessa confiança, há pouca esperança de que a situação seja reparada. Os criminosos, os espectadores e as vítimas têm, portanto, a responsabilidade coletiva de tomar as medidas necessárias para resolver essas diferenças. Talvez seja por isso que o relatório final da CVR da África do Sul tenha destacado que "uma lembrança inclusiva de verdades dolorosas sobre o passado é crucial para a criação da unidade nacional e para transcender as divisões do passado".[291]

Apesar da promessa, as três formas de justiça de transição citadas aqui, incluindo a CVR da África do Sul, conseguiram alcançar, na melhor das hipóteses, resultados mistos. Como observado anteriormente, era praticamente inviável que os julgamentos de Nuremberg e os demais levados a cabo pelos Aliados investigassem e processassem a grande quantidade de crimes cometidos pela Alemanha durante a Segunda Guerra Mundial. Os julgamentos de Nuremberg indiciaram 24 líderes de alto escalão; os demais processaram mais de 1.500 criminosos de guerra nazistas. Mesmo quando se incluem os muitos julgamentos de criminosos nazistas que aconteceram em 2005, Mary Fulbrook, professora de história alemã, relata que apenas 6.656 foram condenados, ou seja, somente uma pequena parte dos mais de 200 mil criminosos nazistas.[292]

Por sua vez, os tribunais Gacaca, em Ruanda, julgaram aproximadamente 1,2 milhão de casos. Por causa disso, muitos ruandeses acreditam que esses tribunais ajudaram a esclarecer o que aconteceu em suas comunidades durante o genocídio de 1994, mesmo que nem toda a verdade tenha sido revelada. Os tribunais ajudaram algumas famílias a encontrar os corpos de seus familiares assassinados. Elas puderam, finalmente, enterrá-los com dignidade. Alguns ruandeses dizem que foi isso que ajudou a dar início à reconciliação nas comunidades.

Os acordos que o sistema judicial Gacaca faziam em comparação com o procedimento judicial tradicional, contudo, especialmente em relação aos direitos dos acusados a um julgamento justo, também continham várias deficiências e falhas. Tal como relata a Reforma Penal Internacional (PRI, na sigla em inglês), esses problemas incluíam: violações básicas do direito a um julgamento justo e limitações à capacidade dos réus de se defenderem eficazmente, vários incidentes de intimidação de testemunhas e corrupção, além de falhas na tomada de decisões em virtude do treinamento inadequado de juízes leigos, pois era esperado que fossem capazes de lidar com casos complexos.[293] Também vale a pena mencionar que os tribunais Gacaca não tiveram permissão para julgar os crimes cometidos durante o genocídio por membros da Frente Patriótica de Ruanda (FPR), apesar dos vários relatos de que eles mataram civis mediante inúmeras execuções sumárias e massacres.²⁹⁴,²⁹⁵ Isso naturalmente levou a um relato unilateral das atrocidades, uma forma de justiça do vencedor semelhante à que foi criticada nos julgamentos de Nuremberg, que diminuiu significativamente o âmbito e a complexidade da verdade necessários para se alcançar uma reconciliação real.

Como observa a jornalista Zahra Moloo:

> A narrativa oficial do genocídio, que afirma que as vítimas tútsis foram resgatadas dos assassinos hutus pela FPR, persiste há décadas, o que mantém as histórias de um lado sempre em evidência e sujeitas à comemoração oficial ao mesmo tempo que silencia ativamente as lembranças e histórias do outro lado.²⁹⁶

Essa narrativa, sustentada pelas acusações unilaterais dos tribunais Gacaca, certamente serviu muito bem ao regime de Paul Kagame, o ex-comandante da FPR, quando se tornou líder de Ruanda após o genocídio, tendo assumido o cargo de presidente em abril de 2000.²⁹⁷ Kagame recebeu prêmios, adulação, centenas de milhões de dólares em ajuda e apoio incondicional de muitas figuras importantes. Contudo, para aqueles que estavam em busca de uma reconciliação verdadeira, como a PRI observou em relação às muitas deficiências e aos vários fracassos dos tribunais Gacaca, mesmo antes de os julgamentos se concluírem, "o resultado final é que existe o risco de o processo ser corrompido e de as pessoas não acreditarem mais nele".²⁹⁸

A CVR da África do Sul conseguiu evitar essa abordagem unilateral da verdade, mas esse resultado estava longe de ser garantido. Uma vez no poder, a concessão de anistia por parte da CVR gerou controvérsia entre os membros do CNA, que se ressentiam após seu movimento ser acusado de violações morais consideradas, de alguma forma, semelhantes às violações do movimento do apartheid.²⁹⁹ O primeiro-ministro e conselheiro jurídico do CNA, Mathews Phosa, afirmou que os membros do CNA não têm de pedir anistia porque a guerra contra o apartheid era justa e o relatório da CVR quase não foi publicado por causa disso. Essa oposição levou a escritora Antjie Krog a perguntar: "Quando a Comissão da Verdade afirma que 'a verdade vos libertará', será que o CNA mudou para 'a verdade determinada por nós vos libertará'?".[300] Foi só depois que o presidente da CVR, o arcebispo Desmond Tutu, anunciou que renunciaria se o CNA concedesse anistia a seus membros e que se recusava a ser maltratado por um partido que não aceitava tratamento igualitário perante a Comissão da Verdade, que a CVR foi autorizada a prosseguir com sua abordagem mais imparcial.

Ainda assim, tanto o âmbito quanto o sucesso da CVR da África do Sul permaneceram limitados. Enquanto alguns criminosos testemunharam para conseguir anistia, outros ficaram em silêncio. Eles optaram pelo risco de serem processados e punidos pelos tribunais criminais, e a maioria ganhou a aposta. Décadas mais tarde, centenas de casos de crimes do apartheid, incluindo homicídio e tortura, continuaram sem julgamento, apesar da crescente pressão para levar verdade e justiça às famílias dos mortos.[301] A ordem da CVR para investigar "graves violações dos direitos humanos" também não incluía verificar a desnaturalização sistemática de sul-africanos negros, que foram privados da cidadania sul-africana e designados cidadãos de *homelands*, ou bantustões, para, assim, serem excluídos do sistema político sul-africano.[302] A CVR também não questionou os direitos de propriedade estabelecidos. Assim, os sul-africanos brancos que roubaram terras durante o apartheid conseguiram ficar com elas.[303] Além disso, embora o relatório final da CVR tenha observado que "é impossível criar uma cultura significativa de direitos humanos sem que setores público e privado priorizem a justiça econômica",[304] a sua proposta de um "imposto único sobre as grandes fortunas" como mecanismo para efetuar a transferência de recursos foi ignorada.[305] Por fim, as orientações feitas pela CVR de indenizar quem oferecesse testemunho sobre suas experiências nunca receberam o apoio total do governo nacional, e cada depoente recebeu cerca de 3.900 dólares, muito menos que o recomendado pela CVR.[306]

Assim, embora o trabalho da CVR da África do Sul tenha sido comemorado fora do país e copiado por muitas outras nações, os sentimentos sobre o seu sucesso na própria África do Sul são muito mais discretos. Embora tenha ajudado a evitar a violência em massa durante a transição do apartheid para o governo da maioria, a CVR não abordou as consequências econômicas e políticas duradouras do apartheid. Isso levou a uma crescente desigualdade de rendimentos e à corrupção persistente nos anos seguintes. Em 2016, por exemplo, a maioria dos negros ainda vivia em favelas nas periferias das prósperas cidades da África do Sul. Na Cidade do Cabo, um terço dos 3,7 milhões de habitantes vivia nessas comunidades e tinha acesso limitado a serviços básicos, como água, eletricidade e banheiros.[307] Foi por causa desses aspectos cruciais que a historiadora Joan Wallach Scott concluiu que a CVR da África do Sul falhou em julgar a história.[308] Foi por causa disso também que o próprio arcebispo Tutu notou que o governo deixou os assuntos da comissão "tão escandalosamente inacabados".[309]

—

Cada uma das três abordagens da justiça de transição ressalta como a busca pela verdade e a reconciliação que ela promove pode ser distorcida pelo poder. Com base nas acusações de justiça do vencedor nos julgamentos nazistas,[310] dos tribunais Gacaca em Ruanda, que excluíam as atrocidades cometidas pela FPR,[311] ou das tentativas do CNA de obstruir os esforços da CVR de seu país,[312,313] podemos entender como as pessoas tentam usar o processo de justiça de transição a seu favor.

A experiência da CVR da África do Sul também demonstra como essas consequências do poder podem afetar todas as formas de justiça de transição, não só aquelas que se seguem a vitórias militares, mas também as muitas CVR que, desde então, foram formadas em outros países. Em todas as comissões, as pessoas precisam concordar sobre qual verdade deve fazer parte do novo registo histórico. No entanto, esse acordo pode, muitas vezes, ser elusivo. Os envolvidos acabam disputando para decidir quem pede desculpas e por quê. E, nesses casos, quem detém o poder costuma exercer maior influência, o que gera ambivalência e ressentimento em vez de reconciliação. Tudo isso pode inviabilizar o objetivo de se chegar a uma compreensão mútua sobre o que aconteceu e de se restabelecer a confiança.

Consideremos, por exemplo, os resultados da primeira CVR realizada nos Estados Unidos. A cidade de Greensboro, na Carolina do Norte, formou a comissão em 2004 para investigar o assassinato de cinco esquerdistas por supremacistas brancos, em 3 de novembro de 1979, durante um protesto contra a Ku Klux Klan em um conjunto habitacional local. Como relatam os jornalistas Peter Keating e Shaun Assael com maestria,[314] embora o massacre de Greensboro tenha sido o pior incidente de violência ocorrido no sul do país naquela década, ninguém foi condenado, e dois julgamentos criminais, que terminaram em absolvições, não esclareceram se foi a polícia que conduziu os manifestantes comunistas até a emboscada fatal ou não. A CVR de Greensboro foi formada para acabar com os "profundos sentimentos de desconfiança e ceticismo" que se abateram sobre a cidade em virtude desse incidente.

Após reunir, no entanto, os depoimentos de mais de cem testemunhas e de compilar um relatório de 210 páginas que reconstituiu exaustivamente o massacre, a comissão foi acusada de aumentar ainda mais os sentimentos de desconfiança e ceticismo que queria tanto combater ao exigir que uma minoria se retratasse. Enquanto os sobreviventes de Greensboro acreditavam ter criado um modelo de processo para a CVR, uma pesquisa realizada por Jeffrey Sonis, professor de medicina social da Universidade da Carolina do Norte, com mais de 1.500 habitantes escolhidos aleatoriamente, mostrou que a CVR não fazia diferença significativa nas atitudes de reconciliação ou de confiança social. Isso, porém, não desencorajou os sobreviventes de Greensboro a voltar para procurar "reconciliação" nas condições em que eles próprios definiram. Posteriormente, em 2008, eles obrigaram os responsáveis pela Comissão dos Direitos Humanos da cidade a manifestar pesar pela forma como o protesto que levou ao massacre saiu de controle. Então, em 2017, após a violência na manifestação Unite the Right, em Charlottesville, na Virgínia, as exigências para mais contrição levaram ao que Marikay Abuzuaiter, membro do conselho municipal, chamou de "pedido de desculpas coletivo" aos moradores de Greensboro, por parte da cidade e em nome das agências municipais, para abranger "todos os que estiveram envolvidos naquele dia". Em 2019, exigiu-se um pedido de desculpas por parte da polícia, e não da cidade, que foi finalmente redigido para deixar claro que, "se a polícia estivesse no local, essas pessoas não teriam perdido a vida e não teria havido um massacre".³¹⁵

Por fim, o resultado de tudo isso acabou sendo que a CVR de Greensboro só ajudou mesmo os próprios sobreviventes do massacre que estabeleceram a CVR. Outros, como John Young, um dos primeiros apoiadores da comissão e antigo ativista antiguerra, sentiu-se excluído à medida que os esforços da comissão ficavam cada vez mais injustos. Ele disse: "Infelizmente, ficou unidimensional. Nas audiências, eu queria uma versão mais completa do que aconteceu naquele dia [em 1979]".³¹⁶

A comissão não conseguiu oferecer tal versão e fez muito pouco para alcançar o tipo de reconciliação que procurava promover. Esse resultado bate com as observações mais abrangentes de James Gibson, um estudioso da Universidade de Washington, em St. Louis, sobre a Comissão da Verdade, que escreveu: "Muitas comissões parecem ter tido pouco ou nenhum impacto nas transformações sociais".³¹⁷ Isso se deve, em parte, ao fato de as pessoas usarem o poder para priorizar os interesses do seu próprio grupo em detrimento de uma reconciliação mais significativa.

As CVRs, contudo, ainda podem cumprir a função inestimável de revelar mais verdades. Como observou a filósofa americana Elizabeth Kiss, as melhores CVRs lutam por uma verdade inclusiva para honrar vários princípios morais e para alcançar fins morais profundamente diferenciados.³¹⁸ Essa verdade pode criar uma base para a conscientização, obter provas para julgamentos e, também, como o autor, historiador e político canadense Michael Ignatieff já dizia em 1996, "reduzir o número de mentiras que circulam incontestadas no discurso público".³¹⁹ Isso pode facilitar a compreensão mútua de como a confiança foi quebrada e como pode ser restabelecida. A tendência das pessoas de usar o poder em benefício do seu próprio grupo, no entanto, mesmo durante a busca por essa reconciliação, também sugere que não devemos esperar que haja uma linha reta que vai do estabelecimento da verdade à mudança social.

No geral, é irreal esperar que qualquer forma de justiça de transição alcance a reconciliação rapidamente. Como observou a historiadora Joan Wallach Scott, a ampla aceitação da responsabilidade política coletiva pelos crimes nazistas ocorreu muito tempo depois de Nuremberg, mas esses julgamentos, assim como os dos Aliados, contribuíram para que isso acontecesse ao apresentar provas irrefutáveis de tais crimes.[320] Da mesma forma, o relatório final da CVR da África do Sul reconheceu que a reconciliação exigia mais do que perdão, referindo-se à difícil história de reconciliação entre africânderes e sul-africanos brancos falantes de inglês após a devastadora Segunda Guerra dos Bôeres, que foi de 1899 a 1902, e constatou que

> apesar da coexistência e da participação dos sul-africanos falantes de inglês no sistema político que se seguiu à guerra, foram necessárias muitas décadas para reconstruir relações e redistribuir recursos, um processo que foi dificultado por uma série de conflitos urbanos/rurais, de classe, de barreiras linguísticas, entre outras coisas.

Isso mostra como a reconciliação requer não apenas justiça individual, mas, também, justiça social, pois é necessário tomar medidas reais para garantir que os danos não se repitam e que os prejuízos causados sejam reparados ao máximo possível. Caso contrário, como observaram Peter Keating e Shaun Assael, a "reconciliação" torna-se apenas mais uma forma de esquecimento forçado, "e, então, é só uma questão de tempo até que os zumbis do passado voltem".[321]

Entretanto, esses desafios também ressaltaram a natureza extraordinária da ambição dessas tentativas: a ideia de que podemos ter presenciado nossos compatriotas brutalizarem e assassinarem intencionalmente os nossos amigos, familiares e vizinhos só por fazerem parte do grupo errado, ou de que tenhamos desempenhado algum papel nessas atrocidades e, de alguma forma, possamos aprender não só a conviver com essas pessoas, mas, também, a confiar nelas e elas em nós. Essa ambição é tão grande que é quase certo que superará as nossas expectativas, sobretudo em curto prazo. Mas, como acontece com todas as metas dignas, isso não significa que tais ambições devam ser abandonadas. Assim como é difícil e demorado curar traumas individuais, precisamos considerar essas tentativas de justiça de transição como sendo só o primeiro passo do início da verdadeira jornada para se restaurar a confiança na sociedade.

11

COMO NÓS PROSSEGUIMOS

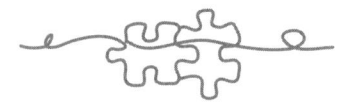

Agora que você chegou até aqui, é hora de eu fazer uma confissão. Basicamente, eu sou um pragmático. Não acredito que restaurar a confiança seja sempre viável ou até mesmo a melhor opção. Na realidade, se alguém quebra a confiança, o meu bom senso diz que esforços para restaurá-la, sem que antes se abordem as causas e as consequências do ocorrido, podem ser a receita para o desastre. Isso equivaleria a um tipo de "esquecimento forçado", em que os danos provavelmente persistirão ou ocorrerão novamente, com as vítimas exigindo soluções de maneiras cada vez mais estridentes.

É por isso que, se um transgressor não se arrepende do delito, se é provável que ele cometa outro e se ele se mostra um risco real de dano, simplesmente faz mais sentido nos concentrarmos em ser menos vulneráveis a essas possibilidades e decidir por *não* confiar. Afinal, não se espera que a ovelha deposite sua confiança no lobo. O mesmo se aplica àqueles cujas transgressões parecem inevitáveis por uma série de outras razões, como uma falta fundamental de capacidade que não pode ser corrigida ou uma ausência de consciência ou disposição de considerar interesses diferentes dos seus. Pode ser que esses indivíduos não sejam necessariamente pessoas ruins, mas a vida é curta, e, caso você tenha opções melhores, pode fazer mais sentido simplesmente partir para outra. É certo que existem vários casos em que é óbvio que confiar em alguém não compensará. E, se isso fica evidente na sua situação, não faz muito sentido se tornar um mártir.

Em contrapartida, também é verdade que, se não reparamos a confiança em relacionamentos que valem a pena ser recuperados, muito pode se perder

— tanto para quem deposita ou recebe confiança como para a sociedade. Além do mais, a evidência revela que muitas vezes tomamos decisões sem compreender se vale a pena restaurar a confiança ou não. Tais questões indicam um tema que é o cerne deste livro. Se eu tivesse de perguntar qual é a importância da confiança na sua vida, não tenho dúvidas de que você diria que ela é fundamental. Contudo, repetidas vezes, as conclusões da pesquisa deixam claro que fazemos esses julgamentos com bastante ineficácia. Diferenças simples no enunciado podem produzir disparidades dramáticas em como respondemos ao mesmo esforço de restauração da confiança, mesmo quando a natureza objetiva da transgressão é a mesma. Nossas reações a tais esforços podem, além disso, desencorajar quem deseja restaurar a confiança a fazer o que provavelmente mais desejamos, seja uma oferta de desculpas, seja o reconhecimento de uma completa responsabilidade ou uma resposta mais substancial.

Essas questões revelam como, às vezes, podemos ser nossos piores inimigos e apontam para a nossa parcela de responsabilidade nos desdobramentos. Indicam a necessidade de desenvolvermos uma melhor compreensão tanto da natureza da transgressão quanto da probabilidade de redenção antes de respondermos a esses tipos de incidentes. E isso significa que deveríamos, basicamente, assumir uma maior responsabilidade em como nos envolvemos em ao menos três elementos essenciais do processo de restauração da confiança: nossas atribuições, nossos julgamentos morais e nossas condenações.

NOSSAS ATRIBUIÇÕES

Em primeiro lugar, descobriu-se que o papel crucial que as atribuições desempenham na forma como as pessoas respondem às violações de confiança sublinha a necessidade de considerar as implicações dessas atribuições com mais cuidado. Assim como a nossa disposição inicial de confiar pode surgir de nossas disposições pessoais e de rápidos sinais cognitivos que se baseiam em estereótipos e participações em um grupo, nossas tendências de vermos transgressões como uma questão de competência ou integridade podem também ser influenciadas por uma série de suposições possíveis de distorcer a nossa compreensão do motivo de o incidente ter ocorrido. Por vezes demais, fazemos essas atribuições de maneira automática, sem pensar ou refletir de fato. Além disso, mesmo quando levamos tempo para nos comprometer com um raciocínio mais ponderado, tal deliberação pode ser fundamentada mais no que nos motivou a pensar do que no que aconteceu de verdade. Podemos decidir, por exemplo, que a transgressão de uma pessoa querida ocorreu inadvertidamente (ou seja, uma questão de competência), pois queremos que suas desculpas ajudem a restaurar aquele relacionamento. Ou podemos decidir que a transgressão de um inimigo ou membro que não faça parte do grupo foi intencional (ou seja, uma questão de integridade), pois assim podemos interpretar suas desculpas como confirmação de que a pessoa não merece confiança.

Se queremos, contudo, tornar-nos melhores baluartes da confiança e avaliarmos a confiabilidade dos outros com mais eficácia, nossas respostas às transgressões deveriam começar por uma consideração mais ponderada dos motivos que levaram a esses delitos. Na verdade, existem muitos exemplos de como mudar nossas atribuições a comportamentos — de questões de competência para questões de integridade, ou o inverso — pode fazer uma diferença gigante. Considere, por exemplo, a mudança na atitude da sociedade em relação ao alcoolismo — de uma questão de deficiência moral para uma doença — após a Associação Médica Americana considerá-la uma doença em 1956.[322] Embora ainda não tenhamos encontrado uma cura definitiva, resta pouca dúvida de que essa mudança na atribuição causou uma diferença positiva para muitos dos que foram afetados, seus amigos e suas famílias, bem como sua capacidade de contribuir com a sociedade. Do mesmo modo, considere como as atitudes da sociedade a respeito da homossexualidade tornaram-se mais tolerantes com o tempo (não apenas na Europa Ocidental, mas também em países como África do Sul, Quênia, Índia, Coreia do Sul e Japão),[323] conforme o discurso público deixava de representá-la como uma perversão moral para mostrá-la como uma orientação que não constitui uma escolha. A atribuição anterior, que a considerava um desvio moral intencional (ou seja, uma questão de integridade), dilacerou muitas famílias e provocou hostilidade, discriminação e violência contra pessoas LGBTQIAP+. Ou pense no movimento "duro com o crime" nos Estados Unidos, que também procurou julgar mais delinquentes juvenis como adultos. Considerando a evidência científica, que demonstra que há diferenças significativas no desenvolvimento entre jovens e adultos que afetam aspectos como capacidade de tomada de decisões, controle de impulsos e suscetibilidade à pressão dos colegas,[324] a minha sensação é de que esse esforço para alterar a forma como as transgressões juvenis são vistas (ao tratá-las como questões de integridade em vez de competência) tornou pior o nosso mundo.

Além disso, precisamos reconhecer que as causas para as violações na confiança podem não ser tão simples. Isso pode ser causado por uma série de motivos e demandar consideração mais cuidadosa para se determinar o que fazer. Como deveríamos responder a transgressões que surgiram da falta de conhecimento do transgressor, por exemplo, se não houve interesse por parte dele de aprender o que era necessário? Ou se um transgressor comete um delito de caso pensado, em parte, com base em falta de consciência do dano que isso criaria? Como deveríamos responder a alegações de que a transgressão "foi um erro de julgamento" (um ato intencional causado por falta de competência)? Nossa resposta deve depender do poder ou das características demográficas do transgressor? Além do mais, se considerarmos o transgressor menos passível de culpa quando houver circunstâncias atenuantes, importa se a violação foi ao menos parcialmente causada por forças externas, como pressão dos colegas, ou forças internas, como um grave hábito de uso de drogas ou vício em jogo?

Essas considerações complicam ainda mais a nossa capacidade de entender o processo de restauração da confiança, e a pesquisa científica para tais questões até agora não foi conduzida. Esse campo de pesquisa ainda está em estágio embrionário, e esforços para preencher as lacunas levarão muitos anos. Essas questões, no entanto, apontam para a necessidade de todos nós começarmos a pensar mais sobre como damos sentido a esses tipos de incidentes, se quisermos melhorar a nossa capacidade de resolvê-los.

NOSSOS JULGAMENTOS MORAIS

Essas questões de atribuição revelam quão crucial é incentivar uma compreensão mais profunda de como as pessoas promovem julgamentos morais. Como demonstramos no capítulo 9, as pessoas podem priorizar o mesmo conjunto básico de princípios morais de formas bastante diferentes. Além do mais, esses modos diferentes de priorização dos mesmos princípios morais podem, muitas vezes, entrar em conflito. Assim, podemos cair com facilidade na armadilha de presumir que, se nossos padrões morais estão corretos, os padrões morais dos outros devem estar errados. Nós nos consagramos heróis e consideramos corruptos todos aqueles que não compartilham dos nossos pontos de vista, com base na ilusão de que nossa própria concepção limitada de integridade é a única que importa.

As pessoas podem igualmente fazer julgamentos morais diferentes mesmo quando aderem ao mesmo código moral. Isso não ocorre apenas porque aqueles que cometem transgressões são motivados a racionalizar o seu comportamento para que ainda possam considerar-se boas pessoas, embora façam coisas ruins (algo que aqueles que observam tais ações estão menos inclinados a fazer), mas também porque as pessoas muitas vezes diferem no seu acesso a informações concernentes ao incidente (como consideramos no capítulo 8). Um CEO, por exemplo, pode lançar mão temporariamente de uma "contabilidade criativa" para manter a empresa solvente e os funcionários, considerando, assim, a transgressão justificada por esses motivos. Aqueles que mais tarde descobrirem esse truque contábil, no entanto, podem não ter ciência do bem a que a violação pretendia servir,[325] qualificar os esforços do transgressor de fornecer tais justificativas de egoístas[326] e, por fim, considerar essas ações antiéticas. É por isso que as crenças pessoais das pessoas podem, muitas vezes, ser diferentes, assim como por que as melhores comissões da verdade no mundo têm essencialmente buscado ouvir mais a respeito delas.

A questão fundamental é que essas diferenças na forma como as pessoas fazem julgamentos morais precisam ser harmonizadas de alguma forma. Isso requer um esforço para irmos além da nossa própria bolha interpretativa, que pode fomentar o excesso de confiança na validade universal da própria visão. Devemos levar a termo conversas honestas que revelem essas perspectivas concorrentes e nos forneçam uma base comum para equalizá-las. Tal como consideramos no capítulo 9, é essencial que as pessoas confrontem os difíceis compromissos que as suas próprias posições morais podem criar, reconheçam a multiplicidade de princípios éticos e compreendam como diferentes situações podem mudar as suas prioridades de um princípio para outro. É assim que podemos ir além de simples questões de certo e errado para abordar escolhas mais difíceis entre certo e certo, e, ao fazê-lo, responder ao desafio mais considerável de como, dada essa complexidade, podemos defender de maneira mais eficiente os princípios mútuos.

O problema, no entanto, é que muitas tendências na sociedade moderna parecem funcionar contra as condições que esse tipo de resolução exige. Tornou-se fácil demais focar em transmissões de mídia cujo modelo de negócio se baseia em reforçar o que já queremos pensar em vez de nos provocar a examinar os prós e contras a partir de múltiplas perspectivas. As pessoas naturalmente tendem a orbitar outras que são como elas mesmas em termos de situação financeira, raça, educação e orientação política. Além disso, os esforços de redistritamento permitiram e forçaram os políticos a atender aos pontos de vista cada vez mais unidimensionais do seu eleitorado estrategicamente organizado, em vez de conciliar uma diversidade mais ampla de opiniões. Assim, o modo de interação predominante tornou-se menos relacionado ao diálogo que à dominação, tratando-se simplesmente de impor as nossas opiniões morais aos outros. Para nos tornarmos melhores baluartes da confiança, precisamos, em última análise, quebrar esse padrão para nutrir conversas mais significativas sobre como conciliar esses valores divergentes.

NOSSAS CONDENAÇÕES

Em seu cerne, a restauração da confiança trata de como ponderamos questões de culpa e redenção. Em alguns casos, a redenção pode nem ser necessária, como quando somos falsamente acusados e, portanto, não temos culpa. Em outros casos, a redenção pode ser necessária e alcançável, pois os observadores estão inclinados a crer que o transgressor pode mudar para melhor (como após transgressões baseadas em competência). Nos demais casos, porém, a redenção pode ser praticamente impossível de ser atingida, pois esses sinais de redenção provavelmente serão descontados (como após transgressões baseadas em integridade).

Essas considerações basicamente fazem surgir a necessidade de regularmos nossas condenações com cuidado. Podemos certamente exigir mais penitência de um transgressor e puni-lo com mais dureza para atingir tal fim, mas isso pode não adiantar muito se as penas forem tão severas e as exigências de reparação, tão inatingíveis que os infratores optem por negar a culpabilidade, considerem mais fácil justificar e racionalizar o seu comportamento, e ressintam-se de nós por exigirmos demasiado. Pior ainda, essa abordagem pode criar uma profecia autorrealizável caso o punido creia que a restauração da confiança está além do seu alcance, caso espere ser estigmatizado permanentemente e ser excluído para sempre de uma vida normal e caso isso o leve a concluir que tem pouco a perder se vier a cometer outras transgressões no futuro.

É claro que não podemos ser ingênuos o bastante para inferir que simplesmente deveríamos ser mais indulgentes. A solução não é apenas deixar de lado as transgressões de confiança. A punição pode ser decisiva para a prevenção, bem como para esclarecer a nossa posição em relação a certo e errado. No entanto, também fica claro que o sistema judicial nos Estados Unidos é gravemente falho. Evidências sugerem que aumentar alguns tipos de punição (como a duração de penas de prisão) não necessariamente aumenta a prevenção[327] e que punimos desproporcionalmente os pobres e menos privilegiados.[328] Nossas abordagens para a pena podem, além disso, não apenas diminuir a probabilidade de redenção em alguns casos, como quando jovens são julgados como adultos, mas também, com bastante frequência, fazer pouco para retificar o dano causado às vítimas.

Essas considerações provocam a necessidade de um caminho a seguir mais esclarecido. E, embora este livro não trate necessariamente do sistema judicial, ele destaca a necessidade de uma atenção mais cuidadosa a ser dada a nossos sistemas de punição e prevenção. Os Estados Unidos têm apenas 5% da população mundial, mas um quarto de sua população carcerária. Nossas prisões abrigam dez vezes mais indivíduos com doenças mentais que hospitais estaduais.[329] Elas detêm uma porcentagem ainda maior da população negra do país que as prisões da África do Sul durante o apartheid.[330] E quase dois terços dos libertos a cada ano voltam à prisão,[331] em parte por causa da discriminação na busca por trabalho, que torna extraordinariamente difícil que eles obtenham empregos legais. Na verdade, é claro que existem muitas diferenças sociais que podem nos impedir de adotar sistemas judiciais como o da Suécia, que se centraram não na punição, mas na reabilitação, e registram taxas de encarceramento e criminalidade muito mais baixas que as dos Estados Unidos.[332] No entanto, é categórico que comecemos a explorar o que é possível, pois esses são problemas enormes, e devemos encontrar um modo de inverter o jogo.

UMA VIDA CHEIA DE CONFIANÇA

As constatações deste livro também fornecem uma miríade de insights acerca de como manter e restaurar a confiança nos nossos relacionamentos pessoais. Como mencionei no início, esse tipo de conselho não é algo que desejei proporcionar em um nível superficial. Este livro nunca teve a intenção de ser um guia passo a passo sobre como escapar impune de coisas ruins ou de atender àqueles que estão interessados apenas em soluções rápidas e medíocres. Evitei propositalmente essa abordagem não apenas porque muito do que a pesquisa desvendou é perfeito para abuso, mas também porque os esforços de aplicação dessas constatações, sem que haja tempo para entender suas nuanças, podem basicamente falhar.

É por isso que este livro é destinado àqueles que estão preparados para fazer o trabalho pesado antes. É para quem reconhece a necessidade de compreender a complexidade desses problemas e estão dispostos a abordar tais desafios com a sensibilidade que eles merecem. Dito isso, acredito que aqueles de vocês que dedicaram tempo para permanecer comigo até este capítulo final atendem a esses critérios. Assim, se você chegou até aqui e gostaria de ter um pouquinho mais de ajuda sobre como fazer uso, em suas próprias vidas, do que este livro descobriu, você está no caminho certo. Deixe-me, portanto, tentar sintetizar algumas lições básicas de um modo que possa atender a esse propósito.

Embora cada capítulo tenha buscado ampliar seu escopo para além das ideias que o precederam — de relacionamentos interpessoais a grupos, culturas e mesmo nações —, é importante ter em mente que os níveis mais amplos de análise acrescentam nuances ao que é fundamental sobre a confiança de um indivíduo. Mesmo quando estamos falando sobre a confiança em nível nacional, ela é construída sobre pessoas individuais e, assim, sujeitas às mesmas peculiaridades estranhas de percepção social que residem em cada um de nós. Isso inclui nossas tendências de dar mais importância às informações positivas que às negativas sobre competência; dar mais importância às informações negativas que às positivas sobre integridade; ou filtrar informações de maneiras que nos permitam preservar relacionamentos importantes, menosprezar estranhos, polarizar nossas opiniões e acreditar que estamos sendo justos e éticos mesmo quando estamos longe disso.

Cada capítulo pode assim ser visto como uma identificação desses tipos de peculiaridades, demonstrando é possível que isso afete a manutenção e a restauração da confiança, e, por meio desse processo, forneça insights de como podemos enfrentar esses desafios. Por exemplo, vamos considerar um dos problemas mais espinhosos deste livro: como a tendência das pessoas de dar mais importância às informações negativas que às positivas, em questões de integridade, pode tornar ineficazes até mesmo esforços sinceros de transmitir remorso por uma violação de confiança, e como isso, em última análise, dá aos transgressores um incentivo para, ao contrário, negarem sua culpa. O que tentei revelar nesta obra é como cada lado da equação pode ajudar no enfrentamento desse problema.

Para transgressores, observamos os problemas advindos da não admissão da culpa quando se é culpado ou da tentativa de ofuscar ou ignorar o ocorrido. Quando há provas de culpa e a transgressão afeta as preocupações fundamentais das pessoas, essas preocupações precisam ser abordadas de forma significativa. Como também vimos, porém, agir dessa maneira pode envolver mais que simplesmente transmitir mais remorso ou enfrentar punições mais duras, uma vez que essas opções são, muitas vezes, insuficientes para restaurar a confiança por conta própria. Assim, as ações também podem incluir esforços para moldar a forma como a própria transgressão é vista. Isso é, no entanto, algo que os transgressores tendem a ignorar ou a abordar de uma forma tão desastrada que os observadores não os consideram convincentes. Aqui é o ponto em que mais pode ser feito, o ponto no qual os transgressores podem conseguir moldar nossa compreensão do que aconteceu de modo a possibilitar a restauração da confiança. E, embora nem sempre isso seja viável (especialmente se a outra parte não estiver disposta a ouvir), eu acredito que, se esses esforços forem empreendidos com honestidade, sensibilidade e um desejo genuíno de acertar as coisas, com frequência podem fazer a diferença.

Tais considerações também ressaltam o papel crucial desempenhado pelos observadores no processo, as quais sugerem que os observadores deveriam questionar as atribuições que podem fazer a respeito desses incidentes, considerar o quanto dessa visão se baseia em suas motivações, questionar suas próprias suposições sobre como avaliar a confiabilidade de outras pessoas e fazer um balanço mais sério dos seus pressupostos sobre o significado da própria integridade. Ao fazê-lo, espero que os resultados nos conscientizem da rapidez com que podemos colocar pessoas como nós em pedestais e menosprezar aqueles que não se encaixam em nossos padrões limitados. O pior tipo de monstro é, com frequência, aquele que consagra a si próprio como herói, com base em concepções autointeressadas do que é certo, já que isso torna fácil atacar os outros sem um pingo de culpa. É por isso que um dos passos mais importantes a serem dados por observadores rumo à restauração da confiança é aquele que começa com humildade e delicadeza.

QUATRO LIÇÕES NORTEADORAS

Eu devotei minha carreira ao estudo dessas questões não por considerá-las desafios fáceis, mas por considerá-los tão difíceis. Antes dos trinta anos, mudei-me a cada quatro anos ou menos. Morei em países diferentes, em grandes cidades e subúrbios tranquilos, em comunidades de diferentes matizes raciais e étnicas, com pessoas da classe trabalhadora, de classe média e de alto poder aquisitivo. Foi um curso intensivo sobre a complexidade da natureza humana que, muitas vezes, me deixou surpreso, em razão dos atos de insensibilidade negligente das pessoas para com aquelas que são diferentes delas, à surpreendente crueldade que as pessoas às vezes podem infligir umas às outras e à decência essencial que muitas vezes pode ser encontrada nos outros. Mas, enquanto reflito sobre essas experiências e todas que ocorreram desde aqueles anos turbulentos, com base no que aprendi por meio desta pesquisa, eu provavelmente colocaria meu foco mais nítido em quatro lições norteadoras.

Nosso desejo de sermos bons

Em primeiro lugar, devemos começar pela premissa de que a maioria de nós quer ser bom. Em um capítulo do seu livro *A leste do Éden*, John Steinbeck escreve sobre se lembrar da morte de três homens.[333] O primeiro era um dos mais ricos do século, que abriu caminho para a riqueza "através das almas e dos corpos dos homens", e depois passou seus últimos anos tentando comprar de volta, mediante grandes atos de serviço, o amor que tinha perdido. O segundo usou seu discernimento para deturpar, subornar, ameaçar e seduzir os outros até que se viu em uma posição de grande poder e, então, "ostentou seus motivos com nomes de virtude". Steinbeck observa que a notícia da morte de cada um deles foi recebida com alegria e prazer. Quando, porém, pereceu o terceiro homem, o qual cometera muitos erros, mas cuja vida fora devotada a tornar os outros mais corajosos, dignos e bons, apesar das muitas forças hediondas no mundo, as pessoas nas ruas debulharam-se em lágrimas, sentindo-se perdidas sem ele. Ao refletir sobre essas vidas, Steinbeck compartilhou o que para ele era uma verdade fundamental. Escreveu: "Estou certo de que, sob suas camadas mais elevadas de fraquezas, no fundo, os homens querem ser bons e querem ser amados. Na verdade, a maioria dos seus vícios são tentativas de atalhos para o amor".

As constatações neste livro corroboram com essa conclusão. Alguns dos meus próprios estudos, que revisamos no capítulo 1, constataram que, quando as pessoas ouvem que os outros as consideram éticas, normalmente não respondem tentando explorar tal percepção, mas desejando provar que eles estão certos.[334] Outra pesquisa, que consideramos no capítulo 6, constatou que as pessoas podem ser desonestas o suficiente para lucrar, mas não tão desonestas que teriam de ver a si próprias como pessoas desonestas.[335] Igualmente, outro conjunto de constatações que revisamos naquele mesmo capítulo indica como as pessoas tentam contabilizar seus atos bons e ruins ao longo do tempo em uma tentativa de ficar no azul, evitando tornarem-se moralmente falidas.[336, 337] Assim, a evidência sugere que, embora muitos de nós não sejam santos, ao menos queremos ser bons o bastante para poder nos olhar no espelho.

As constatações, porém, também indicam a nossa necessidade de analisar os fatores que podem afetar o que "bom o bastante" significa, afinal de contas, e como isso pode estar por trás de uma grande variedade de transgressões. Isso exige análise de como podemos ser incoerentes ou hipócritas quando decidimos o que é justificado para nós mesmos versus os outros. Elas indicam os problemas que surgem quando subestimamos o poder da situação e presumimos que os outros têm mais controle sobre o que acontece do que de fato têm. Também sugerem, com base nos estudos do capítulo 5, que demonstram com que facilidade qualquer um de nós pode ser obrigado a fazer coisas ruins, que nossa tendência de acreditar que pessoas éticas teriam comportamento ético a despeito da situação — e, assim, dar mais peso a informações negativas sobre integridade do que positivas — podem nem mesmo fazer tanto sentido.

Se começarmos pela premissa de que a maioria de nós quer ser bom, então ao menos parte da solução para os desafios de confiança que enfrentamos está em ajudar o outro a chegar lá. É possível mudarmos o nosso foco para abordar as influências situacionais que podem motivar até mesmo pessoas bem-intencionadas em momentos de fraqueza a fazer a coisa errada, como simplesmente tornar a enganação mais difícil ou colocar outras tentações fora do alcance. Podemos aumentar o incentivo para que façam a coisa certa ao destacar os importantes benefícios que poderiam ser acumulados em um relacionamento confiável. Do mesmo modo, assim como violações de confiança podem surgir das ambiguidades do que é certo e errado, quanto mais pudermos esclarecer nossas expectativas de um jeito que os outros consigam compreender (em vez de aumentar a confusão, por exemplo, com contratos extensos repletos de juridiquês que incorporam pegadinhas nas letras miúdas), mais provável será que as nossas expectativas sejam atendidas. O objetivo não é tratar esses passos como alternativas para a confiança, mas, em vez disso, como um conjunto de esteios básicos a fim de ajudar a promover e sustentar a confiança que a maioria de nós merece.

Mas, acima de tudo, as constatações apontam para como os níveis relativamente elevados de confiança inicial que as pessoas demonstram nos outros geralmente fazem sentido. Estamos certos por confiar uns nos outros. Poucos de nós começam com a meta de explorar a confiança de outras pessoas e, conforme detalhado no capítulo 1, os benefícios de confiarmos uns nos outros têm recebido imensa fundamentação empírica. Só precisamos trabalhar com mais esforço para evitar que essa confiança seja ameaçada e, quando necessário, ser mais cuidadosos a respeito de restaurá-la.

A complexidade da verdade

Essa forma de ver o problema, como uma questão de abordar os "atalhos", mencionados por Steinbeck, que podem levar até mesmo pessoas bem-intencionadas a fazer coisas ruins, por sua vez, fornece a base para a segunda lição norteadora. Os diferentes modos pelos quais as pessoas conseguem interpretar como e por que as coisas ocorreram destacam a nossa necessidade de justificar a complexidade da verdade. Isso inclui a necessidade de não apenas incluir todos os fatos objetivos, mas também considerar as diferentes opiniões das pessoas quanto a como e por que as coisas ocorreram, bem como trabalhar na construção de uma compreensão coletiva dessas questões. Tal como destacaram os ideais norteadores das melhores comissões da verdade, precisamos partilhar as nossas histórias e reservar tempo para de fato ouvir.

Isso é essencial, pois a evidência deixou a alternativa bem clara. O que sabemos a partir deste livro é que as pessoas tendem a formar julgamentos rápidos com base nas suas intuições instintivas,[338] com apenas uma parcela das informações que foram disponibilizadas[339] e com motivação para verem a si e aos outros de sua tribo de forma positiva.[340] Sabemos também que isso pode criar sérias distorções na maneira como se pode ver exatamente o mesmo incidente, produzir grandes inconsistências em como avaliamos a confiabilidade e jogar sujo contra aqueles que são diferentes.[341,342] Assim, uma das nossas tarefas mais importantes é desligar esse tipo de piloto automático e nos esforçar para interpretar as violações de confiança com o mesmo nível de consideração cuidadosa e matizada que esperamos receber dos outros quando a nossa própria confiabilidade está por um fio. Porque, em algum momento, assim será.

Para lutar contra a sedução de histórias simplistas quando a confiança foi violada, a nossa primeira parada é explorar a diversidade de atribuições que as pessoas fizeram sobre o que aconteceu. Precisamos procurar e comparar as histórias que podem ser contadas por outras pessoas como nós, pelos supostos transgressores e por terceiros, com o objetivo de descobrir todas as influências situacionais e motivacionais que possam esclarecer se as transgressões foram intencionais ou não. Então, temos de verificar nossas próprias opiniões sobre o que os atos intencionais realmente nos dizem acerca do caráter moral do transgressor. Isso exige que nos afastemos das nossas bolhas interpretativas para considerar uma gama mais ampla de princípios éticos que todos compartilhamos, explorar como as pessoas podem priorizar esses princípios de forma diferente com base nas suas opiniões da situação e analisar os difíceis sacrifícios que podem surgir quando somos confrontados com a escolha entre certo e certo.

Tais esforços não exigem que abandonemos nossas opiniões; eles simplesmente representam o desejo de aprender mais, considerando que as informações que temos estão quase sempre incompletas. As informações podem adicionar tons de cinza a um quadro que, de outro modo, seria preto no branco, ajudar a estabelecer uma compreensão mútua de como e por que as coisas ocorreram e, assim, fornecer uma base mais sólida a partir da qual a confiança pode ser por fim restaurada. Na verdade, mesmo que essas ações não sejam totalmente bem-sucedidas, os nossos esforços para dedicar algum tempo a ouvir as opiniões dos outros e a dar conta dessa complexidade da verdade oferecem o benefício de transmitir que nos importamos e estamos fazendo o nosso melhor para acertar as coisas, em vez de simplesmente impor as nossas opiniões por meio da força.

O lado positivo da intenção

Em terceiro lugar, embora tenhamos, em grande, parte focado nos problemas que podem surgir quando as pessoas atribuem delitos a uma falta de integridade nos outros, o outro lado da moeda é que também pode ser fácil manter e restaurar a confiança quando os outros creem que nossas intenções são boas. Isso não demanda que todos nós partilhemos das mesmas exatas prioridades morais; simplesmente significa que deixamos claro que estamos fazendo o nosso melhor (apesar dessas diferenças, das pressões situacionais que estamos enfrentando, dos difíceis sacrifícios que podemos confrontar e de nossas próprias limitações) para merecer sua confiança, mesmo que às vezes falhemos.

Essa é a essência da terceira história de vida narrada por Steinbeck — o homem que cometeu muitos erros, mas cuja vida foi devotada a tornar os outros corajosos, dignos e bons, mesmo quando forças nefastas estavam à solta no mundo para explorar seus medos. Também é algo que vi repetidas vezes com os outros, dentro e fora da minha profissão. Quando deixamos claro que estamos fazendo o nosso melhor não apenas para nós mesmos, mas para as outras pessoas, é mais provável que elas vejam nossas falhas como erros, como questões de competência, o que poderia ser perdoado com mais boa vontade. Na verdade, elas vão querer interpretar esses fracassos como erros quando souberem que estamos cuidando delas, porque isso lhes dará um interesse maior na preservação do relacionamento.

Também devemos reconhecer, porém, que, mesmo se nossas intenções forem boas, isso pode não ficar tão evidente para os outros. É por isso que reservar um tempo para a escuta, abrir-nos para as diferenças em nossas histórias e reconhecer a complexidade da verdade pode ser tão importante. É fácil presumir que nossas próprias opiniões são as únicas que importam, especialmente se estamos apenas preocupados com aqueles que são exatamente como nós. Contudo, se queremos manter a confiança em um mundo mais amplo, onde as interpretações das pessoas podem ser diferentes, então é fundamental que nos vejam dando o nosso melhor para entender essas diferenças e integrá-los de maneiras que cada lado possa aceitar.

É assim que podemos deixar claro que as nossas intenções são boas não apenas para nós mesmos, mas também para os outros. É assim que deixamos claro que não estamos menosprezando a confiança e fazendo o nosso melhor para preservá-la. É assim que podemos nos blindar das atribuições de intenções abomináveis que podem tornar a restauração da confiança tão difícil. E é assim também que podemos encorajar os outros a se envolver em esforços semelhantes para transmitir intenções positivas para nós. Todas essas implicações podem, em última análise, ajudar a transformar o que de outra forma poderia ter se tornado um conflito insolúvel, em que cada lado condena a integridade do outro, em um problema mais administrável sobre a melhor forma de reconciliar as diferentes perspectivas e prioridades éticas de pessoas bem-intencionadas.

A necessidade de atravessar as portas

Este livro, contudo, também deixa claro que a restauração da confiança não depende inteiramente de nós. Essa é, talvez, a lição mais difícil de todas. Embora o perdão não exija a cooperação de quem ofendeu ou até mesmo o reconhecimento da transgressão de sua parte, a restauração da confiança sempre dependerá dele em algum grau. Não se trata de uma ação unilateral.

O que sabemos com base no capítulo 1 é que esforços que compelem os outros a se comportar como desejamos (mediante penalidades financeiras, condenação legal ou ameaças de outras sanções) basicamente fazem pouco para melhorar a confiança. Eles simplesmente permitem que ajamos como se confiássemos neles, reduzindo o risco. Além do mais, esses esforços podem até sair pela culatra ao nos encorajar a acreditar que os outros não teriam se comportado de forma confiável se *não* tivessem sido compelidos. Também aprendemos no capítulo 10 que o uso da força pode levar a formas unilaterais de reconciliação que provavelmente não considerarão algumas das causas e das consequências subjacentes da transgressão que tendem a impedir a sua restauração. Aquele capítulo também considerou como isso pode levar os envolvidos a rechaçarem tanto o processo de reconciliação como seus resultados, e como isso pode preparar a base para transgressões surgirem novamente no futuro.

É por isso que, muitas vezes, precisamos esperar o momento oportuno a fim de que uma reconciliação genuína aconteça. Conforme consideramos no capítulo 9, com frequência as pessoas não estão dispostas a se envolver em diálogos construtivos para lidar com esses tipos de desafios, até que cada lado acredite que meios unilaterais de seguir adiante foram superados, mantendo-os, em uma custosa situação de crise. Essa crença é o que as torna mais receptivas a propostas que possam oferecer uma saída de tal impasse doloroso, encorajá-las a começar a ouvir, fazer perguntas, incentivá-las a superar suas perspectivas dogmáticas em busca de áreas comuns e explorar modos mais significativos de resolver suas diferenças.

Mas tais momentos não ocorrem sempre. Pode ser que a contraparte tenha de passar por grandes perdas antes, como ocorre com viciados que precisam atingir o fundo do poço antes que estejam prontos para a reabilitação. Também é necessário que cada lado se interesse o suficiente pela restauração da confiança para passar pelo esforço, e esse nem sempre é o caso. Além disso, mesmo quando cada lado está pronto para trabalhar em suas questões, a tentação de usar poder e força para conseguir o que quer quando as coisas ficam difíceis estará sempre presente, como vimos repetidamente com os esforços para lidar com violações graves aos direitos humanos em todo o mundo. Isso é algo contra o qual sempre teremos de nos precaver. Esses momentos em que cada lado fica disposto de verdade a explorar um caminho diferente, no entanto, também são as oportunidades mais preciosas para mudanças reais acontecerem. Como o padre Greg, o fundador da Homeboy Industries que conhecemos no capítulo 6, observou certa vez em uma entrevista: "Eles precisam passar pelas portas. Do contrário, não funciona".[343]

CONCLUSÃO

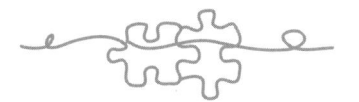

Um benefício duvidoso de se escrever um livro sobre confiança é que ele serve a um fluxo infinito de exemplos. Todo dia, quando leio as notícias, vejo uma série de novos incidentes, coisas peculiares, ocorrências imorais e outras ainda mais chocantes. Nas páginas deste livro, selecionei apenas alguns desses casos que achei que poderiam esclarecer da melhor maneira os insights principais da pesquisa. Contudo, seria negligente de minha parte se, no fim, eu também não passasse por ao menos dois dos sinais mais preocupantes de desconfiança em tempos modernos.

O primeiro desses sinais ocorreu quando eu ainda estava finalizando a proposta para este livro: a insurreição violenta no Prédio do Capitólio dos Estados Unidos em 6 de janeiro de 2021, que resultou na morte de cinco pessoas. Aquele momento colocou em foco total a medida da erosão da confiança nos Estados Unidos (nas nossas eleições, na mídia e nos nossos líderes políticos). Foi uma tragédia que deixou uma marca indelével na consciência pública de quão ruins as coisas se tornaram de fato. E esse momento sombrio provavelmente encontrará um lugar nas lições que partilhamos na história com as futuras gerações.

O segundo desses sinais ocorreu quando o próprio livro estava quase finalizado e continua a se desenrolar enquanto escrevo estas linhas: a invasão militar da Rússia em grande escala na Ucrânia, em 24 de fevereiro de 2022, iniciando o que parece ser uma nova Guerra Fria.[344] É um duro lembrete de como, independentemente do quão ruim a nossa crise de confiança possa ter parecido após a insurreição de 2021 nos Estados Unidos, as coisas sempre podem piorar. Embora os relatos de vítimas variem muito, o Alto Comissariado das Nações Unidas para os Direitos Humanos (ACNUDH) já verificou as mortes de mais de 3 mil civis em pouco mais de dois meses após o começo da guerra.[345] Acredita-se que mais de 12 milhões de pessoas deixaram suas casas na Ucrânia como refugiados.[346] E, até 3 de maio de 2022, a promotoria-geral da Ucrânia abriu mais de 9.300 investigações sobre supostos crimes de guerra no país (incluindo estupro, tortura e execuções sumárias), estimando-se que o número real de casos seja muito maior.[347]

Apesar de muitas diferenças notáveis, cada evento ressalta quão perigosamente perto estamos do precipício entre a confiança nos nossos sistemas de leis, regras e normas e a "lei da selva", em que vence o mais forte. Cada um desses eventos baseou-se em uma mentira descarada — alegações sem fundamento de que a eleição presencial de 2020 foi roubada nos Estados Unidos[348] e o suposto objetivo de "desnazificação" e prevenção de um "genocídio" na Ucrânia (apesar de o país ter elegido democraticamente um presidente judeu que perdeu parentes no Holocausto).[349] Cada uma dessas mentiras foi promovida por líderes de mentalidade autoritária buscando colocar os próprios interesses acima do interesse dos outros. Além disso, as consequências devastadoras dessas mentiras foram alimentadas por ressentimentos de longa data, com base em tensões socioeconômicas e desconfiança naqueles que são diferentes, do tipo que aparentemente também criaram raízes em países como França, Hungria e em outras partes do mundo.[350]

Mas precisamos nos lembrar de que foi durante cada um desses momentos sombrios que também tivemos vislumbres de esperança. Em decorrência da insurreição nos Estados Unidos, diversos membros do Congresso escolheram opor-se ao próprio partido e condenar o presidente por incitação à rebelião. Empresas quebraram o típico silêncio ao anunciar que retirariam fundos de campanha dos políticos que votaram para lançar dúvida sobre os resultados da eleição. Apoiadores ricos de políticos que contestaram os resultados da eleição declararam que o apoio havia sido um erro. E empresas de tecnologia tomaram medidas importantes para conter os esforços do ex-presidente de dar visibilidade a teorias da conspiração e extremistas.

Do mesmo modo, em resposta à guerra na Ucrânia, mais de trinta países ao redor do mundo impuseram sanções e controles de exportação à Rússia.[351] Até 5 de maio de 2022, quase mil empresas anunciaram publicamente que reduziriam de forma voluntária as operações naquele país.[352] Líderes europeus reuniram-se em uma frente nessa luta, reformulando as suas políticas externas ao enviar armas para defesa da Ucrânia.[353] Um veterano diplomata russo, Boris Bondarev, renunciou ao cargo de conselheiro na missão permanente russa das Nações Unidas em Genebra, por causa da invasão na Ucrânia, com uma declaração pública em que dizia: "Nunca senti tanta vergonha do meu país".[354] Até mesmo o apoio firme da China à retórica de Putin arrefeceu após os relatos e as fotos de brutais massacres a civis, os quais o porta-voz do ministro das Relações Exteriores da China, Zhao Lijian, reconheceu como "muito perturbadores".[355]

É quase certo que essas medidas, por si só, não serão suficientes. É provável que esforços mais fundamentais, mais abrangentes e duradouros sejam necessários para lidar com esses problemas, e já vimos uma série de esforços por parte de diferentes envolvidos para justificar, ignorar ou minimizar o que aconteceu. Pouco mais de um ano após a insurreição nos Estados Unidos, o Partido Republicano procurou relativizar o ataque, chamando-o de "discurso político legítimo", censurando Liz Cheney e Adam Kinzinger, os únicos republicanos na Câmara dos Deputados dos Estados Unidos atuando no painel da Câmara que investiga o incidente.[356] Do mesmo modo, quando a Assembleia-Geral das Nações Unidas votou, em 7 de abril de 2022, pela suspensão da Rússia do Conselho de Direitos Humanos após centenas de corpos de civis terem sido encontrados nas ruas e em covas coletivas na cidade de Bucha, subúrbio de Kiev, capital da Ucrânia, dezenas de países se abstiveram, incluindo Tailândia, Brasil, África do Sul, México, Indonésia e Singapura.[357]

À medida que os custos de não mudar de rumo continuam a crescer para a sociedade, no entanto, é também o caso de que cada vez mais de nós engrossarão as fileiras daqueles que buscam um caminho mais iluminado enquanto lutamos por modos mais significativos e duradouros de restaurar a confiança. É quando perdemos tanto que somos relembrados, em última análise, do que pode nos manter unidos. Retornamos aos primeiros princípios — da importância da honestidade e da verdade, da necessidade de ser livre da tirania e da opressão, da santidade da vida humana. E é com base nisso que examinaremos os escombros, descobriremos o que pode ser recuperado e tentaremos consertar o que foi quebrado.

Tal como acontece com a restauração da confiança em nossos governos, grupos e instituições, em seus líderes e um no outro, a ciência da redenção ainda está no início. Mas esse é um bom começo, uma base sólida sobre a qual podemos construir. Nunca precisamos tanto de uma conversa séria a respeito de como restaurar a confiança. Apesar de tudo, nunca fomos tão capazes disso. E, à medida que a nossa compreensão continua a crescer, quem sabe o que futuramente alcançaremos juntos?

AGRADECIMENTOS

Agradecimentos especiais a todos da agência Park & Fine Literary and Media, que me ajudaram a tornar este livro possível. A Alison MacKeen, por responder com tanta rapidez à minha pesquisa inicial, transmitindo tanto entusiasmo por esse tema, encorajando-me a explorar a amplitude de sua dimensão e por reservar um tempo para sugerir muitas alterações úteis na proposta final do livro. A Celeste Fine, brilhante parceira de agência que, em apenas trinta minutos de conversa, ofereceu o insight essencial que me ajudou a estruturar este livro. A Jaidree Braddix, por oferecer um apoio tão extraordinário ao longo da jornada de publicação, desde o primeiríssimo rascunho da proposta, passando pelas reuniões com a editora e a posterior disputa, bem como durante todas as fases do processo de publicação em si. A Andrea Mai, por me ceder sua expertise crítica em relações comerciais, editoriais e varejistas; assim como a Abigail Koons, pelo trabalho diligente na negociação dos direitos internacionais para esta obra. Não consigo imaginar uma equipe mais talentosa e meticulosa ao meu lado.

Agradeço também à Flatiron Books, que ajudou este livro a render bons frutos. Isso inclui Meghan Houser, a editora de aquisições que ofereceu diversas sugestões indispensáveis para este livro antes de deixar a Flatiron, bem como Lee Oglesby, por sua ajuda com a linha editorial após a saída de Meghan. Além disso, sou especialmente grato a Laury Frieber, que trabalhou com tamanha diligência para finalizar a revisão jurídica deste livro e que se tornou uma colaboradora tão atenciosa e agradável enquanto trabalhávamos nas revisões finais.

Por último, porém o agradecimento mais significativo de todos, minha mais profunda gratidão à minha amada esposa, Beth Fortune, uma escritora talentosa e chef formada no Cordon Bleu, que dedicou sua vida a trazer tamanha beleza ao mundo como arquiteta e designer de interiores. Pelo encorajamento desde as primeiríssimas frases deste livro, por ser um tão necessário porto seguro ao longo deste processo, por ter tempo para oferecer um feedback honesto tanto na proposta inicial quanto no rascunho final do livro e por sacrificar tantas horas nos fins de semana e à noite que poderíamos ter aproveitado juntos para que eu prosseguisse na escrita. Devo muito desta jornada a você.

NOTAS

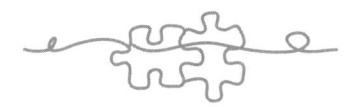

INTRODUÇÃO

1. RANINE, L.; PERRIN, A. Key Findings About Americans' Declining Trust in Government and Each Other. Pew Research Center, 22 jul. 2019. Disponível em: https://www.pewresearch.org/fact-tank/2019/07/22/key-findings-about-americans-declining-trust-in-Government-and-each-other. Acesso em: 18 nov. 2024.

2. PERRY, J. Trust in Public Institutions: Trends and Implications for Economic Security. *United Nations Department of Economic and Social Affairs*, 20 jul. 2021. Disponível em: https://www.un-ilibrary.org/content/papers/10.18356/27081990-108. Acesso em: 18 nov. 2024.

3. AXELROD, R. *The Evolution of Cooperation*. Nova York: Basic Books, 1984.

4. LUTZ, E. Trump Admits Russia Helped Him Win, DeniesIt 20 Minutes Later. *Vanity Fair*, 30 maio 2019. Disponível em: https://www.vanityfair.com/news/2019/05/trump-admits-russia-helped-him-win-denies-it-20-minutes-later. Acesso em: 18 nov. 2024.

5. NICAS, J. Brazilian Leader Accused of Crimes Against Humanity in Pandemic Response. *New York Times*, 19 out. 2021. Disponível em: https://www.nytimes.com/2021/10/19/world/americas/bolsonaro-covid-19-brazil.html. Acesso em: 18 nov. 2024.

6. THREE MPs and One Peer to Be Charged over Expenses. *BBC*, 5 fev. 2010. Disponível em: https://news.bbc.co.uk/2/hi/uk_news/politics/8499590.stm. Acesso em: 18 nov. 2024.

7. BRITISH MP Resigns After Being Caught Watching Pornography, Twice, in the House of Commons. *ABC News*, 30 abr. 2022. Disponível em: https://www.abc.net.au/news/2022-05-01/uk-mp-resigns-over-porn-scandal/101028768. Acesso em: 18 nov. 2024.
8. GUY, J.; McGEE, L.; KOTTASOVÁ, L. UK Prime Minister Boris Johnson Resigns After Mutiny in His Party. *CNN World*, 7 jul. 2022. Disponível em: https://www.cnn.com/2022/07/07/europe/boris-johnson-resignation-intl/index.html. Acesso em: 18 nov. 2024.
9. FOURTH Quarter 2021 Social Weather Survey: 69% of Adult Filipinos Say the Problem of Fake News in Media Is Serious. *Social Weather Stations*, 25 fev. 2022. Disponível em: https://www.sws.org.ph/swsmain/artcldisppage/?artcsyscode=ART-20220225130129&mccid=368bdea2b7&mceid=1eeee26a57. Acesso em: 18 nov. 2024.
10. QURESHI, Z. Trends in Income Inequality: Global, Inter-Country, and Within Countries. *Brookings*. Disponível em: https://www.brookings.edu/wp-content/uploads/2017/12/global-inequality.pdf. Acesso em: 18 nov. 2024.
11. ORTIZ-OSPINA, E.; ROSNER, M. Trust. *Our World in Data*, 2016. Disponível em: https://ourworldindata.org/trust. Acesso em: 18 nov. 2024.
12. CIVIC and Social Bonds Fortify Communities, but Millions of Americans Lack Connections That Could Bolster Pandemic Recovery. *Associated Press—NORC Center for Public Affairs Research*, jun. 2021. Disponível em: https://apnorc.org/projects/civic-and-social-bonds-fortify-communities-but-millions-of-americans-lack-connections-that-could-bolster-pandemic-recovery/. Acesso em: 18 nov. 2024.

1. VOCÊ NÃO É TÃO CÍNICO ASSIM

13. VAKNIN, S. *Malignanwt Self-Love*: Narcissism Revisited. Skopje, Macedonia: Narcissus Publications, 2015.
14. WILLIAMSON, O. E. Calculativeness, Trust, and Economic Organization. *Journal of Law and Economics*, v. 36, n. 1, p. 453-486, 1993.

15. ROUSSEAU, D. M.; SITKIN, S. R.; BURT, R. S.; CAMERER, C. Not So Different After All: A Cross-Discipline View of Trust. *Academy of Management Review*, v. 23, p. 393-404, 1998.

16. RANGEL, J. M.; SPARLING, P. H.; CROWE, C.; GRIFFIN, P. M.; SWERDLOW, D. L. Epidemiology of *Escherichia coli* O157:H7 Outbreaks, United States, 1982-2002. *Emerging Infectious Diseases*, v. 11, n. 4, p. 603-609, 2005.

17. KIM, P. H.; FERRIN, D. L.; COOPER, C. D.; DIRKS, K. T. Removing the Shadow of Suspicion: The Effects of Apology vs. Denial for Repairing Ability-vs. Integrity-Based Trust Violations. *Journal of Applied Psychology*, v. 89, n. 1, p. 104-118, 2004.

18. VULTAGGIO, M. Everyone Lies on Their Resume, Right? *Statista*, 3 mar. 2020. Disponível em:https://www.statista.com/chart/21014/resume-lie-work-jobs/; BOLDEN-BARRET, V. More Than a Third of People Admit to Lying on Resumes. *HR Dive*, 7 jan. 2020. Disponível em: https://www.hrdive.com/news/more-than-a-third-of-people-admit-to-lying-on-resumes/570565/; LIU, J. 78% of Job Seekers Lie During the Hiring Process—Here's What Happened to 4 of Them. *CNBC*, 20 fev. 2020. Disponível em: https://www.cnbc.com/2020/02/19/how-many-job-seekers-lie-on-their-job-application.html. Acessos em: 18 nov. 2024.

19. DUFFIN, E. Average Number of People Per Family in the United States from 1960 to 2021. *Statista*, 30 set. 2022. Disponível em: https://www.statista.com/statistics/183657/average-size-of-a-family-in-the-us. Acesso em: 18 nov. 2024.

20. COX, D. The State of American Friendship: Change, Challenges, and Loss. *Survey Center on American Life*, 8 jun. 2021. Disponível em: https://www.americansurveycenter.org/research/the-state-of-american-friendship-change-challenges-and-loss. Acesso em: 18 nov. 2024.

21. GRANOVETTER, M. *Getting a Job*: A Study in Contacts and Careers. 2. ed. Chicago: University of Chicago Press, 1995.

22. BIANCHI, E. C.; BROCKNER, J. In the Eyes of the Beholder? The Role of Dispositional Trust in Judgments of Procedural and

Interactional Fairness. *Organizational Behavior and Human Decision Processes*, v. 118, n. 1, p. 46-59, 2012.

23. ROTTER, J. B. Interpersonal Trust, Trustworthiness, and Gullibility. *American Psychologist*, v. 35, n. 1, p. 1-7, 1980.

24. ALLOY, L. B.; ABRAMSON, L. Y. Judgment of Contingency in Depressed and Nondepressed Students: Sadder but Wiser? *Journal of Experimental Psychology: General*, v. 108, n. 4, p. 441-485, 1979.

25. TAYLOR, S. E.; BROWN, J. D. Positive Illusions and Well-Being Revisited: Separating Fact from Fiction. *Psychological Bulletin*, v. 116, n. 1, p. 21-27, 1994.

26. DUNNING, D.; HEATH, C.; SULS, J. M. Flawed Self-Assessment: Implications for Health, Education, and the Workplace. *Psychological Science in the Public Interest*, v. 5, n. 3, p. 69-106, 2004.

27. BUTLER JR., J. K. Toward Understanding and Measuring Conditions of Trust: Evolution of a Conditions of Trust Inventory. *Journal of Management*, v. 17, n. 3, p. 643-663, 1991.

28. McKNIGHT, D. H.; CUMMINGS, L. L.; CHERVANY, N. L. Initial Trust Formation in New Organizational Relationships. *Academy of Management Review*, v. 23, n. 3, p. 473-490, 1998.

29. NISBETT, R. E. *Mindware*: Tools for Smart Thinking. *Nova* York: Farrar, Straus & Giroux, 2015.

30. KIM, P. H.; DIEKMANN, K. A.; TENBRUNSEL, A. F. Flattery May Get You Somewhere: The Strategic Implications of Providing Positive vs. Negative Feedback About Ability vs. Ethicality in Negotiation. *Organizational Behavior and Human Decision Processes*, v. 90, n. 2, p. 225-243, 2003.

31. SLEPIAN, M. L.; AMES, D. R. Internalized Impressions: The Link Between Apparent Facial Trustworthiness and Deceptive Behavior Is Mediated by Targets' Expectations of How They Will Be Judged. *Psychological Science*, v. 27, n. 2, p. 282-288, 2016.

32. LI, Q.; HEYMAN, G. D.; MEI, J.; LEE, K. Judging a Book by Its Cover: Children's Facial Trustworthiness and Peer Relationships. *Child Development*, v. 90, n. 2, p. 562-575, 2019.

33. ORTIZ-OSPINA, E.; ROSNER, M. Trust. *Our World in Data*, 2016. Disponível em: https://ourworldindata.org/trust-and-gdp. Acesso em: 18 nov. 2024.

2. QUANDO A CONFIANÇA É ROMPIDA

34. NATIONAL Domestic Violence Hotline. Disponível em: https://www.thehotline.org. Acesso em: 19 nov. 2024.
35. KAUFMAN, J.; ZIGLER, E. Do Abused Children Become Abusive Parents?. *American Journal of Orthopsychiatry*, v. 57, n. 2, p. 186-192, 1987.
36. BELL, B. E.; LOFTUS, E. F. Trivial Persuasion in the Courtroom: The Power of (a Few) Minor Details. *Journal of Personality and Social Psychology*, v. 56, n. 5, p. 669-679.
37. TVERSKY, A.; KAHNEMAN, D. Loss Aversion in Riskless Choice: A Reference-Dependent Model. *Quarterly Journal of Economics*, v. 106, n. 4, p. 1039-1061, 1991.
38. THE U.S. Public Health Service Syphilis Study at Tuskegee. *Centers for Disease Control and Prevention*. Disponível em: https://www.cdc.gov/tuskegee/index.html. Acesso em: 19 nov. 2024.
39. BROWN, K. V. Understanding Vaccine Hesitancy Among Black Americans. *Bloomberg*, 13 abr. 2021. Disponível em: https://www.bloomberg.com/news/articles/2021-04-13/understanding-vaccine-hesitancy-among-black-american. Acesso em: 19 nov. 2024.
40. BACON, P. Why a Big Bloc of Americans Is Wary of the COVID-19 Vaccine—Even as Experts Hope to See Widespread Immunization. *FiveThirtyEight*, 11 dez. 2020. Disponível em: https://fivethirtyeight.com/features/many-black-americans-republicans-women-arent-sure-about-taking-a-covid-19-vaccine. Acesso em: 19 nov. 2024.
41. CORONAVIRUS Vaccine Hesitancy in Black and Latinx Communities. COVID Collaborative, 2020. Disponível em: https://www.covidcollaborative.us/resources/coronavirus-vaccine-hesitancy-in-black-and-latinx-communities. Acesso em: 19 nov. 2024.
42. RISK for COVID-19 Infection, Hospitalization, and Death by Race/Ethnicity. Centers for Disease Control and Prevention, 25

maio 2023. Disponível em: https://archive.cdc.gov/www_cdc_gov/coronavirus/2019-ncov/covid-data/investigations-discovery/hospitalization-death-by-race-ethnicity.html.

43. COVID-19 Vaccine Efficacy Summary. Institute for Health Metrics and Evaluation, 18 fev. 2022. Disponível em: http://www.healthdata.org/covid/covid-19-vaccine-efficacy-summary.

44. NDUGGA, N.; HILL, L.; ARTIGA, S.; HALDAR, S. Latest Data on COVID-19 Vaccinations by Race/Ethnicity. Kaiser Family Foundation, 14 jul. 2022. Disponível em: https://www.kff.org/coronavirus-covid-19/issue-brief/latest-data-on-covid-19-vaccinations-race-ethnicity/.

45. GAWTHORP, E. The Color of Coronavirus: COVID-19 Deaths by Race and Ethnicity in the U.S. APM Research Lab, 19 out. 2023. Disponível em: https://www.apmresearchlab.org/covid/deaths-by-race.

46. RECHT, H.; WEBER, L. Black Americans Are Getting Vaccinated at Lower Rates Than White Americans. Kaiser Family Foundation, 17 jan. 2021. Disponível em: https://khn.org/news/article/black-americans-are-getting-vaccinated-at-lower-rates-than-white-americans/.

47. KIM, O. J.; MAGNER, L. N. A History of Medicine. Lomdres: Taylor & Francis, 2018.

48. ELLIOTT, C. Tuskegee Truth Teller. American Scholar, 4 dez. 2017. Disponível em: https://theamericanscholar.org/tuskegee-truth-teller/.

49. NEWSOME, M. We Learned the Wrong Lessons from the Tuskegee "Experiment". Scientific American, 31 mar. 2021. Disponível em: https://www.scientificamerican.com/article/we-learned-the-wrong-lessons-from-the-tuskegee-experiment/.

50. VAN DER KOLK, B. O corpo guarda as marcas: cérebro, mente e corpo na cura do trauma. Rio de Janeiro: Sextante, 2020.

51. BOUDEWYN, A. C.; LIEM, J. H. Childhood Sexual Abuse as a Precursor to Depression and Self-Destructive Behavior in Adulthood. Journal of Traumatic Stress, v. 8, n. 3, p. 445-459, 1995.

52. SWANN JR., W. B. Resilient Identities: Self, Relationships, and the Construction of Social Reality. Nova York: Basic Books, 1999.

53. RAINE, L.; KEETER, S.; PERRIN, A. Trust and Distrust in America. Pew Research Center, 22 jul. 2019. Disponível em: https://www.pewresearch.org/politics/2019/07/22/trust-and-distrust-in-america/.
54. GNEEZY, U.; RUSTICHINI, A. A Fine Is a Price. Journal of Legal Studies, v. 29, n. 1, p. 1-17, 2000.
55. MURRAY, S. L. Motivated Cognition in Romantic Relationships. Psychological Inquiry, v. 10, n. 1, p. 23-34, 1999.
56. MURRAY, S. L.; HOLMES, J. G. Seeing Virtues in Faults: Negativity and the Transformation of Interpersonal Narratives in Close Relationships. Journal of Personality and Social Psychology, v. 65, n. 4, p. 707-722, 1993.
57. STROMBERG, J. B. F. Skinner's Pigeon-Guided Rocket. Smithsonian, 18 ago. 2011. Disponível em: https://www.smithsonianmag.com/smithsonian-institution/bf-skinners-pigeon-guided-rocket-53443995/.
58. TOUSSAINT, L. L.; WORTHINGTON, E.; WILLIAMS, D. R. Forgiveness and Health: Scientific Evidence and Theories Relating Forgiveness to Better Health. Dordrecht, NL: Springer, 2015."
59. MALHOTRA, D.; MURNIGHAN, J. K. The Effects of Contracts on Interpersonal. Administrative Science Quarterly, v. 47, p. 534-559, 2002.

3. O PROBLEMA COM OS PEDIDOS DE DESCULPAS

60. MOONEY, J.; O'TOOLE, M. Black Operations: The Secret War Against the Real IRA. Dunboyne, IE: Maverick House, 2003. p. 156.
61. MULLAN, A. Mackey Slams Provos as RIRA Vows Resumption of Violence. Ulster Herald, 7 fev. 2008. Disponível em: https://web.archive.org/web/20080213223602/http://www.nwipp-newspapers.com/UH/free/349259728115496.php.
62. LATSON, J. How Poisoned Tylenol Became a Crisis-Management Teaching Model. Time, 29 set. 2014. Disponível em: https://time.com/3423136/tylenol-deaths-1982/.
63. CRISIS Communication Strategies. University of Oklahoma. Disponível em: https://www.ou.edu/deptcomm/dodjcc/groups/02C2/Johnson%20 &%20Johnson.htm.

64. DONNELLY, R. Apology a "Cynical Insult". Irish Times, 19 ago. 1998. Disponível em: https://www.irishtimes.com/news/apology-a-cynical-insult-1.184391.
65. LEWICKI, R. J.; POLIN, B.; LOUNT JR., R. B. An Exploration of the Structure of Effective Apologies. *In: Negotiation and Conflict Management Research*, v. 9, n. 2, p. 177-196, 2016
66. LATSON, "How Poisoned Tylenol Became a Crisis-Management Teaching Model".
67. BUTLER JR., J. K.; CANTRELL, R. S. A Behavioral Decision Theory Approach to Modeling Dyadic Trust in Superiors and Subordinates. Psychological Reports, v. 55, p. 19-28, 1984.
68. REEDER, G. D.; BREWER, M. B. A Schematic Model of Dispositional Attribution in Interpersonal Perception. *Psychological Review*, v. 86, n. 1, p. 61-79, 1979.
69. KIM, P. H.; FERRIN, D. L.; COOPER, C. D.; DIRKS, K. T. Removing the Shadow of Suspicion: The Effects of Apology vs. Denial for Repairing Ability-vs. Integrity-Based Trust Violations. *Journal of Applied Psychology*v. 89, n. 1, p. 104-118, 2004.
70. HARMON, D. H.; KIM, P. H.; MAYER, K. J. Breaking the Letter Versus Spirit of the Law: How the Interpretation of Contract Violations Affects Trust and the Management of Relationships. *Strategic Management Journal*v. 36, p. 297-517, 2015.
71. DUBBER, M. D. *Criminal Law*: Model Penal Code. Nova York: Foundation Press, 2002.
72. THERANOS, CEO Holmes, and Former President Balwani Charged with Massive Fraud.*U.S. Securities and Exchange Commission*, 14 mar. 2018. Disponível em: https://www.sec.gov/news/press-release/2018-41. Acesso em: 19 nov. 2024.
73. JOHNSON, C. Y. Elizabeth Holmes, Founder of Blood-Testing Company Theranos, Indicted on Wire Fraud Charges. Washington Post, 15 jun. 2018. Disponível em: https://www.washingtonpost.com/business/economy/elizabeth-holmes-founder-of-blood-testing-company-theranos-indicted-

74. GRIFFITH, E. Elizabeth Holmes Found Guilty of Four Charges of Fraud. New York Times, 3 jan. 2022. Disponível em: https://www.nytimes.com/live/2022/01/03/technology/elizabeth-holmes-trial-verdict. Acesso em: 19 nov. 2024.
75. GRIFFITH, E. No. 2 Theranos Executive Found Guilty of 12 Counts of Fraud. *New York Times*, 7 jul. 2022. Disponível em: https://www.nytimes.com/2022/07/07/technology/ramesh-balwani-theranos-fraud.html. Acesso em: 19 nov. 2024.
76. GODOY, J. "Eailure Is Not a Crime," Defense Says in Trial of Theranos Founder Holmes. *Reuters*, 9 set. 2021. Disponível em: https://www.reuters.com/business/healthcare-pharmaceuticals/fraud-trial-theranos-founder-elizabeth-holmes-set-begin-2021-09-08/. Acesso em: 19 nov. 2024.
77. ISAACSON, W. *Steve Jobs*: a biografia. São Paulo: Companhia das Letras, 2011.
78. BERGER, E *Liftoff*: Elon Musk and the Desperate Early Days That Launched SpaceX. Nova York: William Morrow, 2021.
79. KUPOR, S. (@skupor). X, 2 set. 2021, 12h23. Disponível em: https://x.com/skupor/status/1433465491603918855. Acesso em: 19 nov. 2024.twitter.com/skupor/status/1433465491603918855. Acesso em: 19 nov. 2024.
80. GODOY, "'Failure Is Not a Crime'".

4. PROVOCANDO NOSSAS PRÓPRIAS FRUSTRAÇÕES

81. CENTRAL Park Five: The True Story Behind When They See Us. BBC, 12 jun. 2019. Disponível em:www.bbc.com/news/newsbeat-48609693. Acesso em: 19 nov. 2024.
82. WILKINSON, A. A Changing America Finally Demands That the Central Park Five Prosecutors Face Consequences. Vox, 8 jul. 2019. Disponível em: 19 nov. 2024 http://www.vox.com/

the-highlight/2019/6/27/18715785/linda-fairstein-central-park-five-when-they-see-us-netflix. Acesso em: 19 nov. 2024.

83. FAIRSTEIN, L. Netflix's False Story of the Central Park Five. *Wall Street Journal*, 10 jun. 2019. Disponível em: https://www.wsj.com/articles/netflixs-false-story-of-the-central-park-five-11560207823. Acesso em: 19 nov. 2024.

84. WHEN They See Us: History vs. Hollywood. *History vs Hollywood*, 2019. Disponível em: https://www.historyvshollywood.com/reelfaces/when-they-see-us/. Acesso em: 19 nov. 2024.

85. HARRIS, E.; JACOBS, J. Linda Fairstein, Once Cheered, Faces Storm After "When They See Us". *New York Times*, 6 jun. 2019. Disponível em: https://www.nytimes.com/2019/06/06/arts/television/linda-fairstein-when-they-see-us.html. Acesso em: 19 nov. 2024.

86. DWYER, C. Linda Fairstein, Former 'Central Park 5' Prosecutor, Dropped by Her Publisher. PR, 7. jun. 2019. Disponível em: https://www.npr.org/2019/06/07/730764565/linda-fairstein-former-central-park-5-prosecutor-dropped-by-her-publishe. Acesso em: 19 nov. 2024.

87. WILKINSON, "A Changing America".

88. STEMPEL, J. Netflix Must Face Ex-Prosecutor's Defamation Lawsuit over Central Park Five Series. *Reuters*, 10 ago. 2021. Disponível em: https://www.reuters.com/lifestyle/netflix-must-face-ex-prosecutors-defamation-lawsuit-over-central-park-five-case-2021-08-09/. Acesso em: 19 nov. 2024.

89. Ibid.

90. BACKLASH Against D&G Intensifies as Apology Fails to Appease Anger. *GlobalTimes*, 28 nov. 2018. Disponível em: https://www.globaltimes.cn/page/201811/1129445.shtml. Acesso em: 19 nov. 2024.

91. DOLCE&GABBANA. Dolce&Gabbana Apologizes. *YouTube*, 23 nov. 2018. Disponível em:www.youtube.com/watch?v=7Ih62lTKicg. Acesso em: 19 nov. 2024.

92. "Backlash Against D&G Intensifies".

93. HILLS, M. C. Three Years After Ad Controversy, D&G Is Still Struggling to Win Back China. CNN, 17 jun. 2021. Disponível em:

https://www.cnn.com/style/article/dolce-gabbana-karen-mok-china/index.html. Acesso em: 19 nov. 2024.

94. SHAHANI, A. In Apology, Zuckerberg Promises to Protect Facebook Community. NPR, 22 mar. 2018. Disponível em: https://www.npr.org/2018/03/22/595967403/in-apology-zuckerberg-promises-to-protect-facebook-community. Acesso em: 19 nov. 2024.

95. MAC, R.; FRENKEL, S. No More Apologies: Inside Facebook's Push to Defend Its Image. *New York Times*, 21 set. 2021. Disponível em: https://www.nytimes.com/2021/09/21/technology/zuckerberg-facebook-project-amplify.html?referringSource=articleShare. Acesso em: 19 nov. 2024.

96. HOROWITZ, J. The Facebook Files. *Wall Street Journal*. Disponível em: https://www.wsj.com/articles/the-facebook-files-11631713039. Acesso em: 19 nov. 2024.

97. CLEGG, N. What the Wall Street Journal Got Wrong. Meta, 18 set. 2021. Disponível em: https://about.fb.com/news/2021/09/what-the-wall-street-journal-got-wrong/. Acesso em: 19 nov. 2024.

98. CAREY, B. Nenial Makes the World Go Round. New York Times, 20 nov. 2007. Disponível em: https://www.nytimes.com/2007/11/20/health/research/20deni.html. Acesso em: 19 nov. 2024.

99. ASK Amy: How Do I Make Someone Apologize?. *NPR, Talk of the Nation*, 28 out. 2010. Disponível em: https://www.npr.org/templates/story/story.php?storyId=130890844.

100. ENGEL, B. Why We Need to Apologize. *Psychology Today*, 12 jun. 2020. Disponível em: https://www.psychologytoday.com/us/blog/the-compassion-chronicles/202006/why-we-need-apologize. Acesso em: 19 nov. 2024.

101. KIM, P. H.; FERRIN, D. L.; COOPER, C. D.; DIRKS, K. T. Removing the Shadow of Suspicion: The Effects of Apology vs. Denial for Repairing Ability-vs.Integrity-Based Trust Violations. *Journal of Applied Psychology*, v. 89, n. 1, p. 104-118, 2004.

102. MAYS, M. Complex Behavioral Trauma, Part 3: Emotional and Psychological Trauma. *PartnerHope*. Disponível em: https://

103. LEVINE, E. E.; SCHWEITZER, M. E. Prosocial Lies: When Deception Breeds Trust. *Organizational Behavior and Human Decision Process*, v. 126, p. 88-106, 2015.
104. KIM, P. H.; DIRKS, K. T.; COOPER, C. D.; FERRIN, D. L. When More Blame Is Better Than Less: The Implications of Internal vs. External Attributions for the Repair of Trust After a Competence-vs.Integrity-Based Trust Violation. *Organizational Behavior and Human Decision Processes*, v. 99, p. 49-65, 2006.
105. FERRIN, D. L.; KIM, P. H.; COOPER, C. D.; DIRKS. Silence Speaks Volumes: The Effectiveness of Reticence in Comparison to Apology and Denial for Responding to Integrity-and Competence-Based Trust Violations. *Journal of Applied Psychology*, v. 92, n. 4, p. 893-908, 2007.
106. ROTH, D. L. Crazy from the Heat. Londres: Ebury, 2000.
107. SHATZ, I. The Brown M&M's Principle: How Small Details Can Help Discover Big Issues. *Effectivology*. Disponível em: https://effectiviology.com/brown-mms/. Acesso em: 19 nov. 2024.
108. ZEVELOFF, J. There's a Brilliant Reason Why Van Halen Asked for a Bowl of M&Ms with All the Brown Candies Removed Before Every Show. Insider, 26 set. 2016. Disponível em: https://www.insider.com/van-halen-brown-m-ms-contract-2016-9. Acesso em: 19 nov. 2024.
109. HARMON, D. H.; KIM, P. H.; MAYER, K. J. Breaking the Letter Versus Spirit of the Law: How the Interpretation of Contract Violations Affects Trust and the Management of Relationships. *Strategic Management Journal*, v. 36, p. 497-517, 2015.

5. A SEDUÇÃO DE HISTÓRIAS SIMPLISTAS

110. TOP 10 Apologies. Time. Disponível em: https://content.time.com/time/specials/packages/0,28757,1913028,00.html. Acesso em: 19 nov. 2024.
111. SCHWARZENEGGER Apologizes for Behavior Toward Women. CNN, 3 out. 2003. Disponível em: https://www.cnn.com/2003/ALLPOLITICS/10/03/schwarzenegger.women/index.html.

112. VEDANTAM. S. Apologies Accepted? It Depends on the Offense. *Washington Post*, 25 set. 2006. Disponível em: https://www.washingtonpost.com/wp-dyn/content/article/2006/09/24/AR2006092400765.html. Acesso em: 19 nov. 2024.
113. DARCY, O. Fox News Says It, Mistakenly" Cropped Trump out of Photo Featuring Jeffrey Epstein and Ghislaine Maxwell. *CNN Business*, 6 jul. 2020. Disponível em: https://www.cnn.com/2020/07/06/media/fox-news-trump-crop-epstein-maxwell/index.html. Acesso em: 19 nov. 2024.
114. FOLKENFLIK, D. You Literally Can't Believe the Facts Tucker Carlson Tells You. So Say Fox's Lawyers. NPR, 29 set. 2020. Disponível em: https://www.npr.org/2020/09/29/917747123/you-literally-cant-believe-the-facts-tucker-carlson-tells-you-so-say-fox-s-lawyer. Acesso em: 19 nov. 2024.
115. HILLS, M. C. Three Years After Ad Controversy, D&G Is Still Struggling to Win Back China. CNN, 17 jun. 2021. Disponível em: https://edition.cnn.com/style/article/dolce-gabbana-karen-mok-china/index.html. Acesso em: 19 nov. 2024.
116. BACKLASH Against D&G Intensifies as Apology Fails to Appease Anger. *Global Times*, 28 nov. 2018. Disponível em: https://www.globaltimes.cn/page/201811/1129445.shtml. Acesso em: 19 nov. 2024.
117. CAMPBELL, D. Schwarzenegger Admits Behaving Badly After Groping Claims. Guardian, 3 out. 2003. Disponível em: https://www.theguardian.com/world/2003/oct/03/usa.filmnews. Acesso em: 19 nov. 2024.
118. COHN, G.; HALL, C.; WELKOS, R. Women Say Schwarzenegger Groped, Humiliated Them. *Los Angeles Times*, 2 out. 2023. Disponível em: https://www.latimes.com/local/la-me-rchive-schwarzenegger-women-story.html.
119. MARIA Shriver Defends Husband Schwarzenegger. CNN, 3 out. 2003. Disponível em: https://www.cnn.com/2003/ALLPOLITICS/10/03/shriver/.

120. YU, Y.; YANG, Y.; JING, F. The Role of the Third Party in Trust Repair Process. *Journal of Business Research*v. 78, p. 233-241, 2017.
121. GRAY Davis Recall, Governor of California. *Ballotpedia*, 2003. Disponível em: https://ballotpedia.org/Gray_Davis_recall,_Governor_of_California_(2003). Acesso em: 21 nov. 2024.
122. KIM, P. H.; PINKLEY, R. L.; FRAGALE, A. R. Power Dynamics in Negotiation. *Academy of Management Review*, v. 30, n. 4, p. 799-822, 2005.
123. TOTAL Recall: California's Political Circus. *CNN Audio*, set./out. 2021. Disponível em: https://www.cnn.com/audio/podcasts/total-recall?episodeguid=6d9a75c5-8f38-4b53-9b57-adb100efb55b. Acesso em: 21 nov. 2024.
124. WEST, J. Melania Trump Breaks Silence about Her Husband's Sexual Assault Boast. *Mother Jones*, 8 out. 2016. Disponível em: https://www.motherjones.com/politics/2016/10/melania-trump-reaction-trump-tape-boast-grope/. Acesso em: 21 nov. 2024.
125. LIDDY, T. Donald Trump Says "I Was Wrong" After Groping Comments, Takes Aim at Bill Clinton. *ABC News*, 8 out. 2016. Disponível em: https://abcnews.go.com/US/donald-trump-wrong-groping-comments/story?id=426606. Acesso em: 21 nov. 2024.1.
126. WITZ, B. A Cog in the College Admissions Scandal Speaks Out. *New York Times*, 27 set. 2021. Disponível em: https://www.nytimes.com/2021/09/27/sports/stanford-varsity-blues-college-admission.htm. Acesso em: 21 nov. 2024.
127. Ibid.
128. COLEMAN, J. Surviving Betrayal. *Greater Good Magazine*, 1º set. 2008. Disponível em: https://greatergood.berkeley.edu/article/item/surviving_betraya. Acesso em: 21 nov. 2024.
129. BROWN, B. *A coragem de ser imperfeito*. Rio de Janeiro: Sextante, 2016.
130. MILGRAM, S. Behavioral Study of Obedience. *Journal of Abnormal and Social Psychology*, v. 67, n. 4, p. 371-178, 1963.

131. DARLEY, J. M.; BATSON, C. D. "From Jerusalem to Jericho": A Study of Situational and Dispositional Variables in Helping Behavior. Journal of Personality and Social Psychology, v. 27, n. 1, p. 100-108, 1973.
132. ROSS, L. The Intuitive Scientist and His Shortcomings. In: BERKOWITZ, L. (ed.). *Advances in Experimental Social Psychology*. Cambridge, MA: Academic Press, 1977. v. 10, p. 174-220.0.
133. ZUCKERBERG, M. *Facebook*, 6 out. 2021. Disponível em: https://www.facebook.com/zuck/posts/10113961365418581. Acesso em: 21 nov. 2024.
134. MAK, A. What Mark Zuckerberg Knew and When He Knew It. Slate, 6 out. 2021. Disponível em: https://slate.com/technology/2021/10/facebook-scandal-zuckerberg-what-he-knew.html. Acesso em: 21 nov. 2024.
135. HOROWITZ, J. The Facebook Files. *Wall Street Journal*. Disponível em: https://www.wsj.com/articles/the-facebook-files-11631713039. Acesso em: 19 nov. 2024.
136. FERRIN, D. L.; KIM, P. H.; COOPER, C. D.; DIRKS, K. T. Silence Speaks Volumes: The Effectiveness of Reticence in Comparison to Apology and Denial for Responding to Integrity-and Competence-Based Trust Violations. Journal of Applied Psychology, v. 92, n. 4, p. 893-908, 2007.
137. O'KANE, C. South Korean Broadcaster Apologizes After Using Stereotypical and Offensive Images to Represent Countries During Olympics Opening Ceremony. CBS News, 26 jul. 2021. Disponível em: https://www.cbsnews.com/news/olympics-mbc-korean-broadcast-company-apologize-offensive-images. Acesso em: 19 nov. 2024.
138. Idem.
139. LEE, S.-J. [Newsmaker] MBC Apologizes for Tokyo Olympics Opening Ceremony Broadcast Fiasco. *Korea Herald*, 25 jul. 2021. Disponível em: https://www.koreaherald.com/view.php?ud=20210725000165. Acesso em: 19 nov. 2024.
140. LEE, H.-R. MBC Given Slap on the Wrist for Discriminatory Olympics Broadcasts. *Korea Times*, 10 set. 2021. Disponível em:

https://www.koreatimes.co.kr/www/nation/2024/11/113_315367.html. Acesso em: 19 nov. 2024.

141. KIM, P. H.; MISLIN, A.; TUNCEL, E.; FEHR, R.; CHESHIN, A. VAN KLEEF, G. A. Power as an Emotional Liability: Implications for Perceived Authenticity and Trust After a Transgression. *Journal of Experimental Psychology: General*, v. 146, n. 10, p. 1379-1410, 2017.

142. "Backlash Against D&G Intensifies as Apology Fails to Appease Anger".

143. SPRINGSTEEN, B. *Born to Run*. Nova York: Simon & Schuster, 2016.

6. FECHANDO AS CONTAS NO NEGATIVO

144. HOMEBOY Industries. Disponível em: https://homeboyindustries.org/. Acesso em: 21 nov. 2024.

145. CRIMINAL Justice Facts. *Sentencing Project*. Disponível em: https://www.sentencingproject.org/criminal-justice-facts/. Acesso em: 19 nov. 2024.

146. KIM, P. H.; HARMON, D. H. Justifying One's Transgressions: How Rationalizations Based on Equity, Equality, and Need Affect Trust After Its Violation. *Journal of Experimental Psychology: Applied*, v. 20, n. 4, p. 365-379, 2014.

147. KANT, I. The Science of Right. Tradução: HASTIE, W. In: HUTCHINS, R. (ed.). Great Books of the Western World. Edinburgh: T&T Clark, 1952. p. 397-446.

148. BENTHAM, J. Principles of Penal Law. In: BOWRING, J. (ed.). E *The Works of Jeremy Bentham* Edinburgh: W. Tait, 1962. p. 396.

149. TEN. C. L. Crime and Punishment. In: SINGER, P. (ed.) *A Companion to Ethics*. Oxford: Blackwell Publishers, 1993.

150. CARLSMITH. K. M. The Roles of Retribution and Utility in Determining Punishment. *Journal of Experimental Social Psychology*, v. 42, p. 437-451, 2006.

151. CARLSMITH, K. M.; DARLEY, J. M. Psychological Aspects of Retributive Justice. In: ZANNA, M. P. (ed.). C *Advances in Experimental Social Psychology*. Cambridge, MA: Elsevier Academic Press, 2008. v. 40, p. 193-236.

152. KAHNEMAN, D. *Thinking, Fast and Slow*. Nova York: Farrar, Straus & Giroux, 2011.
153. GREENE, J. D.; NYSTROM, L. E.; ENGELL, A. D.; DARLEY, J. M.; COHEN, J. D. The Neural Bases of Cognitive Conflict and Control in Moral Judgement. *Neuron*, v. 44, p. 389-400, 2004.
154. GREENE, J. D.; SUMMERVILLE, R. B.; NYSTROM, L. E.; DARLEY, J. M.; COHEN, J. D. An fMRI Investigation of Emotional Engagement in Moral Judgment. *Science*, v. 293, p. 2105-2108, 2001.
155. CARLSMITH AND DARLEY, "Psychological Aspects of Retributive Justice."
156. CRIME Survivors Speak. *Alliance for Safety and Justice*. Disponível em: https://allianceforsafetyandjustice.org/crimesurvivorsspeak. Acesso em: 21 nov. 2024.
157. PUBLIC Opinion on Sentencing and Corrections Policy in America. *Public Opinion Strategies and the Mellman Group*, mar. 2012. Disponível em: https://www.pewtrusts.org/~/media/assets/2012/03/30/pew_nationalsurveyresearchpaper_final.pdf. Acesso em: 21 nov. 2024.
158. EGLASH, A. Creative Restitution: Its Roots in Psychiatry, Religion and Law. *British Journal of Delinquency*, v. 10, n. 2, p. 114-119, 1959.
159. KEATING, P.; ASSAEL, S. The USA Needs a Reckoning. Does "Truth and Reconciliation" Actually Work? Mother Jones, 5 mar. 2021. Disponível em: https://www.motherjones.com/politics/2021/03/greensboro-massacre-does-truth-and-reconciliation-actually-work/. Acesso em: 21 nov. 2024.
160. LATIMER, J.; DOWDEN, C.; MUISE, D. The Effectiveness of Restorative Justice Practices: A Meta-Analysis. *Prison Journal*, v. 85, n. 2, p. 127-144, 2005.
161. STACK, L. Light Sentence for Brock Turner in Stanford Rape Case Draws Outrage. New York Times, 6 jun. 2016. Disponível em: https://www.nytimes.com/2016/06/07/us/outrage-in-stanford-rape-case-over-dueling-statements-of-victim-and-attackers-father.html. Acesso em: 21 nov. 2024.

162. ASTOR, M. California Voters Remove Judge Aaron Persky, Who Gave a 6-Month Sentence for Sexual Assault. *New York Times*, 6 jun. 2018. Disponível em: https://www.nytimes.com/2018/06/06/us/politics/judge-persky-brockturner-recall.html. Acesso em: 21 nov. 2024.
163. NISAN, M. Moral Balance: A Model of How People Arrive at Moral Decisions. In: WREN, T. E. (ed.). *The Moral Domain*: Essays in the Ongoing Discussion Between Philosophy and the Social Sciences. Cambridge, MA: MIT Press, 1990. p. 283-314.
164. LECRAW, E.; MONTANERA, D.; JACKSON, J.; KEYS, J.; HETZLER, D.; MROZ, T. Changes in Liability Claims, Costs, and Resolution Times Following the Introduction of a Communication-and-Resolution Program in Tennessee. *Journal f Patient Safety and Risk Management*, v. 23, n. 1, p. 13-18, 2018. Disponível em: https://journals.sagepub.com/doi/full/10.1177/1356262217751808. Acesso em: 21 nov. 2024.
165. FREDRICKS, T. Efficacy of a Physician's Words of Empathy: An Overview of State Apology Laws. *Journal of the American Osteopathic Association*, v. 112, n. 7, p. 405-406, 2012. Disponível em: https://www.degruyter.com/document/doi/10.7556/jaoa.2012.112.7.405/html. Acesso em: 21 nov. 2024.
166. MOLLOY, T. Weiner Resigns in Humiliation: "Bye-Bye, Pervert!", *Wrap*, 16 jun. 2011. Disponível em: https://www.thewrap.com/weiner-resigns-congressman-out-online-sex-scandal-28292. Acesso em: 21 nov. 2024.
167. **DIRKS, K. T.; KIM, P. H.; FERRIN, D. L.; COOPER, C. D.** Understanding the Effects of Substantive Responses on Trust Following a Transgression. *Organizational Behavior and Human Decision Processes* v. 114, p. 87-103, 2011.
168. WONG, E. Under Fire for Perks, Chief Quits American Airlines. *New York Times*, 25 abr. 2003. Disponível em: https://www.nytimes.com/2003/04/25/business/under-fire-for-perks-chief-quits-american-airlines.html. Acesso em: 21 nov. 2024.
169. MONIN, B.; MILLER, D. T. Moral Credentials and the Expression of Prejudice. *Journal of Personality and Social Psychology*, v. 81, n. 1, p. 33-43, 2001.

170. MAŽAR, N.; AMIR, P. ARIELY, D. The Dishonesty of Honest People: A Theory of Self-Concept Maintenance. *Journal of Marketing Research*, v. 45, n. 6, p. 633-644, 2008.
171. KIM, P. H.; HAN, J.; MISLIN, A. A.; TUNCEL, E. The Retrospective Imputation of Nefarious Intent. *Academy of Management Proceedings*, v. 1, p. 16137, 2019.
172. ISAACSON, W. *Steve Jobs*: a biografia. São Paulo: Companhia das Letras, 2011.1.
173. TAPALAGA, A. Steve Jobs' Dark Past. *Medium*, 3 out. 2020. Disponível em: https://medium.com/history-of-yesterday/steve-jobss-dark-past-55a98044f3b4.
174. REYNOLDS, R. Why Couples Fail After an Affair: Part 2—Not Getting It. *Affair Recovery*. Disponível em: https://www.affairrecovery.com/newsletter/founder/infidelity-unfaithful-spouse-needs-to-show-empath. Acesso em: 21 nov. 2024.
175. STEVENSON, B. *Compaixão*: uma história de justiça e redenção. Rio de Janeiro: Red Tapioca, 2019.

7. A MALDIÇÃO DO SOBERANO

176. RADDEN KEEFE, P. The Sackler Family's Plan to Keep Its Billions. *New Yorker*, 4 out. 2020. Disponível em: https://www.newyorker.com/news/news-desk/the-sackler-familys-plan-to-keep-its-billions www.theatlantic.com/magazine/archive/2016/06/the-mind-of-donald-trump/480771/.
177. HOLCOMBE, M.; SCHUMAN, M. Multiple States Say the Opioid Crisis Cost American Economy over $2 Trillion. CNN, 18 ago. 2020. Disponível em: https://www.cnn.com/2020/08/18/us/opioid-crisis-cost-united-state-2-trillion-dollars/index.html www.theatlantic.com/magazine/archive/2016/06/the-mind-of-donald-trump/480771/.
178. KNAUTH, D.; HALS, T. Purdue Pharma Judge Overrules DOJ to Approve $6 Bln Opioid Settlement. *Reuters*, 9 mar. 2022. Disponível em: https://www.reuters.com/legal/transactional/purdue-seeks-approval-6-billion-opioid-settlement-over-state-doj-objections-2022-03-09

179. CRANKSHAW, E. *Maria Theresa*. Nova York: Viking, 1970.
180. MORROW, L. A Reckoning with Martin Luther King. *Wall Street Journal*, 17 jun. 2019. Disponível em: https://www.wsj.com/articles/a-reckoning-with-martin-luther-king-115608134 the-mind-of-donald-trump/480771/1.
181. KIM, P. H.; PINKLEY, R. L.; FRAGALE, A. R. Power Dynamics in Negotiation. *Academy of Management Review*, v. 30, n. 4, p. 799-822, 2005.
182. KIM, P. H.; FRAGALE, A. R.; Choosing the Path to Bargaining Power: An Empirical Comparison of BATNAs and Contributions in Negotiation. *Journal of Applied Psychology*, v. 90, n. 2, p. 373-381, 2005.
183. JURKOWITZ, M.; MITCHELL, A. An Oasis of Bipartisanship: Republicans and Democrats Distrust Social Media Sites for Political and Election News. *Pew Research Center*, 29 jan. 2020. Disponível em: https://www.pewresearch.org/journalism/2020/01/29/an-oasis-of-bipartisanship-republicans-and-democrats-distrust-social-media-sites-for-political-and-election-news
184. AUXIER, B.; ANDERSON, M. Social Media Use in 2021. *Pew Research Center*, 7 abr. 2021. Disponível em: https://www.pewresearch.org/internet/2021/04/07/social-media-use-in-2021 www.theatlantic.com/magazine/archive/2016/06/the-mind-of-donald-trump/480771/.
185. HART, B. Two MLK Scholars Discuss Explosive, Disputed FBI Files on the Civil-Rights Icon. *New York*, 30 jun. 2019. Disponível em: https://nymag.com/intelligencer/2019/06/martin-luther-king-fbi-files.html
186. MEINDL, J. R.; EHRLICH, S. B.; DUKERICH, J. M. The Romance of Leadership. *Administrative Science Quarterly*, v. 30, p. 78-102, 1985.
187. OVERBECK, J. R.; TIEDENS, L. Z.; BRION, S. The Powerful Want To, the Powerless Have To: Perceived Constraint Moderates Causal Attributions. *European Journal of Social Psychology*, v. 36, p. 479-496, 2006.
188. FRIEDERSDORF, C. The Fight Against Words That Sound Like, but Are Not, Slurs. Atlantic, 21 set. 2020. Disponível em: https://

www.theatlantic.com/ideas/archive/2020/09/fight-against-words-sound-like-are-not-slurs/616404/ www.theatlantic.com/magazine/archive/2016/06/the-mind-of-donald-trump/480771/

189. KIM, P. H.; MISLIN, A.; TUNCEL, E.; FEHR, R.; CHESHIN, A.; VAN KLEEF, G. A. Power as an Emotional Liability: Implications for Perceived Authenticity and Trust After a Transgression. *Journal of Experimental Psychology: General*, v. 146, n. 10, p. 1379-1401, 2017.

190. REILLY, P. No Laughter Among Thieves: Authenticity and the Enforcement of Community Norms in Stand-Up Comedy. American Sociological Review, v. 83, n. 5, p. 933-958, 2018.

191. McADAMS, D. The Mind of Donald Trump. Atlantic, jun. 2016. Disponível em: https://www.theatlantic.com/magazine/archive/2016/06/the-mind-of-donald-trump/480771. Acesso em: 21 nov. 2024.

192. LUTZ, E. Trump Admits Russia Helped Him Win, Denies It 20 Minutes Later. *Vanity Fair*, 30 maio 2019. Disponível em: https://www.vanityfair.com/news/2019/05/trump-admits-russia-helped-him-win-denies-it-20-minutes-later?srsltid=AfmBOooGeCyjbFcu_Msy8GgZPDnw4ehTvus8CwhFXDSBa4EMyD8azg_M. Acesso em: 21 nov. 2024.

193. GEORGE, J. M. Emotions and Leadership: The Role of Emotional Intelligence. *Human Relations*, v. 53, n. 8, p. 1027-1055, 2000.

194. KRAUS, M. W.; CHEN, S.; KELTNER, D. The Power to Be Me: Power Elevates Self-Concept Consistency and Authenticity. *Journal of Experimental Social Psychology* v. 47, p. 974-980, 2011.

195. RANSBY, R. A Black Feminist's Response to Attacks on Martin Luther King Jr.'s Legacy. *New York Times*, 3 jun. 2019. Disponível em: https://www.nytimes.com/2019/06/03/opinion/martin-luther-king-fbi.html. Acesso em: 21 nov. 2024.

196. THOMPSON, M. V. *The Only Unavoidable Subject of Regret*: George Washington, Slavery, and the Enslaved Community at Mount Vernon. Charlottesville: University of Virginia Press, 2019).

197. AMERICA'S Gandhi: Rev. Martin Luther King Jr. Time, 3 jan. 1964. Disponível em: http://content.time.com/time/subscriber/article/0,33009,940759-3,00.htm. Acesso em: 21 nov. 2024.
198. ABERNATHY, R. D. *And the Walls Came Tumbling Down*: An Autobiography. Nova York: Harper & Row, 1989.
199. KRUEGER, W. K. Northwest Angle. Nova York: Atria Books, 2011.

8. CUIDADO COM A MENTALIDADE DO BANDO

200. HEIM, J. Recounting a Day of Rage, Hate, Violence and Death. *Washington Post*, 12 ago. 2017. Disponível em: https://www.washingtonpost.com/graphics/2017/local/charlottesville-timeline. Acesso em: 21 nov. 2024.
201. SOCIAL Judgment Theory Experiment. *Explorable*, 10 jun. 2010. Disponível em: https://explorable.com/social-judgment-theory-experiment/. Acesso em: 21 nov. 2024.
202. GROUP Perception: Hastorf and Cantril. *Age of the Sage*. Disponível em: https://www.age-of-the-sage.org/psychology/social/hastorf_cantril_saw_game.html. Acesso em: 21 nov. 2024.
203. HAJARI, N. *Midnight's Furies*: The Deadly Legacy of India's Partition. Nova York: Penguin, 2016.
204. DALRYMPLE, The Great Divide. *New Yorker*, 22 jun. 2015. Disponível em: https://www.newyorker.com/magazine/2015/06/29/the-great-divide-books-dalrympl. Acesso em: 21 nov. 2024.
205. MULDOON, A. Empire, Politics and the Creation of the 1935 India Act: Last Act of the Raj. Londres: Ashgate, 2013.
206. ROBINSON, F. The British Empire and Muslim identity in South Asia. *Transactions of the Royal Historical Society*, v. 8, p. 271-289, 1998.
207. CHRISTOPHER, A. J. "'Divide and Rule": The Impress of British Separation Policies. *Area 20*, n. 3, p. 233-240, 1988.
208. JOSHI, P. D.; FAST, N. J.; KIM, P. H. The *Curse of Loyalty*: Cultural Interdependence and Support for Pro-Organizational Corruption. In: ANNUAL MEETING OF THE ACADEMY OF MANAGEMENT, 7-11 ago. 2020.

209. POLICE Union Head Says Race Didn't Play a Role in Breonna Taylor Shooting, Believes Investigation Was "Thorough". *CBS News*, 29 out. 2020. Disponível em: https://www.cbsnews.com/news/breonna-taylor-police-union-ryan-nichols. Acesso em: 21 nov. 2024.

210. FORLITI, A. Prosecutors: Officer Was on Floyd's Neck for About 9 Minutes. *AP News*, 4 mar. 2021. Disponível em: https://apnews.com/article/trials-derek-chauvin-minneapolis-racial-injustice-060f6e9e8b7079505a1b096a68311c2b. Acesso em: 21 nov. 2024.

211. NESTERAK, M. "'I Didn't See Race in George Floyd.'" Police Union Speaks for First Time Since Killing. *Minnesota Reformer*, 23 jun. 2020. Disponível em: https://minnesotareformer.com/2020/06/23/i-didnt-see-race-in-george-floyd-police-union-speaks-for-first-time-since-killing. Acesso em: 21 nov. 2024.

212. CAMPBELL, J. JONES, J. Four Weeks After George Floyd's Death, an Embattled Police Union Finally Speaks Out, CNN, 23 jun. 2020. Disponível em: https://www.cnn.com/2020/06/23/us/minneapolis-police-union-intvu/index.htm. Acesso em: 21 nov. 2024.

213. PARK, B.; ROTHBART, M. Perception of Out-Group Similarity and Level of Social Categorization. *Journal of Personality and Social Psychology*, v. 42, n. 6, p. 1051-1068, 1982.

214. McGAHAN, J. How USC Became the Most Scandal-Plagued Campus in America. *Los Angeles Magazine*, 24 abr. 2019. Disponível em: https://www.lamag.com/citythinkblog/usc-scandals-cover. Acesso em: 21 nov. 2024.

215. AN OVERDOSE, a Young Companion, Drug-Fueled Parties: The Secret Life of a USC Med School Dean. *Los Angeles Times*, 17 jul. 2017. Disponível em: https://www.latimes.com/local/california/la-me-usc-doctor-20170717-htmlstory.html. Acesso em: 21 nov. 2024.

216. RAPAPORT, D. What We Know About Each School Implicated in the FBI's College Basketball Investigation. *Sports Illustrated*, 17 nov. 2017. Disponível em: https://www.si.com/college/2017/11/17/what-we-know-about-each-school-fbi-investigation. Acesso em: 21 nov. 2024.

217. RYAN, H.; HAMILTON, M.; PRINGLE, P. A USC Doctor Was Accused of Bad Behavior with Young Women for Years. The University Let Him Continue Treating Students. *Los Angeles Times*, 16 maio 2018. Disponível em: https://www.latimes.com/local/california/la-me-usc-doctor-misconduct-complaints-20180515-story.html. Acesso em: 21 nov. 2024.

218. McGAHAN, "How USC Became the Most Scandal-Plagued Campus".

219. WEBER, C. USC Ex-Dean, LA Politician Charged with Bribery Scheme. *AP News*, 13 out. 2021. Disponível em: https://apnews.com/article/university-of-southern-california-los-angeles-california-scholarships-education-0533487b999544cbf79ecf0da535c5a2. Acesso em: 21 nov. 2024.

220. GROSS, A. A a USC Professor, I Can't Stay Quiet About the Administration's Toxic Culture. Los Angeles Times, 3 nov. 2021. Disponível em: https://www.latimes.com/opinion/story/2021-11-03/uscs-administrative-culture-is-still-rotten-from-the-top-we-faculty-wont-keep-quiet/. Acesso em: 21 nov. 2024.

221. COMMITMENT to Chance. U*niversity of Southern California*. Disponível em: https://change.usc.edu/. Acesso em: 21 nov. 2024.

222. WE Are SC. *University of Southern California*. Disponível em: https://we-are.usc.edu/.

223. FORSYTHE, M.; BOGDANICH, W. McKinsey Settles for Nearly $600 Million over Role in Opioid Crisis. *New York Times*, 3 fev. 2021. Disponível em: https://www.nytimes.com/2021/02/03/business/mckinsey-opioids-settlement.html. Acesso em: 21 nov. 2024.

224. MacDOUGALL, I. How McKinsey Helped the Trump Administration Carry Out Its Immigration Policies. *New York Times*, 9 dez. 2019. Disponível em: https://www.nytimes.com/2019/12/03/us/mckinsey-ICE-immigration.html. Acesso em: 21 nov. 2024.

225. HWANG, S.; SILVERMAN, R. McKinsey's Close Relationship with Enron Raises Question of Consultancy's Liability. *Wall Street Journal*, 17 jan. 2002. Disponível em: https://www.wsj.com/articles/SB1011226439418112600. Acesso em: 21 nov. 2024.

226. P. H. KIM, S. S. WILTERMUTH, E D. T. NEWMAN, "A Theory of Ethical Accounting and Its Implications for Hypocrisy in Organizations. Academy of Management Review, v. 48, n. 1, p. 172-191, 2021.
227. SUSTEIN, C. R.; HASTIE, R. *Wiser*: Getting Beyond Groupthink to Make Groups Smarter. Boston: Harvard Business Review Press, 2014.
228. AISCH, G.; HUANG, J.; KANG, C. Dissecting the #PizzaGate Conspiracy Theories. *New York Times*, 10 dez. 2016. Disponível em: https://www.nytimes.com/interactive/2016/12/10/business/media/pizzagate.html. Acesso em: 21 nov. 2024.
229. KIM, P. H.; COOPER, C. D.; DIRKS, K. T.; FERRIN, D. L. Repairing Trust with Individuals vs. Groups. *Organizational Behavior and Human Decision Processes*, v. 120, n. 1, p. 1-14, 2013.
230. McMORRIS-SANTORO, E.; POMRENZE, Y. A Small-Town Mom Wanted to Help Her Community. and Then the Community Took Aim at Her Child. CNN, 29 nov. 2021. Disponível em: https://www.cnn.com/2021/11/28/us/minnesota-school-board-transgender-hate/index.html. Acesso em: 21 nov. 2024.
231. WAITS, K. Building Community, Together. *Hastings Journal*, 11 ago. 2021. Disponível em: https://www.thepaperboy.news/2021/08/11/building-community-together-20210811154958/?destination=hastings-journal.
232. DROWNING of a Witch. *National Archives*. Disponível em: https://www.nationalarchives.gov.uk/education/resources/early-modern-witch-trials/drowning-of-a-witch. Acesso em: 21 nov. 2024.
233. GRUENFELD, D. H.; THOMAS-HUNT, M.; KIM, P. H. Divergent Thinking, Accountability, and Integrative Complexity: Public Versus Private Reactions to Majority and Minority Status. *Journal of Experimental Social Psychology*, v. 34, 202-226, 1998.
234. KIM, P. H. When What You Know Can Hurt You: A Study of Experiential Effects on Group Discussion and Performance. *Organizational Behavior and Human Decision Processes*, v. 69, n. 2, 165-177, 1997.

9. JOGANDO COM AS REGRAS ERRADAS

235. FRENCH, H. The Pretenders. *New York Times Magazine*, 3 dez. 2000. Disponível em: https://archive.nytimes.com/www.nytimes.com/library/magazine/home/20001203mag-french.html. Acesso em: 21 nov. 2024.
236. DEBT and Suicide: Japan's Culture of Shame. *Deseret News*, 7 mar. 2003. Disponível em: https://www.deseret.com/2003/3/7/19708183/debt-and-suicide-japan-s-culture-of-shame. Acesso em: 21 nov. 2024.
237. GIANG, V.; HOROWITZ, A. 19 Successful People Who Have Been Fired. *Business Insider*, 19 out. 2013. Disponível em: https://www.businessinsider.com/people-who-were-fired-before-they-became-rich-and-famous-2013-10. Acesso em: 21 nov. 2024.
238. TREX, E. 7 Wildly Successful People Who Survived Bankruptcy. *Mental Floss*, 5 nov. 2015. Disponível em: https://www.mentalfloss.com/article/20169/7-wildly-successful-people-who-survived-bankruptcy. Acesso em: 21 nov. 2024.
239. KELLY, D. The Untold Truth of Hershey. *Mashed*, 18 out. 2021. Disponível em: https://www.mashed.com/112889/untold-truth-hershey/. Acesso em: 21 nov. 2024.
240. MARTIN, N. The Role of History and Culture in Developing Bankruptcy and Insolvency Systems: The Perils of Legal Transplantation. *Boston College International and Comparative Law Review*, v. 28, n. 2, 2005. Disponível em: https://www.researchgate.net/publication/33024230_The_Role_of_History_and_Culture_in_Developing_Bankruptcy_and_Insolvency_Systems_The_Perils_of_Legal_Transplantation. Acesso em: 21 nov. 2024.
241. KIN, Y. Western Japan Mayor Under Fire for Personal Bankruptcy Filing. *Mainichi*, 7 ago. 2020. Disponível em: https://mainichi.jp/english/articles/20200807/p2a/00m/0na/028000c. Acesso em: 21 nov. 2024.
242. LIU, S.; MORRIS, M. W.; TALHELM, T.; YANG, Q. Ingroup Vigilance in Collectivistic Culture. *Proceedings of the National Academy of Sciences*, v. 116, n. 29, p. 14538-14546. Disponível em: https://doi.org/10.1073/pnas.1817588116. Acesso em: 21 nov. 2024.

243. GELFAND, M. *Rule Makers, Rule Breakers*: How Tight and Loose Cultures Wire Our World. New York: Simon & Schuster, 2018.

244. MENON, T.; MORRIS, M. W.; CHIU, C.-Y.; HONG, Y.-Y. Culture and the Construal of Agency: Attribution to Individual Versus Group Dispositions. *Journal of Personality and Social Psychology*, v. 76, n. 5, p. 701-717, 1999.

245. CHOI, I.; DALAL, R.; KIM-PRIETO, C.; PARK, H. Culture and Judgement of Causal Relevance. *Journal of Personality and Social Psychology*, v. 84, n. 1, p. 46-59, 2003. Disponível em: https://doi.org/10.1037/0022-3514.84.1.46. Acesso em: 21 nov. 2024.

246. FLITTER, E. The Price of Wells Fargo's Fake Account Scandal Grows by $3 Billion. *New York Times*, 21 fev. 2020. Disponível em: https://www.nytimes.com/2020/02/21/business/wells-fargo-settlement.html. Acesso em: 21 nov. 2024.

247. YAMAGISHI, T.; YAMAGISHI, M. Trust and Commitment in the United States and Japan. *Motivation and Emotion*, v. 18, n. 2, 129-166, 1994.

248. HABERMAN, C. The Apology in Japan: Mea Culpa Spoken Here. *New York Times*, 4 out. 1986. Disponível em: https://www.nytimes.com/1986/10/04/world/the-apology-in-japan-mea-culpa-spoken-here.html. Acesso em: 21 nov. 2024.

249. MADDUX, W. W.; KIM, P. H.; OKUMURA, T.; BRETT, J. Cultural Differences in the Function and Meaning of Apology. *International Negotiation*, v. 16, p. 405-425, 2011.

250. GRAHAM, J.; NOSEK, B. A.; HAIDT, J.; IYER, R.; KOLEVA, S.; DITTO, P. H. Mapping the Moral Domain. *Journal of Personality and Social Psychology*, v. 101, n. 2, p. 366-385, 2011.

251. GRAHAM, J.; HAIDT, J.; NOSEK, B. A. Liberals and Conservatives Rely on Different Sets of Moral Foundations. *Journal of Personality and Social Psychology*, v. 96, n. 5, 1029-1046, 2009.

252. SAYERS, D. L. *Gaudy Night*. Nova York: Harper & Row, 1986.

253. BUCHANAN, P. Culture War Speech. Address to the Republican National Convention. *Voices of Democracy*, 17 ago. 1992. Disponível

em: https://voicesofdemocracy.umd.edu/Buchanan-culture-war-speech-speech-text. Acesso em: 21 nov. 2024.
254. HUNTER, J. D. *Culture Wars*: The Struggle to Define America. Nova York: Basic Books, 1991.
255. HAIDT, J. The Emotional Dog and Its Rational Tail: A Social Intuitionist Approach to Moral Judgment. *Psychological Review*, v. 108, n. 4, p. 814-834, 2001.
256. TETLOCK, P. E. Thinking the Unthinkable: Sacred Values and Taboo Cognitions. *Trends in Cognitive Sciences*, v. 7, n. 7, p. 320, 324, 2003.
257. CHENEY at Odds with Bush on Gay Marriage. *NBC News*, 25 ago. 2004. Disponível em: https://www.nbcnews.com/id/wbna5817720. Acesso em: 21 nov. 2024.
258. HOHMANN, J.; GLUECK, K. Dick Cheney Takes Liz's Side. Politico, 18 nov. 2013. Disponível em: https://www.politico.com/story/2013/11/dick-cheney-liz-cheney-gay-marriage-099999. Acesso em: 21 nov. 2024.
259. STAHL, L. Liz Cheney on Being a Republican While Opposing Donald Trump. *60 Minutes*, 26 set. 2021. Disponível em: https:///www.cbsnews.com/news/liz-cheney-donald-trump-wyoming-60-minutes-2021-09-26. Acesso em: 21 nov. 2024.
260. ZARTMAN, I. W. The Timing of Peace Initiatives: Hurting Stalemates and Ripe Moments. *Global Review of Ethnopolitics*, v. 1. n. 1, p. 8-18, 2001.

10. ALÉM DAS DEVASTAÇÕES HISTÓRICAS

261. THE NINE Lives of Rwanda Genocide Survivor Albertine. *France 24*, 27 jan. 2021. Disponível em: https://www.france24.com/en/live-news/20210127-the-nine-lives-of-rwanda-genocide-survivor-albertine. Acesso em: 22 nov. 2024.
262. RWANDA Genocide: 100 Days of Slaughter, BBC, 4 abr. 2019. Disponível em: https://www.bbc.com/news/world-africa-26875506. Acesso em: 22 nov. 2024.

263. BAMFORD, T. The Nuremberg Trial and Its Legacy. *National WWII Museum*, 17 nov. 2020. Disponível em: https://www.nationalww2museum.org/war/articles/the-nuremberg-trial-and-its-legacy. Acesso em: 22 nov. 2024.
264. Ibid.
265. FREI, N. Adenauer's Germany and the Nazi Past. Tradução: GOLD, J. Nova York: Columbia University Press, 2002.
266. SCOTT, J. W. On the Judgment of History. Nova York: Columbia University Press, 2002.
267. BAMFORD, "The Nuremberg Trial and Its Legacy".
268. SCOTT, *On the Judgment of History*.
269. FREI, *Adenauer's Germany and the Nazi Past*.
270. SCOTT, *On the Judgment of History*.
271. REPORT of the Chilean National Commission on Truth and Reconciliation. *United States Institute of Peace*, 4 out. 2002. Disponível em: https://www.usip.org/sites/default/files/resources/collections/truth_commissions/Chile90-Report/Chile90-Report.pd. Acesso em: 22 nov. 2024.
272. TRUTH and Reconciliation Commission. *Department of Justice and Constitutional Development*. Disponível em: https://www.justice.gov.za/trc/. Acesso em: 22 nov. 2024.
273. SHIVER JR., D. W. Truth Commissions and Judicial Trials: Complementary or Antagonistic Servants of Public Justice? *Journal of Law and Religion*, v. 16, n. 1, p. 1-33, 2001.
274. NATIONAL UNIVERSITY OF RWANDA. Centre for Geographic Information System and Remote Sensing. Justice Compromised: The Legacy of Rwanda's Community-Based Gacaca Courts. *Human Rights Watch*, 31 maio, 2011. Disponível em: https://www.hrw.org/report/2011/05/31/justice-compromised/legacy-rwandas-community-based-gacaca-courts. Acesso em: 22 nov. 2024.
275. THE ICTR in Brief. *United Nations International Residual Mechanism for Criminal Tribunals*. Disponível em: https://unictr.irmct.org/en/tribunal.

276. National University of Rwanda, "Justice Compromised".
277. WHAT Is Transitional Justice? *International Center for Transitional Justice*. Disponível em: https://www.ictj.org/about/transitional-justic. Acesso em: 22 nov. 2024.
278. RYBACK, T. Evidence of Evil. New Yorker, 7 nov. 1993. Disponível em: https://www.newyorker.com/magazine/1993/11/15/evidence-of-evil. Acesso em: 22 nov. 2024.
279. YORK, G. At Least 1,200 Are Also Missing or Murdered in South Africa. Globe and Mail, 1º abr. 2016. Disponível em: https://www.theglobeandmail.com/news/world/south-african-families-seek-closure-for-loved-ones-abducted-during-apartheid/article29504241. Acesso em: 22 nov. 2024.
280. RWANDA. International Commission on Missing Persons. Disponível em: https://www.icmp.int/the-missing/where-are-the-missing/rwanda. Acesso em: 22 nov. 2024.
281. TRUTH and Reconciliation Commission of South Africa Report: Volume One, Department of Justice and Constitutional Development, 29 out. 1988. Disponível em: https://www.justice.gov.za/trc/report/finalreport/Volume%201.pdf. Acesso em: 22 nov. 2024.
282. KROG, A. Country of My Skull: Guilt, Sorrow, and the Limits of Forgiveness in the New South Africa. Nova York: Crown, 1999.
283. SHRIVER, "Truth Commissions and Judicial Trials".
284. TREATY of Versailles. Holocaust Encyclopedia. Disponível em: https://encyclopedia.ushmm.org/content/en/article/treaty-of-versailles. Acesso em: 22 nov. 2024.
285. OSIEL, M. J. Obeying Orders: Atrocity, Military Discipline, and the Law of War. Piscataway, NJ: Transaction Publishers, 1999.
286. DALEY, S. Apartheid Torturer Testifies, as Evil Shows Its Banal Face. New York Times, 9 nov. 1997. Disponível em: https://www.nytimes.com/1997/11/09/world/apartheid-torturer-testifies-as-evil-shows-its-banal-face.htm. Acesso em: 22 nov. 2024.
287. SHRIVER, "Truth Commissions and Judicial Trials".

288. POPE, K. S.; BROWN, S. *Recovered Memories of Abuse*: Assessment, Therapy, Forensics. Washington, DC: American Psychological Association, 1996.
289. VAN DER KOLK, B. A.; FISLER, R. Dissociation and the Fragmentary Nature of Memories: Overview and Exploratory Study. *Journal of Traumatic Stress*, v. 8, p. 505-525, 1995.
290. VAN DER KOLK, B. *The Body Keeps the Score*: Brain, Mind, and Body in the Healing of Trauma. Nova York: Penguin, 2015.
291. *Truth and Reconciliation Commission of South Africa Report: Volume One*.
292. FULBROOK, M. *Reckonings*: Legacies of Nazi Persecution and the Quest for Justice. Nova York: Oxford University Press, 2018.
293. MONITORING and Research Report on the Gacaca: Testimonies and Evidence in the Gacaca Courts. Londres: Penal Reform International, 2008. Disponível em: https://cdn.penalreform.org/wp-content/uploads/2013/05/Gacaca-Report-11-testimony-and-evidence-1.pdf. Acesso em: 22 nov. 2024.
294. THE RWANDAN Patriotic Front. *Human Rights Watch*. Disponível em: https://www.hrw.org/legacy/reports/1999/rwanda/Geno15-8-03.htm. Acesso em: 22 nov. 2024.
295. REVER, J. *In Praise of Blood*: The Crimes of the Rwandan Patriotic Front. Toronto: Random House Canada, 2018.
296. MOLOO, Z. The Crimes of the Rwandan Patriotic Front. Africa Is a Country, 10 abr. 2019. Disponível em: https://africasacountry.com/2019/04/the-crimes-of-the-rwandan-patriotic-front. Acesso em: 22 nov. 2024.
297. CHAKRAVARTY, A. Investing in Authoritarian Rule: Punishment and Patronage in Rwanda's Gacaca Courts for Genocide Crimes. Nova York: Cambridge University Press, 2015.
298. *Monitoring and Research Report on the Gacaca*.
299. BORAINE, A. *A Country Unmasked*: Inside South Africa's Truth and Reconciliation Commission. Nova York: Oxford University Press, 2001.
300. KROG, *Country of My Skull*.

301. G. York, "Apartheid's Victims Bring the Crimes of South Africa's Past into Court at Last. *Globe and Mail*, 16 abr. 2019. Disponível em: https://www.theglobeandmail.com/world/article-apartheids-victims-bring-the-crimes-of-south-africas-past-into-court. Acesso em: 22 nov. 2024.
302. SCOTT, *On the Judgment of History*.
303. Ibid.
304. TRUTH and Reconciliation Commission of South Africa Report: Volume Five. *Department of Justice and Constitutional Development*. Disponível em: https://www.justice.gov.za/trc/report/finalreport/Volume5.pdf. Acesso em: 22 nov. 2024.
305. TUTU: "Unfinished Business" of the TRC's Healing. *Mail & Guardian*, 24 abr. 2014. Disponível em: https://mg.co.za/article/2014-04-24-unfinished-business-of-the-trc-healing. Acesso em: 22 nov. 2024.
306. KEATING, P.; ASSAEL, S. The USA Needs a Reckoning. Does "Truth and Reconciliation" Actually Work?. *Mother Jones*, 5 mar. 2021. Disponível em: https://www.motherjones.com/politics/2021/03/greensboro-massacre-does-truth-and-reconciliation-actually-work/. Acesso em: 22 nov. 2024.
307. MILNE, N. The Tale of Two Slums in South Africa as Residents Seek to Upgrade Lives. Reuters, 14 dez. 2016. Disponível em: https://www.reuters.com/article/us-africa-slums-upgrading/the-tale-of-two-slums-in-south-africa-as-residents-seek-to-upgrade-lives-idUSKBN1431PO. Acesso em: 22 nov. 2024.
308. SCOTT, *On the Judgment of History*.
309. "Tutu: 'Unfinished Business'".
310. FREI, *Adenauer's Germany and the Nazi Past*.
311. National University of Rwanda, "Justice Compromised".
312. BORAINE, *A Country Unmasked*.
313. "Tutu: 'Unfinished business'".
314. KEATING E ASSAEL, "The USA Needs a Reckoning".
315. Ibid.
316. Ibid.

317. GINSON, J. L. On Legitimacy Theory and the Effectiveness of Truth Commissions. *Law and Contemporary Problems*, v. 72, n. 2, p. 123-141, 2009.

318. KISS, E. Moral Ambition Within and Beyond Political Constraints: Reflections on Restorative Justice. In: ROTBERG, R. I.; THOMPSON, D. (eds.). *Truth v. Justice*. Princeton, NJ: Princeton University Press, 2010. p. 68-98.

319. IGNATIEFF, M. Articles of Faith. NiZA. Disponível em: https://archive.niza.nl/uk/publications/001/ignatieff.htm. Acesso em: 22 nov. 2024.

320. SCOTT, *On the Judgment of History*.

321. Keating and Assael, "The USA Needs a Reckoning".

11. COMO NÓS PROSSEGUIMOS

322. REPORTS of Officers. *Journal of the American Medical Association*, v. 162, n. 8, p. 748-819, 1956. Disponível em: https://doi.org/10.1001/jama.1956.02970250048013. Acesso em: 22 nov. 2024.

323. POUSHTER, J.; KENT, N. The Global Divide on Homosexuality Persists. *Pew Research Center*, 25 jun. 2020. Disponível em: https://www.pewresearch.org/global/2020/06/25/global-divide-on-homosexuality-persists/. Acesso em: 22 nov. 2024.

324. KAMBAM, P.; THOMPSON, C. The Development of Decision-Making Capabilities in Children and Adolescents: Psychological and Neurological Perspectives and Their Implications for Juvenile Defendants. *Behavioral Sciences and the Law*, v. 27, p. 173-190, 2009.

325. KIM, P. H.; WILTERMUTH, S. S.; NEWMAN, D. A Theory of Ethical Accounting and Its Implications for Hypocrisy in Organizations. *Academy of Management Review* v. 46, n. 1, p. 172-191, 2021.

326. KIM, P. H.; HARMON, D. J. Justifying One's Transgressions: How Rationalizations Based on Equity, Equality, and Need Affect Trust After Its Violation. *Journal of Experimental Psychology: Applied 20*, n. 4, p. 365-379, 2014.

327. DURLAUF, S. N.; NAGIN, D. S. Imprisonment and Crime: Can Both Be Reduced? *Criminology & Public Policy*, v. 10, n. 1, p. 13-54, 2011. Disponível em: https://www.ojp.gov/ncjrs/virtual-library/abstracts/imprisonment-and-crime-can-both-be-reduced. Acesso em: 22 nov. 2024.

328. MATHEWS II, J.; CURIEL, F. Criminal Justice Debt Problems. *American Bar Association: Human Rights Magazine*, v. 44, n. 3, 2019. Disponível em: https://www.americanbar.org/groups/crsj/publications/human_rights_magazine_home/economic-justice/criminal-justice-debt-problems/. Acesso em: 22 nov. 2024.

329. ABUDAGGA, A.; WOLFE, S.; CAROME, M.; PHATDOUANG, A.; FULLER TORREY, E. *Individuals with Serious Mental Illnesses in County Jails*: A Survey of Jail Staff's Perspectives, Public Citizen's Health Research Group and the Treatment Advocacy Center, swww.treatmentadvocacycenter.org/storage/documents/jail-survey-report-2016.pdf. Acesso em: 22 nov. 2024.

330. SECTION IV: Global Comparisons," *Prison Policy Initiative, The Prison Index*: Taking the Pulse of the Crime Control Industry. Disponível em: https://www.prisonpolicy.org/prisonindex/us_southafrica.html. Acesso em: 22 nov. 2024.

331. RECIDIVISM and Reentry. *Bureau of Justice Statistics*. Disponível em: https://www.bjs.gov/content/reentry/recidivism.cfm. Acesso em: 22 nov. 2024.

332. JAMES, E. Interview: "Prison Is Not for Punishment in Sweden. We Get People into Better Shape". *Guardian*, 26 nov. 2014. Disponível em: https://www.theguardian.com/society/2014/nov/26/prison-sweden-not-punishment-nils-oberg. Acesso em: 22 nov. 2024.

333. STEINBECK, J. *East of Eden*. Nova York: Penguin, 2002.

334. KIM, P. H.; DIEKMANN, K. A.; TENBRUNSEL, A. E. Flattery May Get You Somewhere: The Strategic Implications of Providing Positive vs. Negative Feedback About Ability vs. Ethicality in Negotiation. *Organizational Behavior and Human Decision Processes*, v. 90, n. 2, p. 225-243, 2003.

335. MAŽAR, N.; AMIR, P. ARIELY, D. The Dishonesty of Honest People: A Theory of Self-Concept Maintenance. *Journal of Marketing Research*, v. 45, n. 6, p. 633-644, 2008.

336. MONIN, B.; MILLER, D. T. Moral Credentials and the Expression of Prejudice. *Journal of Personality and Social Psychology*, v. 81, n. 1, p. 33-43, 2001.

337. KIM, P. H.; HAN, A. J.; MISLIN, A. A.; TUNCEL, E. The Retrospective Imputation of Nefarious Intent. *Academy of Management Proceedings*, v. 1, p. 16137, 2019.

338. FERRIN, D. L.; KIM, P. H.; COOPER, C. D.; DIRKS, K. T. Silence Speaks Volumes: The Effectiveness of Reticence in Comparison to Apology and Denial for Responding to Integrity-and Competence-Based Trust Violations. *Journal of Applied Psychology*, v. 92, n. 4, p. 893-908, 2007.

339. KIM, WILTERMUTH E NEWMAN, "A Theory of Ethical Accounting".

340. MURRAY, S. L.; HOLMES, J. G. Seeing Virtues in Faults: Negativity and the Transformation of Interpersonal Narratives in Close Relationships. *Journal of Personality and Social Psychology*, v. 65, n. 4, p. 707-722, 1993.

341. KIM, P. H.; FERRIN, D. L.; COOPER, C. D.; DIRKS, K. T. Removing the Shadow of Suspicion: The Effects of Apology vs. Denial for Repairing Ability-vs. integrity-Based Trust Violations. *Journal of Applied Psychology*, v. 89, n. 1, p. 104-118, 2004.

342. GRAHAM, J.; HAIDT, J.; NOSEK, B. A. Liberals and Conservatives Rely on Different Sets of Moral Foundations. *Journal of Personality and Social Psychology*, v. 96, n. 5, p. 1029-1046, 2009.

343. THE POWER of Extravagant Tenderness with Father Gregory Boyle. *Impact Podcast with John Shegerian*, 22 dez. 2021. Disponível em: https://impactpodcast.com/episode/2021/12/the-power-of-extravagant-tenderness-with-father-gregory-boyle/. Acesso em: 22 nov. 2024.

CONCLUSÃO

344. WONG, E. Bond Between China and Russia Alarms U.S. and Europe amid Ukraine Crisis. *New York Times*, 20 fev. 2020. Disponível em: https://www.nytimes.com/2022/02/20/us/politics/russia-china-ukraine-biden.html. Acesso em: 22 nov. 2024.

345. UKRAINE: Civilian Casualty Update. *United Nations Office of the High Commissioner for Human Rights*, 2 maio 2022. Disponível em: https://www.ohchr.org/en/news/2022/05/ukraine-civilian-casualty-update-2-may-2022. Acesso em: 22 nov. 2024.

346. HOW Many Ukrainians Have Fled Their Homes and Where Have They Gone? BBC, 6 jun. 2022. Disponível em: https://www.bbc.com/news/world-60555474. Acesso em: 22 nov. 2024.

347. ORDOÑEZ, F. The Complex Effort to Hold Vladimir Putin Accountable for War Crimes. NPR, 3 maio 2022. Disponível em: https://www.npr.org/2022/05/03/1096094936/Ukraine-Russia-war-crimes-investigations. Acesso em: 22 nov. 2024.

348. EXHAUSTIVE Fact Check Finds Little Evidence of Voter Fraud, but 2020's "Big Lie" Lives On. *PBS NewsHour*, 17 dez. 2021. Disponível em: https://www.pbs.org/newshour/show/exhaustive-fact-check-finds-little-evidence-of-voter-fraud-but-2020s-big-lie-lives-on.

349. TREISMAN, R. Tutin's Claim of Fighting Against Ukraine "Neo-Nazis" Distorts History, Scholars Say. NPR, 1º mar. 2022. Disponível em: https://www.npr.org/2022/03/01/1083677765/putin-denazify-ukraine-russia-history.

350. COLLINSON, S. Trump-Style Populism Rises in US and Europe as Putin Assaults World Order. CNN, 12 abr. 2022. Disponível em: https://www.cnn.com/2022/04/12/politics/rise-of-extremism-us-and-europe/index.html.

351. FACT Sheet: United States, European Union, and G7 to Announce Further Economic Costs on Russia. *White House*, 11 mar. 2022. Disponível em: https://www.whitehouse.gov/briefing-room/statements-releases/2022/03/11/fact-sheet-united-states-european-union-and-g7-to-announce-further-economic-costs-on-russia/. Acesso em: 22 nov. 2024.

352. ALMOST 1,000 Companies Have Curtailed Operations in Russia—but Some Remain. *Yale School of Management, Chief Executive Leadership Institute*, 12 jun. 2022. Disponível em: https://som.yale.edu/story/2022/almost-1000-companies-have-curtailed-operations-russia-some-remain.

353. DE LUCE, D. A New Cold War Without Rules: U.S. Braces for a Long-Term Confrontation with Russia. *NBC News*, 6 mar. 2022. Disponível em: https://www.nbcnews.com/news/investigations/new-cold-war-rules-us-braces-long-term-confrontation-russia-rcna18554. Acesso em: 22 nov. 2024.

354. ROTH, A. "Warmongering, Lies and Hatred": Russian Diplomat in Geneva Resigns over Ukraine Invasion. *Guardian*, 23 maio 2022. Disponível em: https://www.theguardian.com/world/2022/may/23/warmongering-lies-and-hatred-russian-diplomat-in-geneva-resigns-over-ukraine-invasion?CMP=othb-aplnews-.1 Acesso em: 22 nov. 2024.

355. KLEIN, B. This Isn't a New Cold War. It's Worse. *Barron's*, 7 abr. 2022. Disponível em: https://www.barrons.com/articles/this-isnt-a-new-cold-war-its-worse-51649359292. Acesso em: 22 nov. 2024.

356. PENGELLY, M. Republican Party Calls January 6 Attach "Legitimate Political Discourse". Guardian, 4 fev. 2022. Disponível em: https://www.theguardian.com/us-news/2022/feb/04/republicans-capitol-attack-legitimate-political-discourse-cheney-kinzinger-pence. Acesso em: 22 nov. 2024.

357. EECH, A.; DAHIR, A. I.; LOPEZ, O. With Us or with Them? In a New Cold War, How About Neither. *New York Times*, 24 abr. 2022. Disponível em: https://www.nytimes.com/2022/04/24/world/asia/cold-war-ukraine.html. Acesso em: 22 nov. 2024